Streitlösungsmodell für die Bauprojektabwicklung

Schriften zum Deutschen und Internationalen Bau-, Umwelt- und Energierecht

Herausgegeben von Axel Wirth

Band 20

PL ACADEMIC RESEARCH

Jenny Patzig

Streitlösungsmodell für die Bauprojektabwicklung

Konfliktmanagement mithilfe bedarfsoptimierter Adjudikation

PL ACADEMIC RESEARCH

Bibliografische Information der Deutschen Nationalbibliothek
Die Deutsche Nationalbibliothek verzeichnet diese Publikation in der Deutschen Nationalbibliografie; detaillierte bibliografische Daten sind im Internet über http://dnb.d-nb.de abrufbar.

ISSN 2197-0556
ISBN 978-3-631-73360-8 (Print)
E-ISBN 978-3-631-73709-5 (E-PDF)
E-ISBN 978-3-631-73710-1 (EPUB)
E-ISBN 978-3-631-73711-8 (MOBI)
DOI 10.3726/b12116

PL Academic Research ist ein Imprint der Peter Lang GmbH.

Peter Lang – Frankfurt am Main · Bern · Bruxelles · New York · Oxford · Warszawa · Wien

Diese Publikation wurde begutachtet.

www.peterlang.com

Kurzfassung

Baustreitigkeiten sind häufig komplex und multikausal und beinhalten sowohl technische als auch rechtliche Fragestellungen. Die Ursachen der Streitigkeiten liegen größtenteils in unklaren Leistungsbeschreibungen, Störungen des Bauablaufs und nachträglichen Änderungen der vereinbarten Leistung. Um die vertraglich vereinbarte Bauzeit so wenig wie möglich zu beeinträchtigen, müssen Baustreitigkeiten möglichst zügig und zeitnah gelöst werden. Die Bauzeit ist das Schlüsselthema für eine wirtschaftliche Abwicklung des Bauvorhabens für Auftraggeber und Auftragnehmer. Staatliche Gerichtsverfahren können den Anforderungen der am Bau Beteiligten, nach einer schnellen und sachgerechten Lösung, häufig nicht gerecht werden. Deshalb wächst das Interesse an außergerichtlichen Streitbeilegungsverfahren.

Es existieren verschiedene Verfahren als mögliche Alternativen zu Prozessen vor den ordentlichen Gerichten. Die Adjudikation nimmt mit einer vorläufig bindenden Wirkung eine Sonderstellung im bestehenden deutschen Rechtssystem ein. Sie kann schnell, durch einen zuvor einvernehmlich bestimmten, fachkundigen Dritten, in einem summarischen Verfahren eine vorläufig bindende Entscheidung herbeiführen, die (schieds-) gerichtlich korrigierbar ist. Adjudikationsverfahren werden international bereits erfolgreich angewendet. Das zeigt die gesetzliche Einführung einer zwingenden Adjudikation im Vereinigten Königreich (Großbritannien und Nordirland) und Wales und die internationale Verwendung im Rahmen der Vertragsbedingungen der Internationalen Vereinigung Beratender Ingenieure (FIDIC). Die Europäische Union und verschiedene Beteiligte in Deutschland sind bestrebt, die Anwendung außergerichtlicher Streitbeilegungsverfahren zu fördern und einheitliche Rahmenbedingungen zu schaffen.

Auf dem deutschen Markt werden bereits verschiedene Verfahrensordnungen für die Durchführung einer Adjudikation angeboten. Sofern die Anwendung eines Adjudikationsverfahrens gewünscht ist, können die Unternehmen die für sie passende Verfahrensordnung als vertragliche Grundlage wählen. Da die Adjudikation als relativ neues Verfahren noch einige Unsicherheiten birgt, wird den Unternehmern empfohlen, zusätzliche vertragliche Anpassungen in Ergänzung zu den Verfahrensordnungen vorzunehmen. Dadurch wird eine reibungslose und effiziente Nutzung dieses Streitbeilegungsverfahrens gewährleistet. Der zusätzliche Aufbau eines Konfliktmanagementsystems führt zu einer umfassenden und nachhaltigen Streitlösungskultur. Durch präventive Vertragsgestaltungen, die Anwendung weiterer Streitbeilegungsverfahren neben der Adjudikation und eine partnerschaftliche Zusammenarbeit wird eine erfolgreiche und möglichst reibungslose Projektabwicklung erzielt.

Das Ziel für alle Beteiligten sollte sein, Streitigkeiten zu akzeptieren, konstruktiv damit umzugehen und den Projektfortschritt zu sichern.

Abstract

Construction disputes tend to be complex and multicausal, considering technical and legal questions. Unclear or incomplete specifications, disruptions of the building process and subsequent changes to the contractual agreed scope of work are the main reasons causing the disputes. The time for execution shall not be affected by disputes between the parties. Therefore all litigations shall be solved as prompt and fast as possible. Both parties, the employer and the contractor, reach for an economically successful performance of the project. This could only be achieved, if the contractual foreseen time for completion will not be exceeded. State court proceedings often do not meet the requirements of the parties, to bring forth a fast and proper decision. Therefore the interest in alternative dispute resolution is constantly growing.

There is a variety of methods, which constitute alternatives to the ordinary legal procedure. A relatively new method in the German legal system is the dispute resolution by adjudication, which results in a temporarily binding decision for the parties. Adjudication is a summary process, conducted by a specialised third party, which leads to a fast temporarily binding decision that could be rectified by court or arbitration. On an international basis, adjudication could already be applied successfully. This is shown by the statutory introduction of a mandatory adjudication process in the United Kingdom and the wide use of the conditions of contract provided by the International Federation of Consulting Engineers (FIDIC). Now, even the European Union and several German parties involved, encourage using more alternative disputes resolution measures and aim to set up harmonized framework conditions.

There are several standard procedures for adjudication available on the German market. The parties shall select the appropriate procedure to be included in the contract conditions. As the adjudication process is relatively new (in the German legal system), it is recommended to add individual contract conditions to avoid any uncertainties. If the contractors comply with these advices given, adjudication could be used as a smooth and efficient dispute settlement procedure. If all disputes should be solved sound and sustainably, a conflict management system shall be developed. A preventive way of drafting the contract conditions, together with the use of other alternative dispute resolutions and a cooperative partnership, will contribute to a successful project execution.

The aim for all parties involved in construction disputes shall be, to accept the existence of disputes, seek a constructive way to deal with them and always respect the importance of securing the project progress.

Inhaltsübersicht

Inhaltsverzeichnis

Abbildungsverzeichnis

Tabellenverzeichnis

Abkürzungsverzeichnis

Fachliche Abkürzungen

ADR	alternative dispute resolution (deutsch: ASB für „außergerichtliche Streitbeilegung“)
AGB	Allgemeine Geschäftsbedingungen
ARGE Baurecht	Arbeitsgemeinschaft für Bau- und Immobilienrecht im Deutschen Anwaltsverein
ASB	außergerichtliche Streitbeilegung
AO-Bau	Adjudikations-Ordnung für Baustreitigkeiten des Deutschen Baugerichtstags e.V. (Kurzform für AO-Bau/DBGT)
BGB	Bürgerliches Gesetzbuch
BGH	Bundesgerichtshof
DAB	dispute adjudication board (deutsch: (projektbegleitender) Adjudikationsausschuss)
DBGT	Deutscher Baugerichtstag
DBV	Deutscher Beton- und Bautechnik-Verein E.V.
DGA-Bau	Deutsche Gesellschaft für Außergerichtliche Streitbeilegung im Bauwesen e.V.
DGfB	Deutsche Gesellschaft für Baurecht e.V.
DIS	Deutsche Institution für Schiedsgerichtsbarkeit e.V.
DIS-AVO	Adjudikationsverfahrensordnung der DIS
DIS-SchGO	Schiedsgutachtensordnung der DIS
DRB	dispute review/resolution board (deutsch: Streitbeilegungs-/Untersuchungsausschuss)
EGZPO	Gesetz betreffend die Einführung der Zivilprozessordnung
EuGH	Europäischer Gerichtshof
FIDIC	Fédération Internationale des Ingénieurs Conseils (deutsch: Internationale Vereinigung Beratender Ingenieure)
GU	Generalunternehmer
HGCRA	Housing Grants, Construction and Regeneration Act 1996 (deutsch: Gesetz für Eigenheimzulage, Neubau und Sanierung)
HOAI	Honorarordnung für Architekten und Ingenieure (Verordnung über die Honorare für Architekten- und Ingenieurleistungen)

ICC	International Chamber of Commerce (deutsch: Internationale Handelskammer)
ICC DB	ICC Dispute Board Rules (deutsch: Verfahrensordnung für Streitbeilegung der Internationalen Handelskammer)
LG	Landgericht
LPH	Leistungsphase (der HOAI)
MediationsG	Mediationsgesetz
OLG	Oberlandesgericht
RDG	Rechtsdienstleistungsgesetz
SL Bau	Streitlösungsordnung für das Bauwesen
VOB	Vergabe- und Vertragsordnung für Bauleistungen
VOB/A	VOB Teil A: Allgemeine Bestimmungen für die Vergabe von Bauleistungen
VOB/B	VOB Teil B: Allgemeine Vertragsbedingungen für die Ausführung von Bauleistungen
ZPO	Zivilprozessordnung

Literaturabkürzungen

Bauingenieur	Die richtungweisende Zeitschrift im Bauingenieurwesen
BauR	Zeitschrift für das gesamte öffentliche und zivile Baurecht
DS	Der Sachverständige
IBR	Immobilien- & Baurecht
NJW	Neue Juristische Wochenschrift
NZBau	Neue Zeitschrift für Baurecht und Vergaberecht
SchiedsVZ	Zeitschrift für Schiedsverfahren
ZRP	Zeitschrift für Rechtspolitik

A. Einleitung

„Die Streitkultur in Bausachen ist ein intensiv erörtertes und beklagtes Phänomen. Eigentlich besteht Einigkeit, dass in Bausachen zu viel und zu lange gestritten wird und zu viele der Streitigkeiten vor Gericht landen.

Auch ist man sich weitgehend einig, dass Gerichtsverfahren in Bausachen zu lange dauern, zu teuer sind und zu häufig vor unerfahrenen Richtern landen, sodass die Ergebnisse auch nicht befriedigen.“[1]

I. Problemstellung Streitigkeiten im Bauwesen

Diese zusammenfassende Aussage von KNIFFKA beschreibt bereits umfassend die Ausgangssituation. Die Gegebenheit, dass die Gerichte überlastet und die Parteien unzufrieden mit den staatlichen Bauprozessen sind, ist keine neue Entwicklung. Bereits 1979 hat der damalige Präsident des Bundesverfassungsgerichts BENDA auf dem Deutschen Richtertag erklärt: *„Die Rechtsgewährung ist ein knappes Gut.“*[2] Demnach seien schon in den 1980er Jahren die Gerichte stark überlastet gewesen. Die außergerichtliche Streitschlichtung sollte Abhilfe schaffen und wurde bereits in der ersten Regierungserklärung von Bundeskanzler Kohl 1983 erwähnt.[3]

Das Problem lässt sich in zwei unterschiedliche Aspekte unterteilen. Zum einen ist festzustellen, dass die Gerichte mit Bauprozessen überfordert sind, weil die vorgetragenen Streitigkeiten regelmäßig sehr komplex und multikausal geprägt sind. Die Vermischung der Fachrichtungen Bautechnik, Baubetriebswirtschaft und Recht führt oft dazu, dass die Prozesse *„nicht mehr wirklich justiziabel sind“*.[4] Deshalb wäre eine Justizentlastung erforderlich. Zum anderen sind die Beteiligten der Bauwirtschaft wegen langer Prozessdauern vor den ordentlichen Gerichten stark belastet.[5] Dies gilt vor allem für die vorleistungspflichtigen Auftragnehmer. Diese erbringen die vertraglich geschuldeten

---

1 *Kniffka,* BauR 2007, 1949, (1949).

2 Vgl. *Prütting, Hanns/ Krafka, Alexander* (Hrsg.), Außergerichtliche Streitschlichtung, 1. IV. Rn. 20.

3 Vgl. *Prütting, Hanns/ Krafka, Alexander* (Hrsg.), Außergerichtliche Streitschlichtung, 1. IV. Rn. 20.

4 Vgl. *Roquette,* BauR 2008, 1779, (1779).

5 Vgl. *Gralla/Sundermeier,* BauR 2007, 1961, (1965).

Leistungen und haben erst danach Anspruch auf Abnahme und Vergütung. Die Auftraggeber, die das Geld einbehalten, können die langen Dauern der Gerichtsverfahren abwarten und in den Vorteil des sogenannten „*Justizkredits*“[6] gelangen. Obwohl ein Gerichtsverfahren die Ressourcen beider Parteien bindet, ist es besonders für die Auftragnehmer wichtig, schnellere Entscheidungen zu erhalten, um frühzeitig die notwendige Liquidität zu sichern und die Gefahr einer Insolvenz zu vermeiden.

Die Lösung ist jedoch nicht in der vollkommenen Streitvermeidung zu suchen. Konflikte können auch positive Auswirkungen auf die Parteien und das Bauprojekt haben. Streit kann eine Beziehung natürlich belasten, jedoch auch zu neuen Sichtweisen verhelfen, „*klären, zu einer Optimierung beitragen und einen Neuanfang bewirken*“.[7]

Deshalb ist es wichtig, dass die Parteien bei verschiedenen Sichtweisen Verhandlungen führen und mit Auseinandersetzungen konstruktiv umgehen. Die Baubeteiligten sollten sich mit der Frage auseinandersetzen, wie mit Streitigkeiten am besten umgegangen werden kann. Neben den gerichtlichen Verfahren gelangen (deshalb?) außergerichtliche Verfahren immer mehr in den Fokus von Juristen und Baubetrieblern, die sich mit Baustreitigkeiten befassen. Vor diesem Hintergrund werden die aktuelle Situation der Baustreitigkeiten in Deutschland dargestellt und mögliche alternative Lösungsansätze aufgezeigt.

II. Zielgruppen und Vorbemerkungen

Die Vorstellung und Untersuchung von außergerichtlichen Möglichkeiten zur Beilegung von Baustreitigkeiten wird praxisorientiert durchgeführt, nämlich auf die Bedürfnisse der am Bau beteiligten Unternehmen bezogen. Auf die Besonderheiten bei Verbraucherverträgen wird deshalb nicht eingegangen.

Auch spezielle Fragestellungen der öffentlichen Auftraggeber und die Zulässigkeit von außergerichtlichen Streitbeilegungsverfahren bei derartigen Vergaben werden nicht untersucht. Es soll jedoch erwähnt werden, dass die Allgemeinen Vertragsbedingungen für die Ausführung von Bauleistungen (VOB/B) als allgemeine Geschäftsbedingungen (AGB) grundsätzlich nicht im Konflikt mit außergerichtlichen Streitbeilegungsverfahren stehen, auch nicht bei der Verwendung durch die öffentliche Hand. Durch die Einführung des § 18 Abs. 3 VOB/B wird dies explizit bestätigt.

---

6 *Lembcke, Moritz/ Sundermeier, Matthias,* IBR (nur online) 2011, 1281, (A. IV. Rn. 19).

7 *Drewsen,* Einführungsvortrag zur Streitvermeidung und Streitbeilegung, 8 f.

Auch mit den gesetzlichen Bestimmungen des Haushaltsrechts und den zugehörigen Verwaltungsvorschriften (insbesondere § 58 der Bundeshaushaltsordnung (BHO)) sind außergerichtliche Streitbeilegungsverfahren grundsätzlich vereinbar.[8]

Bezüglich der Adjudikation wird davon ausgegangen, dass dieses besondere Verfahren der außergerichtlichen Streitbeilegung, selbst wenn es zwingend gesetzlich vorgeschrieben wäre, nicht verfassungswidrig ist. Durch das im Mai 2013 vorgelegte Rechtsgutachten des früheren Präsidenten des Bundesverfassungsgerichts, PROF. DR. PAPIER, wurde diese Annahme abschließend bestätigt: *„Die gesetzliche Einführung einer verpflichtenden Adjudikation ist mit dem grundgesetzlichen Justizgewähranspruch grundsätzlich vereinbar und erschwert nicht in verfassungswidriger Weise den Zugang zu den staatlichen Gerichten."*[9]

---

8 Vgl. *Deutsche Gesellschaft für Außergerichtliche Streitbeilegung im Bauwesen e.V.* (Hrsg.), Schriftenreihe der DGA-Bau Nr. 2, Beitrag Liepelt, S. 7.

9 *Papier,* Rechtsgutachten zur verfassungsrechtlichen Zulässigkeit der Adjudikation in Bausachen, S. 54.

B. Streitigkeiten: Entstehung und Lösungsmöglichkeiten

I. Konfliktpotential des Bauvertrags

„*Konflikt ist Folge, nicht Ursache. Wer die Ursache kennt und den Streit versteht, hat den Schlüssel zur Streitbeilegung.*“[10] Um die Ursachen der Streitigkeiten bei der Wahl des Konfliktlösungsverfahrens und der Anwendung der passenden Verfahrensordnung beachten zu können, werden im Folgenden die am Bau typischen Konflikte kurz vorgestellt und erläutert.

1. Wesen des Bauvertrags

In der Literatur wird vielfach die Meinung vertreten, dass alleine die Natur des Bauvertrags dazu führt, dass Streitigkeiten entstehen. Da es sich bei diesen Verträgen um Langzeitverträge handelt, seien sie naturgemäß konfliktträchtig.[11]

ENGLERT versucht in der Einführung zur Kommentierung der Streitlösungsordnung für das Bauwesen (SL Bau) die Ursachen für dieses Empfinden zu benennen:[12]

Bauprojekte sind komplex und multikausal, verursacht durch eine Schnittmenge aus Technik, Baubetriebswirtschaft und Recht. Jedes Bauvorhaben ist einmalig und individuell. Die Tatsache, dass das menschliche Handeln stark im Mittelpunkt steht, kann leicht zu Fehlern und Missverständnissen führen. Darüber hinaus existieren etwa 20.000 Rechtsregeln des Baurechts und etwa weitere 28.000 technische Normen. Diese müssen selbstredend nicht allesamt für jedes Projekt angewendet werden, jedoch müssen die am Bau Beteiligten aus diesen Normen und Regeln die jeweils relevanten auswählen und anwenden.

Die langen Abwicklungsdauern der Bauvorhaben, von der Angebotsabgabe bis zum Ende der Verjährungsfrist, erfordern zudem eine meist langjährige Zusammenarbeit zwischen den Auftraggebern und Auftragnehmern. Dabei sind

---

10 Vgl. *Drewsen*, Einführungsvortrag zur Streitvermeidung und Streitbeilegung, S. 10.

11 Vgl. zu dieser Ansicht u.a. *Wagner*, BauR 2009, 1491, (1491); *Schramke*, BauR 2007, 1983; *Kniffka*, BauR 2007, 1949.

12 Vgl. zum Erklärungsversuch der Streitursachen *Franke* (Hrsg.), *Englert*, Kommentar zur Streitlösungsordnung für das Bauwesen, SL Bau, S. 1–2.

die Parteien voneinander abhängig, wodurch die Situation zusätzlich erschwert wird.

2. Vergabe- und Baurecht der VOB

Die Anwendung der Vergabe- und Vertragsordnung für Bauleistungen (VOB) hilft den Parteien nicht, Streitigkeiten entgegenzuwirken.

Die Vergaben nach den Allgemeinen Bestimmungen für die Vergabe von Bauleistungen (VOB/A) erfolgen regelmäßig an den Bieter mit dem preisgünstigsten Angebot. Von der Regelung in § 16 Abs. 6 Nr. 3 VOB/A[13], wonach die Vergabe an den wirtschaftlichsten Bieter zu erfolgen hat, wird nur selten Gebrauch gemacht. Dadurch ist ein Preisdruck während der Ausführung häufig vorprogrammiert.

Auch durch die Anwendung der VOB/B können Streitigkeiten entstehen oder zumindest gefördert werden. Im Jahre der Erstausgabe der VOB/B 1926 ging es bei der Erstellung der Vertragsbedingungen darum, Regelungen für die Vergabe physischer Bauleistung einzelner Gewerke zu schaffen. Die Einzelgewerke sollten nach vereinbarten Einheitspreisen und tatsächlich ausgeführten Mengen abgerechnet werden. Das Planungsrisiko und die Beherrschung der Schnittstellen sollten bei dem Auftraggeber liegen. Dies hat sich bis heute wesentlich geändert. Für (funktionale) Generalunternehmer-Vergaben (GU-Vergaben), bei denen die Risiken an die Auftragnehmer übertragen werden und die Vertragsleistungen nicht nur das Bauen, sondern ebenso das Planen, Finanzieren und/oder Betreiben beinhalten, hält die VOB/B keine Regelungen bereit und eröffnet daher Konfliktpotential.[14]

Dabei ist die Übernahme der Planung durch den Auftragnehmer bei GU-Verträgen, zumindest ab der Ausführungsplanung (LPH 5 der Honorarordnung für Architekten und Ingenieure (HOAI)), mittlerweile üblich. Die VOB/B stellt jedoch keine Regelungen bezüglich Zeitpunkten für die Einreichung der Planung, der Qualität oder der Prüf- und Freigabeprozeduren zur Verfügung.

---

13 § 16 Abs. 6 Nr. 3 VOB/A lautet: „Unter diesen Angeboten soll der Zuschlag auf das Angebot erteilt werden, das unter Berücksichtigung aller Gesichtspunkte, wie z.B. Qualität, Preis, technischer Wert, Ästhetik, Zweckmäßigkeit, Umwelteigenschaften, Betriebs- und Folgekosten, Rentabilität, Kundendienst und technischer Hilfe oder Ausführungsfrist als das wirtschaftlichste erscheint. Der niedrigste Angebotspreis allein ist nicht entscheidend."

14 Vgl. *Zimmermann, Josef/ Hamann, Mathias,* Vergleich bauvertraglicher Regelungsmechanismen im Hinblick auf eine optimierte Abwicklung und zur Senkung von Konfliktpotential am Beispiel von VOB, NEC und FIDIC (S. 27 f.).

Auch für die Abwicklung eines Bauvorhabens enthält die VOB/B keine strukturierten Prozesse, Fristen oder Leitfäden wie beispielsweise die ÖNORM[15] oder die FIDIC-Vertragsbedingungen. Vielmehr ist die VOB/B aus dem Vergabegedanken entstanden.[16]

Bezüglich der Vergütung ist die VOB/B unklar formuliert. In einer Vielzahl von Veröffentlichungen wird über den § 2 VOB/B und deren Auslegung diskutiert. KNIFFKA fasst diesen Umstand wie folgt zusammen: „*Jeder, der insbesondere in Nachtragsstreitigkeiten eine rechtliche Lösung nach der VOB/B entwickeln muss, verirrt sich in einem Regelwerk, das sprachlich und inhaltlich schlecht gemacht ist und eine Vielzahl von Problemen aufwirft. Es mag gerade diese Unvollkommenheit sein, die die Bauvertragsparteien zwingt, jenseits aller Regelungen zu einer vernünftigen Lösung zu kommen.*“[17]

3. Hauptursachen für Baustreitigkeiten

Aus dem Wesen des Bauvertrags und dem Vergabe- und Baurecht der VOB ergeben sich gemäß verschiedener empirischer Untersuchungen, u.a. von GRALLA/SUNDERMEIER und ZIMMERMANN, drei wesentliche Ursachen für Streitigkeiten in wertender Reihenfolge:[18]

a. Unklare Leistungsbeschreibungen
b. Behinderungen und Ablaufstörungen
c. Leistungsänderungen

a. Unklare Leistungsbeschreibungen

Bei vielen Projekten ist die Qualität der Ausschreibung nicht ausreichend, sodass das Bausoll ungenau und/oder teilweise widersprüchlich definiert ist. Wenn die Planung vom Auftraggeber beigestellt werden soll, erfolgt dies meist erst

---

15 ÖNORM B 2110: 2013-03: Allgemeine Vertragsbestimmungen für Bauleistungen, Werkvertragsnorm des Österreichischen Normungsinstituts.

16 Vgl. Vorwort der VOB aus dem Jahre 1926.

17 *Kniffka*, BauR 2016, 1533, (1534).

18 Vgl. *Teubner Oberheim*, Endbericht des Projekts „Construction Adjudication in England – ein Vorbild für die baurechtliche Konfliktlösung in Deutschland?“, http://ibr.rewi.hu-berlin.de/downloads/121112-Endbericht.pdf (zuletzt besucht am 28.06.2017), S. 20., *Gralla/Sundermeier*, BauR 2007, 1961 und *Zimmermann, Josef/ Hamann, Mathias*, Vergleich bauvertraglicher Regelungsmechanismen im Hinblick auf eine optimierte Abwicklung und zur Senkung von Konfliktpotential am Beispiel von VOB, NEC und FIDIC.

baubegleitend und wird dem Auftragnehmer unvollständig oder unkoordiniert zur Verfügung gestellt.

Daraus ergibt sich die Frage, welchen Werkerfolg der Auftragnehmer für die vertraglich vereinbarte Vergütung schuldet. Auch Streitigkeiten über Mängel können daraus resultieren. Wenn die vereinbarte Beschaffenheit unklar ist, fehlt der Beurteilungsmaßstab, ob die Werkleistung im Wesentlichen vertragsgemäß erbracht wurde und damit abnahmefähig ist.

Unklare Leistungsbeschreibungen sind meist Teil eines insgesamt lückenhaften und unklaren Vertrags. Werden Leistungsbeschreibungen und Verträge einseitig vom Auftraggeber erstellt und (nahezu unverhandelt) mit dem Auftragnehmer vereinbart, kann dieser bei Vertragsabschluss meist nicht erkennen, welche weiteren Risiken er damit eingeht. Hat der Auftragnehmer die vom Auftraggeber vermeintlich angefragten Leistungen nicht kalkuliert, wird schnell Streit darüber entstehen, welche Anforderungen der Auftragnehmer zu erfüllen hat.

b. Behinderungen und Ablaufstörungen

Schon wegen der Vielzahl der Projektbeteiligten mit den unterschiedlichsten Aufgaben und Interessen kann es leicht zu Störungen der Projektabwicklung kommen.

Aus dem Risikobereich des Auftraggebers gehören dazu beispielsweise die verspätete Baugenehmigung, die verzögerte Erstellung oder Freigabe der Planung oder unterlassene Mitwirkungen und Koordinationspflichten. Auch Eigenbehinderungen des Auftragnehmers können zu Störungen führen, zum Beispiel durch technische Probleme bei dem Einsatz von Großgeräten und Materialien, unzureichende Beachtung technischer, bauphysikalischer oder sonstiger projektspezifischer Anforderungen oder durch falsche Kalkulationsannahmen für Aufwandswerte. Störungen die von keiner Partei zu vertreten sind, sich aber umfangreich auf den Bauablauf auswirken können, resultieren zum Beispiel aus einem, vom vertraglich vereinbarten Bodengutachten abweichenden Baugrund oder unvorhergesehenen Witterungsereignissen.

c. Leistungsänderungen

Zusätzliche und geänderte Leistungen ergeben sich meist aus Anordnungen oder Planungsänderungen des Auftraggebers nach Vertragsabschluss. Entweder entscheidet sich der Auftraggeber abweichend vom Vertragssoll zusätzliche Leistungen zu beauftragen, weil sich seine Wünsche und Anforderungen an das Bauvorhaben geändert haben. Oder die Erkenntnis des Auftraggebers, dass das Budget geringer ist als zunächst geplant, führt zu der Anordnung von Änderungen.

Auch können Leistungsänderungen daraus resultieren, dass sich während der jahrelangen Projektdauer gesetzliche, behördliche oder bautechnische Anforderungen ändern. Alle zusätzlichen und geänderten Leistungen bieten umfangreiches Potential für Vergütungsstreitigkeiten sowohl dem Grunde als auch der Höhe nach.

4. Streitgegenstände

Ziel der Herstellung des vertraglich geschuldeten Werkerfolgs ist, dass der Auftragnehmer innerhalb einer bestimmten Zeit, für eine bestimmte Vergütung, ein Werk in der vereinbarten Qualität erstellt. Daraus ergeben sich unmittelbar die Streitinhalte, nämlich Zeit, Geld und Qualität.

a. Bauzeit

„*Das Thema Bauzeit überragt in seiner Bedeutung während der Bauausführung sämtliche anderen Streitigkeiten.*“[19] Die Einhaltung der Bauzeit ist für beide Parteien der Schlüssel zu einer wirtschaftlichen Abwicklung des Projekts. Der Auftraggeber richtet seine Investitionsentscheidungen danach aus, plant die Vermietung oder Vermarktung des Objekts und führt die Finanzierung- und Renditeberechnung aufgrund der vereinbarten Bauzeit aus. Der Auftragnehmer kalkuliert die Kosten für die vereinbarte Bauzeit und plant den Einsatz seiner Ressourcen für die Dauer des Projekts.

Aus dem Thema Bauzeit und dem möglichen Vertretenmüssen von Verzögerungen resultiert meist zusätzlich der zweite Streitgegenstand: Eine zusätzliche Vergütung oder Entschädigung für die verlängerte Ausführungsdauer.

b. Vergütung

Vergütungsstreitigkeiten können sich aus verschiedenen Gründen ergeben. Häufig besteht von Projektbeginn an ein gewisser Kostendruck bei beiden Vertragsparteien. Der Auftragnehmer hat möglicherweise nicht auskömmlich kalkuliert oder nicht kostendeckend angeboten, um den Auftrag zu erhalten. Der Auftraggeber hat ein knappes Budget und möchte möglichst kostengünstig bauen, um eine höhere Rendite zu erzielen. Diese Ausgangssituation führt dazu,

19 *Kuffer, Johann/ Wirth, Axel* (Hrsg.), *Grieger*, Bau- und Architektenrecht, 8. A. I. Rn. 7.

dass der Streit um die Vergütung für zum Beispiel geänderte und zusätzliche Leistungen oder eine eventuelle Entschädigung für eine verlängerte Ausführungsdauer, noch verschärft wird.

Außerdem sind auch die Höhe und Fälligkeit von Abschlagszahlungen regelmäßig Streitgegenstand. Es ist zu beurteilen, ob die Voraussetzungen zur Zahlung erfüllt sind und der Auftragnehmer prüfbare Rechnungen über den aktuellen Leistungsstand eingereicht hat.

c. Qualitäten

Das vom Auftragnehmer hergestellte Werk ist grundsätzlich frei von Mängeln, wenn es der vereinbarten Beschaffenheit und den anerkannten Regeln der Technik entspricht. Der Streitpunkt über die Qualität kann auf eine unklare Leistungsbeschreibung des Auftraggebers, eine fehlerhafte Planung beider Parteien oder eine mangelhafte Ausführung des Auftragnehmers zurückzuführen sein.

Jedoch stellen die Streitigkeiten über Qualitäten meist nur die Positionen der Parteien dar. Die eigentlichen Interessen der Parteien lassen sich auf die zuerst genannten Streitgegenstände Zeit und Geld reduzieren. Eine Nachbesserung verursacht immer Zusatzkosten und verzögert die Bauzeit, und zwar unabhängig davon, welche Partei die mangelhafte Leistung zu vertreten hat.

d. Multikausale Auswirkung der Streitigkeiten

Aufgrund des bereits vorgestellten Wesens des Bauvertrags, müssen häufig zunächst komplexe Kausalketten und sich überlagernd auftretende Störungen aufgeklärt werden, um die berechtigten Forderungen der Parteien herauszuarbeiten. Abbildung 1 zeigt einen gestörten Bauablauf exemplarisch auf.

Abb. 1: Der störungsmodifizierte Bauablauf[20]

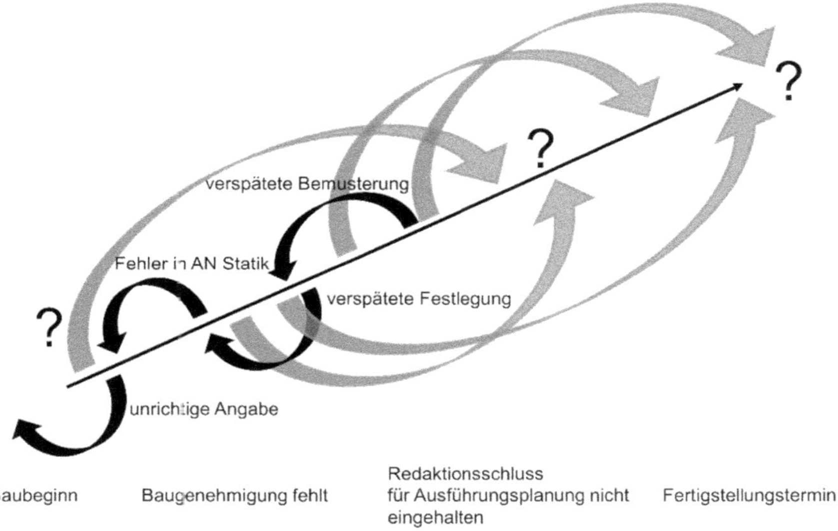

Diese multikausalen Zusammenhänge und der Druck beider Parteien, das Projekt wirtschaftlich erfolgreich abzuschließen, prägt deren Zusammenarbeit. „*Die Mentalität der Baubeteiligten hat zu einem umfangreichen Claim- und Anticlaimmanagement geführt. Taktische Manöver beider Seiten führen auf Bauherrenseite zum ‚Aussitzen' der Probleme. Ergebnis sind jahrelange gerichtliche Verfahren, die – jedenfalls zu oft – nicht wirklich justiziabel sind. Vergleiche erfolgen häufig nach dem Motto ‚lieber ein Ende mit Schrecken als ein Schrecken ohne Ende*'".[21]

II. Aktuelle Defizite bei staatlichen Bauprozessen

Roquette fasst zutreffend zusammen, was in der einschlägigen Literatur seit Jahren immer wieder beklagt wird: „*Wegen der Komplexität technischer und baubetrieblicher Sachverhalte und des Umfangs von Bauprozessen kommt es zu sehr langen Verfahrensdauern, sodass immer wieder Defizite bei der Erledigung von Rechtsstreitigkeiten durch staatliche Gerichte beklagt werden.*"[22] Insbesondere die

---

20 Vgl. *Verband der Bau- und Immobilienmediatoren e.V.* (Hrsg.), Bauzeitstreit in der Mediation, Beitrag Jung, S. 7.

21 *Roquette,* BauR 2008, 1779, (1779).

22 *Roquette, Andreas J./ Otto, Andreas* (Hrsg.), *Roquette*, Vertragsbuch privates Baurecht, D. I. Rn. 2.

Verfahrensdauern werden von den Baubeteiligten als schlecht bis sehr schlecht bewertet.[23]

1. Verfahrensdauer

Diese Eindrücke und Erfahrungen lassen sich mithilfe der Auswertungen des statistischen Bundesamts belegen. Die beklagten Dauern vor den Gerichten für das Jahr 2015 ergeben sich aus der folgenden Abbildung 2:

Abb. 2: Verfahrensdauer vor den ordentlichen Gerichten[24]

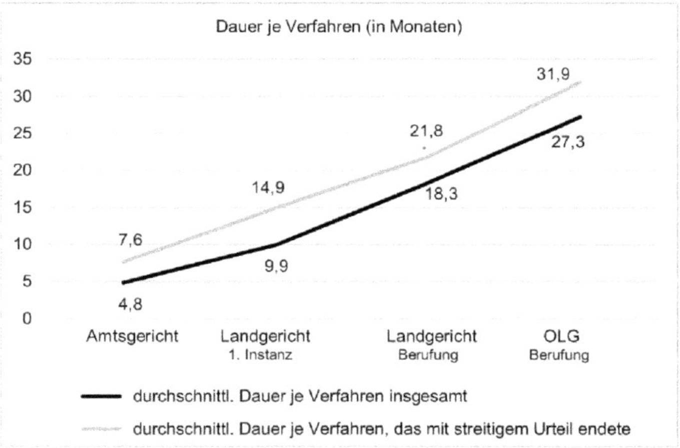

Die abgebildeten Dauern sind die Durchschnittswerte für sämtliche vor den jeweiligen Gerichten erledigten Verfahren. Da Bauverfahren häufig über mehrere Instanzen technisch komplexe Streitpunkte behandeln, liegt die Dauer dieser Verfahren über dem Durchschnitt. Meist muss eine aufwendige Sachverhaltsermittlung mithilfe von Sachverständigen durchgeführt werden, wodurch sich die Verfahren um Jahre verlängern können.[25] Die Dauern von Bauverfahren werden nach Einschätzungen verschiedener an Baustreitigkeiten Beteiligter mit

23 Vgl. *Gralla/Sundermeier,* BauR 2007, 1961, (1965).

24 *Statistisches Bundesamt,* Rechtspflege Zivilgerichte Fachserie 10 Reihe 2.1 - 2015, S. 26, 56, 76.

25 Vgl. *Hammacher, Peter/ Erzigkeit, Ilse/ Sage, Sebastian* (Hrsg.), So funktioniert Mediation im Planen + Bauen (S. 64).

8 bis 15 Jahren angegeben.[26] Selbst wenn diese Werte nicht statistisch belegt sind, lässt sich daraus erkennen, dass Baustreitigkeiten langwierig sind. Einschließlich der Berufungsinstanz vor dem Oberlandesgericht (OLG) können die Verfahren schnell zwei bis vier Jahre dauern.

Da nur ein sehr unwesentlicher Teil der Bauprozesse vor dem Bundesgerichtshof (BGH) entschieden wird, wurden diese Verfahren in der obigen Darstellung nicht beachtet. Im Jahre 2015 hat der VII. Zivilsenat (für Werkvertragsrecht, Architektenrecht und Zwangsvollstreckungsrecht) 261 Verfahren erledigt, wovon lediglich 24 Verfahren mit einem Urteil beendet wurden. Damit liegt der Anteil der durch den BGH erledigten Verfahren bei deutlich unter 1 % an der bundesweiten Gesamtanzahl aller Bauverfahren. Die Verfahrensdauer vor dem BGH, der vom Berufungsgericht zugelassenen Revisionen, liegt bei etwas unter einem Jahr.[27] Die Tatsache, dass sich der BGH nur noch mit wenigen Bauprozessen beschäftigt, erklärt KNIFFKA damit, dass der BGH sich zum „*Verbrauchergericht*" gewandelt habe und die großen Bauprozesse nur noch vor den Schiedsgerichten gelöst werden.[28]

Neben der langen Dauer der Prozesse ist auch die Art der Erledigung bemerkenswert, die sich aus der folgenden Abbildung 3 ergibt.

26 *Verband der Bau- und Immobilienmediatoren e.V.* (Hrsg.), Bauzeitstreit in der Mediation, Beitrag Jung, S. 11 (Jung spricht von 8–14 Jahren bis einschließlich der Berufungsinstanz vor dem OLG und 11–18 Jahren einschließlich der Revision/ Erledigung durch den BGH) und *Deutsche Gesellschaft für Außergerichtliche Streitbeilegung im Bauwesen e.V.* (Hrsg.), Schriftenreihe der DGA-Bau Nr. 1, Beitrag Diederichs, S. 1. (Diederichs gibt eine Dauer von häufig 10–15 Jahren an).

27 *Der Bundesgerichtshof*, Übersicht über den Geschäftsgang bei den Zivilsenaten des BGH im Jahre 2015, http://www.bundesgerichtshof.de/SharedDocs/Downloads/DE/Service/StatistikZivil/jahresstatistikZivilsenate2015.pdf?__blob=publicationFile (zuletzt besucht am 28.06.2017), S. 6, 32.

28 *Kniffka*, Schiedsgericht und Schiedsgutachten – Eignungsmerkmale, Vortrag auf dem 1. Kongress der DGA-Bau zusammen mit dem Institut für Deutsches und Internationales Baurecht der Juristischen Fakultät.

Abb. 3: Art der Erledigung gerichtlicher Verfahren[29]

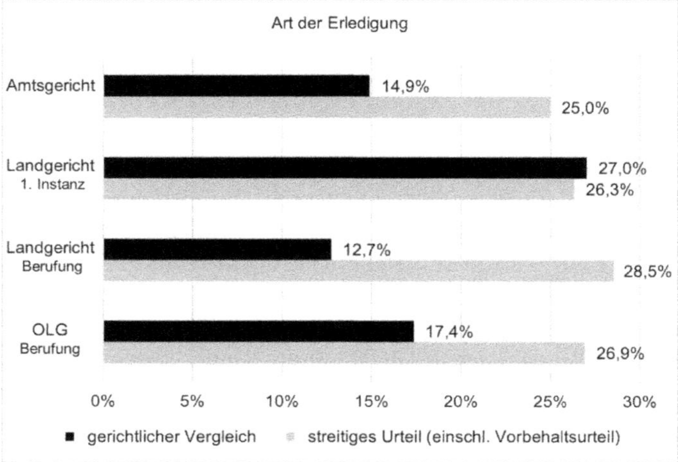

Bei Beendigung der Verfahren nach mehreren Instanzen werden viele Vergleiche geschlossen. Dies gilt insbesondere für Bauprozesse. Auch bezüglich der Art der Erledigung, ist bei den Bauprozessen die Beendigung der Verfahren durch einen Vergleich höher, als der dargestellte Durchschnitt aller sonstigen Verfahren. Einer eigenen empirischen Auswertung von Jung zur Folge, werden Bauzeitstreitigkeiten in knapp mehr als 50 % der Fälle durch einen Vergleich entschieden, wobei das Streitvolumen in etwa 50–50 zwischen den Parteien aufgeteilt wird.[30]

Diese Einschätzung kann in etwa anhand der Statistiken für die Amtsgerichte unterstützt werden. Demnach werden, wie in Abbildung 3 dargestellt, 14,9 % aller Verfahren durch einen gerichtlichen Vergleich beendet. Bei Bauprozessen steigt dieser Prozentsatz auf 28,6 % an.[31]

Es ist nachvollziehbar, dass diese langwierigen Gerichtsverfahren, die in einem Vergleich enden, sehr unbefriedigend für die Parteien sind. Die Frage,

29 *Statistisches Bundesamt,* Rechtspflege Zivilgerichte Fachserie 10 Reihe 2.1 – 2015, S. 18, 48, 68, 94.

30 Vgl. *Verband der Bau- und Immobilienmediatoren e.V.* (Hrsg.), Bauzeitstreit in der Mediation, Beitrag Jung, S. 15.

31 *Statistisches Bundesamt,* Rechtspflege Zivilgerichte Fachserie 10 Reihe 2.1 – 2015, S. 18, 38.

ob sich ein Verfahren vor den staatlichen Gerichten wirtschaftlich lohnt, ist vor diesem Hintergrund zulässig.

2. Kosten der Bauprozesse

Zusätzlich zu den reinen Verfahrenskosten der ordentlichen Gerichte, müssen die Parteien weitere Kosten für Anwälte, Sachverständige und sonstige Kosten tragen, die während der langen Prozessdauern vor allem dadurch entstehen, dass Ressourcen auf beiden Seiten gebunden werden. Wenn die Kosten für die Verfahren nicht im Verhältnis zu den Streitwerten oder dem wirtschaftlichen Erfolg stehen, ist der Rechtsschutz für die streitenden Parteien nicht effektiv gewährleistet.

Die folgende Übersicht, in Form der Abbildung 4, zeigt die Verfahrenskosten verschiedener Streitbeilegungsverfahren[32] in Abhängigkeit vom Streitwert.

Abb. 4: Kostenvergleich verschiedener Streitbeilegungsverfahren[33]

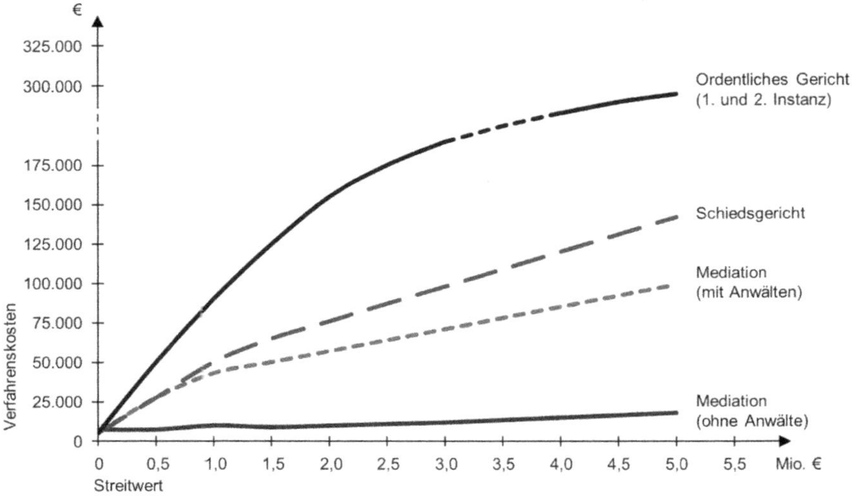

32 Eine Erläuterung dieser und weiterer Verfahren zur Streitbeilegung erfolgt in Abschnitt IV, in diesem Kapitel B.

33 Vgl. *Hammacher, Peter/ Erzigkeit, Ilse/ Sage, Sebastian* (Hrsg.), So funktioniert Mediation im Planen + Bauen, S. 69.

In Ergänzung zu Abbildung 4 ist anzumerken, dass sich bei hohen Streitwerten die Verfahrenskosten immer weiter annähern. Das liegt unter anderem daran, dass die Stundensätze für Anwälte und baubetriebliche Sachverständige in einem außergerichtlichen Streitbeilegungsverfahren relativ hoch sind. So können beispielsweise für ein Schiedsgericht aus einem Dreiergremium deutlich höhere Kosten, als die in der Graphik aufgezeigten, entstehen.

Die Kosten für ein Adjudikationsverfahren liegen in etwa zwischen denen für eine Mediation mit Anwälten und einem Schiedsgerichtsverfahren. Die Einschätzung von DIEDERICHS, dass die außergerichtliche Streitbeilegung immer mehr als *„ökonomisches Prinzip“* anerkannt wird, weil sie nach einer groben Faustformel nur etwa die Hälfte eines Gerichtsverfahrens kostet,[34] deckt sich nicht vollständig mit der vorstehenden Graphik, zeigt aber die ungefähre Tendenz auf.

Ergänzend werden die Ergebnisse einer von VOGT erhobenen Statistik der Verfahren vor dem Landgericht (LG) Münster vorgestellt. Es wurde ermittelt, wie viel Prozent der jeweils geltend gemachten Forderung die Anspruchsteller durchschnittlich nach Abzug der (anteiligen) Kosten realisieren konnten:[35]

- 33,54 % der Forderung,
  wenn sich die Parteien vor der Sachverständigenbeweisaufnahme vergleichen
- 15,74 % der Forderung, wenn die Parteien ein Endurteil erhalten
- **-0,63 %** der geltend gemachten Forderung,
  im Falle einer anderweitigen Beendigung des Verfahrens nach Beweisaufnahme

Auch wenn die Erhebung an einem LG in Deutschland nicht repräsentativ ist, kann das Ergebnis der Statistik als grundsätzlich übertragbar anerkannt werden. Damit wird versucht, die vorstehende Abbildung 4 zu ergänzen. Bezüglich der Kosten für das ordentliche Gericht sind nämlich lediglich die Gerichtskosten selbst erfasst. Weitere (teilweise erhebliche) Kosten für das Hinzuziehen von Sachverständigen für die Beweisaufnahme sind unberücksichtigt.

---

34 Vgl. *Deutsche Gesellschaft für Außergerichtliche Streitbeilegung im Bauwesen e.V.* (Hrsg.), Schriftenreihe der DGA-Bau Nr. 1, Beitrag Diederichs, S. 1 (Begriff und Erläuterung des „ökonomischen Prinzips”).

35 Vgl. *Deutsche Gesellschaft für Außergerichtliche Streitbeilegung im Bauwesen e.V.* (Hrsg.), Schriftenreihe der DGA-Bau Nr. 1, Beitrag Schröder, S. 3. Vogt hat nicht das Jahr der Erhebung angegeben. Es wird (wegen einiger Verweise im Text) vermutet, dass die Ergebnisse aus dem Jahre 2012 stammen.

Die Schlussfolgerung, dass die Verfahrenskosten bei einem Prozess über mehrere Instanzen den Streitwert übersteigen und zu einem negativen Ergebnis führen können, ist deshalb folgerichtig. Dies gilt insbesondere für Bauprozesse.

3. Fachkunde für Baustreitigkeiten

Die langen Verfahrensdauern und hohen Verfahrenskosten lassen sich teilweise darauf zurückführen, dass es keine eigenen Fachgerichte für Bausachen gibt, die ausschließlich für Baustreitigkeiten zuständig sind.

Die Gerichte werden mit einer Vielzahl von Baustreitigkeiten konfrontiert. Weil die Juristenausbildung kaum die Behandlung des privaten Baurechts vorsieht, sind die Gerichte auf die Bearbeitung von Bauprozessen schlecht eingestellt.[36] Die Richter sind fachlich überfordert, weshalb mehr spezialisierte Richter für Bausachen erforderlich wären.[37] Von den circa 160.000 in Deutschland tätigen Rechtsanwälten sind nur etwa 2.200 Fachanwälte für Bau- und Architektenrecht.[38]

Oft sind Bauprozesse wegen der notwendigen Klärung zahlreicher Einzelpunkte nicht mehr justiziabel und werden zu sogenannten Punkteverfahren. Nach einer empirischen Untersuchung müssen in 65,5 % der Fälle[39] zusätzlich Sachverständige eingeschaltet werden, um die komplexen Baustreitigkeiten beherrschen und beilegen zu können.

Zusammenfassend lässt sich die Zufriedenheit der Baubeteiligten mit den ordentlichen Gerichten wie in der folgenden Abbildung 5 darstellen:

---

36 Vgl. *Kapellmann, Klaus D./ Vygen, Klaus (Hrsg.), Schröder/ Gerdes/ Teubner Oberheim*, Jahrbuch Baurecht 2009, S. 85.

37 Vgl. *Kniffka*, BauR 2016, 1533, (1536–1537).

38 Vgl. *Franke* (Hrsg.), Kommentar zur Streitlösungsordnung für das Bauwesen, SL Bau, S. 2. (Zuzüglich weiterer Anwälte, die auch ohne den Erwerb des Fachanwalts erfahren in Baustreitigkeiten sind. Diese zusätzliche Anzahl wird das aufgezeigte Verhältnis jedoch nicht wesentlich ändern.)

39 Vgl. *Teubner Oberheim*, Endbericht des Projekts „Construction Adjudication in England – ein Vorbild für die baurechtliche Konfliktlösung in Deutschland?“, http://ibr.rewi.hu-berlin.de/downloads/121112-Endbericht.pdf (zuletzt besucht am 28.06.2017), S. 22.

Abb. 5: Zufriedenheit der Baubeteiligten mit dem staatlichen Rechtsschutz[40]

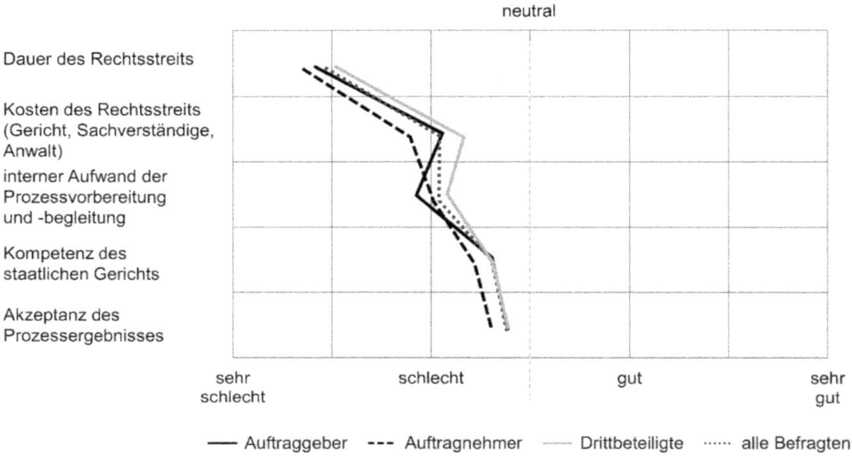

Auch Messerschmidt und Voit erklären unter Bezug auf Vygen, dass die Dauer der Prozesse **zu** und die Qualität **ab**nehme.[41]

Das berechtigt die objektive Frage, ob die Rechtsgewährung vor den ordentlichen Gerichten effizient gewährleistet wird. Ein Potential für außergerichtliche Streitbeilegung ist in jedem Fall vorhanden.

III. Zweckmäßigkeit der Adjudikation

Wie aufgezeigt wurde, sind die staatlichen Gerichtsverfahren sehr lang. Der von den Parteien umfassend vorgetragene Sachverhalt, wird bis in das letzte Detail aufgeklärt und es werden zeit- und kostenintensive Sachverständigengutachten eingeholt. Dass derartige Gerichtsverfahren auch volkswirtschaftlich gesehen verheerend sind, soll vorliegend nicht weiter ausgeführt werden.

Die Parteien benötigen zur Beilegung von Baustreitigkeiten ein schnelleres und qualitativ hochwertigeres Verfahren, um Entscheidungen noch während der Bauausführung zu erhalten. Nur so können sie den Bauablauf entsprechend steuern und die personellen Ressourcen nicht für das Streitbeilegungsverfahren, sondern für die Bauausführung einsetzen. Deshalb wird im Folgenden die Adjudikation als summarisches Schnellverfahren zur Streitbeilegung vorgestellt.

---

40 Vgl. *Gralla, Mike/ Sundermeier, Matthias,* Bauingenieur 2008, 238, (242).

41 Vgl. *Messerschmidt, Burkhard/ Voit, Wolfgang* (Hrsg.), *Boldt*, Privates Baurecht, Kap. T. Außergerichtliche Streitbeilegung, Rn. 3.

Die Adjudikation gehört zu den sogenannten „alternative dispute resolution" (ADR)-Verfahren. Diese, auch in der deutschen Sprache häufig verwendete, Bezeichnung für außergerichtliche Streitbeilegungsverfahren ist nicht eindeutig definiert. ADR heißt nur, dass die alternativen Verfahren außergerichtlich (zum ordentlichen Gericht) stattfinden. Deshalb werden sie auch mit ASB, für außergerichtliche Streitbeilegung, abgekürzt.

1. Adjudikation ist keine Rechtsdienstleistung

Eine zentrale Frage ist, wer mit der Durchführung eines Adjudikationsverfahrens betraut werden kann. Würde die Adjudikation als Rechtsdienstleistung angesehen, könnten nur juristisch ausgebildete Streitlöser als Adjudikatoren gewählt werden. Dies ist jedoch nicht der Fall.

Die Adjudikation sieht vor, einen oder mehrere neutrale Dritte (die Adjudikatoren) zu bestellen, die über eine besondere Sachkunde verfügen, um schnell über den Streitgegenstand urteilen zu können. Die Adjudikatoren unterliegen jedoch gerade nicht dem Rechtsdienstleistungsgesetz (RDG). Rechtsdienstleistung ist demnach gemäß § 2 Abs. 3 Nr. 2 und 4 RDG nicht: „*Die Tätigkeit von Einigungs- und Schlichtungsstellen und Schiedsrichtern [...] die Mediation und jede vergleichbare Form der alternativen Streitbeilegung, sofern die Tätigkeit nicht durch rechtliche Regelungsvorschläge in die Gespräche der Parteien eingreift.*"

Auch wenn die Adjudikation in § 2 Abs. 3 Nr. 2–4 RDG vom Gesetzgeber neben den anderen Streitschlichtungsverfahren nicht explizit genannt wird, ist davon auszugehen, dass auch die Adjudikation darunter fällt. Es gibt keinen Grund, warum die Adjudikation anders beurteilt werden sollte als die genannten Verfahren. In dem Kommentar zur SL Bau heißt es beispielsweise folgerichtig, dass keine andere Interpretation zulässig ist, da die Adjudikation durch Bausachverständige anderenfalls eine Ordnungswidrigkeit darstellen würde.[42]

Unterstützt wird die Annahme zusätzlich dadurch, dass selbst die Tätigkeit von Schiedsrichtern nicht als Rechtsdienstleistung klassifiziert wird. Die Adjudikation weist insofern eine Ähnlichkeit mit einem Schiedsgerichtsverfahren auf, als dass der Streitlöser den Sachverhalt ermittelt und auf Grundlage von rechtlichen Normen vorläufig bindend entscheidet.

Der Schiedsspruch kann nur nach § 1059 ZPO (Aufhebungsantrag, zum Beispiel bei Nichteinhaltung der öffentlichen Ordnung) überprüft werden. Adjudikationsentscheidungen können dagegen ohne inhaltliche Einschränkung

42 Vgl. *Franke* (Hrsg.), Kommentar zur Streitlösungsordnung für das Bauwesen, SL Bau, S. 97.

überprüft werden. Deshalb wäre eine andere Auslegung als die, dass die Adjudikation nicht unter das RDG fällt, nicht nachvollziehbar.

2. Potential für Adjudikationsverfahren

Insgesamt wurden im Jahre 2015 vor den ordentlichen Gerichten an den Amtsgerichten, Landgerichten und Oberlandesgerichten 44.545 Verfahren in Bausachen (ohne Honorarsachen) erledigt.[43] In Anlehnung an eine Schätzung der Anzahl der Honorarstreitigkeiten von HAGHSHENO sind insgesamt circa 64.000 Verfahren in Bausachen erledigt worden.[44]

Eine annähernde Einschätzung, wie viele der Baustreitigkeiten für eine außergerichtliche Streitbeilegung geeignet gewesen wären, kann über die Art der Erledigung der gerichtlichen Bauprozesse getroffen werden:[45]

Es wird unterstellt, dass alle Bauprozesse, die mit einem streitigen Urteil oder einer sonstigen Erledigungsart enden (nach HAGHSHENO sind das 51 % der Verfahren), nicht für ein außergerichtliches Streitbeilegungsverfahren geeignet gewesen wären. Die verbleibenden 49 % der Gerichtsverfahren bei Bau- und Architektensachen, die entweder mit einem Vergleich, einem Versäumnisurteil, einer Erledigungserklärung oder einem Anerkenntnis- bzw. Verzichtsurteil endeten, wären gemäß der Annahme von HAGHSHENO, *„dass die Parteien in Kenntnis des tatsächlichen Ausgangs des Verfahrens in diesen Fällen nicht den Weg zum Gericht angetreten hätten,“*[46] für ein außergerichtliches Streitbeilegungsverfahren geeignet. Dies sind insgesamt über 30.000 Verfahren pro Jahr mit dem Potential für eine außergerichtliche Streitbeilegung. Im Vergleich dazu spricht DIEDERICHS aktuell von lediglich circa 1.000 Fällen pro Jahr, die tatsächlich mit einem außergerichtlichen Verfahren gelöst werden.[47]

Es besteht folglich nicht nur die Möglichkeit, außergerichtliche Streitbeilegung vermehrt einzusetzen, sondern auch die Notwendigkeit.

---

43 Vgl. *Statistisches Bundesamt,* Rechtspflege Zivilgerichte Fachserie 10 Reihe 2.1-2015, S. 18, 48, 94.

44 *Deutsche Gesellschaft für Außergerichtliche Streitbeilegung im Bauwesen e.V.* (Hrsg.), Schriftenreihe der DGA-Bau Nr. 2.

45 Vgl. für diesen von HAGSHENO gewählten Ansatz *Deutsche Gesellschaft für Außergerichtliche Streitbeilegung im Bauwesen e.V.* (Hrsg.), Schriftenreihe der DGA-Bau Nr. 2, Beitrag Haghsheno/ Münzl, S. 21.

46 Vgl. *Deutsche Gesellschaft für Außergerichtliche Streitbeilegung im Bauwesen e.V.* (Hrsg.), Schriftenreihe der DGA-Bau Nr. 2, Beitrag Haghsheno/ Münzl, S. 21.

47 Vgl. *Deutsche Gesellschaft für Außergerichtliche Streitbeilegung im Bauwesen e.V.* (Hrsg.), Schriftenreihe der DGA-Bau Nr. 1, Beitrag Diederichs, S. 2.

3. Adjudikation als Streitbeilegungsmethode

Im Folgenden wird die Adjudikation als außergerichtliche Streitbeilegungsmethode vorgestellt. Dazu werden die Grundzüge des Verfahrens mit einigen wesentlichen Punkten erläutert. Detaillierte Unterschiede der Verfahren, je nach Ausprägung der jeweiligen Verfahrensordnung, werden in Kapitel D dargelegt.

a. Grundzüge des Verfahrens

Die Adjudikation ist ein

- schnelles Verfahren
- durch kurze Fristen und
- eine summarische Sachverhaltsprüfung
- das vertraulich durchgeführt wird und
- bei dem ein neutraler Dritter
- eine vorläufig bindende Entscheidung trifft
- die durch ein (Schieds-) Gericht korrigierbar ist.

Die Adjudikation ermöglicht es, eine schnelle Streitbeilegung zu erzielen. Damit stehen die Ressourcen der Parteien für die Bauabwicklung zur Verfügung und werden nicht von der Streitbeilegung aufgebraucht.

Ein weiterer Vorteil ist, dass die Adjudikation ein geeignetes Verfahren darstellt, um die faktisch geprägten Baustreitigkeiten zu lösen. Wenn bei den drei erläuterten Hauptursachen für Streitigkeiten (unklare Leistungsbeschreibung, Behinderungen und Leistungsänderungen) die Fakten geklärt sind, ergeben sich die Rechtsfolgen relativ einfach und selbsterklärend.

Die Adjudikation, wie sie in diesem Buch und nach den deutschen Verfahrensordnungen (AO-Bau, DIS-AVO und SL Bau[48]) im Wesentlichen verstanden wird, ist von anderen Verfahren mit ähnlicher Bezeichnung abzugrenzen. Im Englischsprachigen werden beispielsweise die Verfahren dispute review (oder resolution) board (DRB) und dispute adjudication board (DAB) unterschieden.[49]

---

48 Vgl. die Erläuterungen in Kapitel D zu der Adjudikations-Ordnung für Baustreitigkeiten (AO-Bau), zu der DIS (Deutsche Institution für Schiedsgerichtsbarkeit e.V.)-Verfahrensordnung für Adjudikation (DIS-AVO) und zu der Streitlösungsordnung für das Bauwesen des Deutschen Beton- und Bautechnik-Verein E.V. (DBV) zusammen mit der Deutschen Gesellschaft für Baurecht e.V. (DGfB) (SL Bau).

49 Vgl. *Roquette, Andreas J./ Otto, Andreas* (Hrsg.), *Mahnken/ Aldinger*, Vertragsbuch privates Baurecht, D. IV. Rn. 4 f.

Das DRB entspricht nicht der Vorstellung der „deutschen Adjudikation". Es wird nur eine nichtbindende Empfehlung ausgesprochen, die nicht zwingend umgesetzt werden muss. Das DRB stellt somit eher ein konsensuales Verfahren dar. Es ist in der Regel projektbegleitend tätig und besteht grundsätzlich aus einem Dreiergremium.

Das DAB hingegen ist ein summarisches Verfahren, in dem zumeist ein Einzeladjudikator vorläufig bindende Entscheidungen zur sofortigen Umsetzung fällt. Die grundsätzliche Idee ist, das DAB projektbegleitend einzusetzen, damit der Adjudikator ständig über das Projekt informiert ist. Das ist jedoch nicht zwingend. Ein DAB kann auch ad-hoc festgelegt werden.

In allen Fällen, unabhängig von der Bezeichnung und den verschiedenen Merkmalen, ist die Adjudikation ein schnelles Verfahren. Diederichs beurteilt die Dauer von außergerichtlichen Streitbeilegungsverfahren generell mit einer Länge von wenigen Wochen bis maximal drei Monaten.[50] Haghsheno gibt auf Grundlage einer empirischen Erhebung an, dass die Dauer einer Adjudikation in 59 % der Verfahren innerhalb von sechs Monaten liegt.[51]

b. Einzeladjudikator oder Gremium

Die richtige Auswahl der Adjudikatoren ist eine wichtige Voraussetzung für die Akzeptanz des Verfahrens durch die Parteien. Bei einem Gremium aus zwei oder drei Mitgliedern ist (vermeintlich) mehr Fachwissen vorhanden, weil das Gremium interdisziplinär aus Juristen, Baubetrieblern und Technikern bzw. Ingenieuren besetzt werden kann. Dies ist zwar teurer und wird sich meist nur bei großen Projekten lohnen, kann die Akzeptanz durch die Parteien jedoch enorm steigern. Die Auswahl des Gremiums erfolgt entweder, indem jede Partei einen Adjudikator beistellt und diese beiden dann einen Dritten als Vorsitzenden bestimmen, der bei Entscheidungen den Ausschlag geben kann oder es werden alle Adjudikatoren bestenfalls im Einvernehmen bestimmt.

Die Adjudikatoren können bereits im Hauptvertrag der Parteien benannt werden, was im Streitfall zu einem zügigeren Beginn führen kann, weil die Parteien nicht zusätzlich über die Auswahl des Streitlösers streiten. Allerdings nehmen

---

50 Vgl. *Deutsche Gesellschaft für Außergerichtliche Streitbeilegung im Bauwesen e.V.* (Hrsg.), Schriftenreihe der DGA-Bau Nr. 1, Beitrag Diederichs, S. 1.

51 *Deutsche Gesellschaft für Außergerichtliche Streitbeilegung im Bauwesen e.V.* (Hrsg.), Schriftenreihe der DGA-Bau Nr. 2, Beitrag Haghsheno/ Münzl, S. 9 (43 % der Verfahren dauern zwischen sechs Wochen und drei Monaten und weitere 16 % der Verfahrens dauern zwischen drei und sechs Monaten).

sich die Parteien durch die frühe Benennung die Chance, den jeweils notwendigen Fachmann für den späteren Streit zu berufen. Bei einem Einzeladjudikator wird es schwierig sein, eine Person mit universellem Fachwissen auf den verschiedenen Fachgebieten zu finden.

c. Projektbegleitend oder ad-hoc

Eine Adjudikation kann entweder projektbegleitend vereinbart oder erst im Streitfall ad-hoc einberufen werden. Bei einem projektbegleitenden Verfahren treffen die Parteien alle notwendigen Vereinbarungen zusammen mit dem Hauptvertrag. Der Adjudikator oder das Gremium begleitet das Projekt während der gesamten oder der von den Parteien festgelegten Dauer, unabhängig davon, ob eine Streitigkeit existiert oder nicht.

Für ein ad-hoc-Verfahren heißt das nicht zwingend, dass es gar keine vertragliche Vereinbarung eines außergerichtlichen Streitbeilegungsverfahrens gibt. Die Parteien können sich bereits vertraglich auf einen Adjudikator oder ein Gremium einigen, welcher oder welches im Streitfall angerufen wird. Wenn es bezüglich des Streitlösers noch keine vertragliche Vereinbarung gibt, ist der neutrale Dritte im Streitfall zu wählen. Auch eine mündliche oder konkludente Vereinbarung eines Verfahrens oder einer Verfahrensordnung ist denkbar.

Das ad-hoc-Verfahren ist wegen der geringen Einsatzdauern der Adjudikatoren regelmäßig kostengünstiger. Dabei mag es schwieriger sein, die Bestimmung der Adjudikatoren im Einvernehmen beider Parteien durchzuführen, da die Parteien sich ohnehin im Streit befinden. Der Vorteil dieses Verfahrens ist jedoch, dass die Adjudikatoren nach dem Fachgebiet passend zum Streitgegenstand ausgesucht werden können.

Ad-hoc-Verfahren weisen meist eine längere Verfahrensdauer auf. Die Parteien haben zum einen mehr Hürden ein Verfahren einzuberufen, als wenn der Streitlöser bereits projektbegleitend tätig ist, was neben der Dauer für die Auswahl oder Anrufung der Adjudikatoren zusätzlich zu Verzögerungen der Streitbeilegung führt. Zum anderen trägt die Tatsache, dass sich die Adjudikatoren erst in das Projekt einarbeiten müssen, zu einer längeren Verfahrensdauer bei.

Bei projektbegleitenden Adjudikationen kann es eine Herausforderung sein, einen geeigneten Adjudikator oder mehrere geeignete Mitglieder für die Laufzeit eines großen Projekts zu finden und zu verpflichten. Die Parteien tragen dann zusätzlich die Kosten für die Verfügbarkeit der Adjudikatoren, was schnell teuer wird und sich meist nur bei großen Projekten lohnt. Dafür erhalten die Parteien den großen Vorteil, dass die Streitlöser schon früh im Projekt sind und fortlaufend informiert werden können, indem sie zum Beispiel an Besprechungen teilnehmen. So können sie im Bedarfsfall schnell entscheiden, weil ihnen die Sachlage bekannt ist und der Streit eventuell sogar vorhersehbar war. Ob die Adjudikatoren mit den „richtigen" Qualifikationen ausgesucht wurden, lässt sich erst im Streitfall erkennen, wenn der Streitgegenstand bekannt ist.

Möglicherweise werden mehr Verfahren eingeleitet, weil die Adjudikatoren projektbegleitend für beide Parteien erreichbar sind. Jedoch ist es ebenfalls möglich, bei kleineren Meinungsverschiedenheiten lediglich auf die informelle moderierende Unterstützung durch den/die Streitlöser zurückzugreifen.

d. Kosten der Verfahren

Die Kosten einer Adjudikation lassen sich schwer im Voraus beziffern, da diese von der Anzahl der Adjudikatoren (meist Einzeladjudikator oder Dreiergremium) und der Länge des Verfahrens abhängen.

Grundsätzlich zahlen die Parteien die Auslagen des Streitlösers, einschließlich der Kosten für die Zeugenvernehmung, Reisekosten und weiterer Nebenkosten in bestimmter Quotelung. Die meisten Ordnungen sehen vor, die Verfahrenskosten hälftig zu teilen (siehe § 9 Abs. 1 SL Bau, § 30.10 DIS-AVO, Art. 26.1 ICC DB). Gemäß § 15 S. 1 AO-Bau entscheidet dagegen der Adjudikator über die Kostenteilung, je nach Obsiegen und Unterliegen der Parteien. Bei einer projektbegleitenden Adjudikation fällt zusätzlich die monatliche Vergütung des Adjudikators für die Verfügbarkeit und das fortlaufende Informieren über das Projekt an. Die eigenen Kosten trägt jede Partei selbst. Die Parteien haften gegenüber dem Streitlöser als Gesamtschuldner (siehe § 9 Abs. 3 SL Bau, § 15 S. 5 AO-Bau, § 30 Abs. 10 DIS-AVO).

Die beispielsweise von der Deutschen Institution für Schiedsgerichtsbarkeit e.V. (DIS) vorgeschlagenen Vergütungssätze liegen bei 300 € pro Stunde und einem Grundhonorar von 2.400 € pro Monat.[52] Diese werden als branchenüblich angesehen. Dennoch ist ersichtlich, dass die Kosten schnell steigen können, vor allem wenn ein Gremium zur Streitbeilegung eingesetzt wird. Außerdem besteht stets die Möglichkeit, dass die Entscheidung durch ein (Schieds-) Gericht korrigiert wird. In diesem Fall wäre die Adjudikation lediglich eine „zusätzliche Instanz", die weitere Kosten verursacht.

Insgesamt werden die Kosten einer Adjudikation geringer eingeschätzt als die für ein Gerichts- oder Schiedsgerichtsverfahren.[53] Dies kann sich bei sehr

---

52 Vgl. Anlage 1 zu § 30 Abs. 1 und 11 DIS-AVO (Kostentabelle für DIS-Adjudikationsverfahren).

53 Vgl. Kapitel B.II zum Kostenvergleich der verschiedenen Verfahren.

großen Projekten mit hohen Streitwerten jedoch anders darstellen. Die Prozesskosten der staatlichen Gerichte steigen proportional zum Streitwert weniger an. Deshalb können sich die Verfahrenskosten bei steigenden Streitwerten stark annähern. Damit soll aufgezeigt werden, dass der Kostenpunkt nicht das Hauptargument für die Wahl eines Adjudikationsverfahrens ist – wenn auch in vielen Fällen ein positiver Nebeneffekt.

IV. Weitere außergerichtliche Alternativen zur Streitbeilegung

Die ADR-Verfahren weisen die Gemeinsamkeit auf, dass ein neutraler und sachkundiger Dritter involviert ist. Dieser neutrale Dritte entscheidet entweder konsensual, also im Einvernehmen mit den Parteien oder kontradiktorisch, also durch eigenmächtige Entscheidung. Eine feststehende Definition gibt es nicht.

Nach STUBBE unterscheiden sich die Drittentscheidungsverfahren wesentlich nur nach der Bindungswirkung der Entscheidung:[54]

- bindend wie beim deutschen Schiedsgutachten
- nicht bindend wie beim (Sachverständigen-) Gutachten
- vorläufig bindend wie beim Adjudikationsverfahren

Einige Definitionen von ADR-Verfahren, zum Beispiel nach GRIEGER[55], umfassen nur Verfahren, die ohne (vollständig) abschließende Entscheidung enden. Demnach gehören das Schiedsgerichtsverfahren und das Schiedsgutachtenverfahren nach § 317 BGB nicht zu den alternativen Streitbeilegungsverfahren. Der Vollständigkeit halber und zur Abgrenzung werden diese dennoch im Folgenden kurz vorgestellt.

1. Schiedsgerichtsverfahren

Schiedsgerichtsverfahren sind bisher international am weitesten verbreitet, wenn die Parteien eine Alternative zu den ordentlichen Gerichten vereinbaren wollen. Auch im Deutschen wird häufig die aus dem Englischen stammende Bezeichnung Arbitration verwendet. Das Verfahren findet vor einem nichtstaatlichen Privatgericht nach §§ 1025–1066 ZPO statt, wenn die Parteien eine Schiedsvereinbarung getroffen haben. Institutionen wie die DIS oder die Industrie- und

54 *Stubbe,* Arbeitskreis VII – Außergerichtliche Streitbeilegung, verfügbar auf www.baugerichtstag.de (zuletzt besucht am 28.06.2017), Punkt 4.

55 Vgl. *Kuffer, Johann / Wirth, Axel* (Hrsg.), *Grieger*, Bau- und Architektenrecht, 8. A. II. Rn. 17.

Handelskammern können die Parteien bei der Benennung der Schiedsrichter unterstützen.

Die ZPO regelt einige Anforderungen, die bei der Durchführung eines Schiedsverfahrens zu beachten sind. Gemäß § 1042 ZPO muss sowohl eine Gleichbehandlung der Parteien als auch rechtliches Gehör gewährt sein. Der Schiedsrichter muss gemäß § 1036 ZPO unabhängig und unparteiisch sein, kann darüber hinaus den Ablauf jedoch nach freiem Ermessen bestimmen. Wird vor einem ordentlichen Gericht Klage erhoben, obwohl eine Schiedsvereinbarung vorliegt, ist die Klage auf Rüge des Beklagten gemäß § 1032 ZPO als unzulässig abzuweisen. Der Schiedsspruch hat gemäß § 1055 ZPO unter den Parteien die Wirkungen eines rechtskräftigen gerichtlichen Urteils.

Grieger stellt in einer Übersicht der außergerichtlichen Streitbeilegungsformen dar, dass sich abgewandelte Verfahren in Anlehnung an die Schiedsverfahren entwickelt haben, zum Beispiel:[56]

- Medarb-Verfahren: Integration einer Mediation mit zwingend nachgeschaltetem Schiedsverfahren, wenn die Mediation scheitert.
- Final-offer-arbitration: Der Schiedsrichter entscheidet zwischen den beiden letzten Entscheidungsvorschlägen der Parteien. Die Parteien sollen einen möglichst realistischen Vorschlag unterbreiten, sodass ihr Angebot gewählt wird.

2. Schiedsgutachtenverfahren

Für ein Schiedsgutachtenverfahren, indem der Streit durch die Stellungnahme eines technischen Sachverständigen gelöst werden soll, gibt es keine gesetzlichen Verfahrensregelungen.

Für die Lösung technischer oder rechtlicher Streitigkeiten beauftragen die Parteien einen unparteiischen Dritten, der die für die Entscheidung erheblichen Tatsachen feststellt und darüber ein Gutachten verfasst. Der Schiedsgutachter entscheidet grundsätzlich gemäß § 317 BGB nach billigem Ermessen[57]. Auf diese Weise erhalten die Parteien eine schnelle Entscheidung, wodurch weitere Verzögerungen in der Ausführung vermieden werden können. Die

56 Vgl. *Kuffer, Johann/ Wirth, Axel* (Hrsg.), *Grieger*, Bau- und Architektenrecht, 8. A. II. Rn. 17.

57 Vgl. zum Begriff des billigen Ermessens *Palandt* (Hrsg.), *Grüneberg*, Bürgerliches Gesetzbuch, § 315, Rn. 10: Bei der Entscheidung nach billigem Ermessen sind innerhalb eines Entscheidungsspielraums die Interessen beider Parteien und des im Zeitpunkt der Bestimmung in vergleichbaren Fällen Üblichem zu berücksichtigen.

Parteien unterwerfen sich der Bestimmung dieses Dritten. In der Praxis kann es im Streitfall schwierig sein, einen Gutachter zu finden, der von beiden Parteien anerkannt wird.

Die Natur des Schiedsgutachtens sieht eine Bindung der Parteien an das Gutachten vor, wenn nichts Abweichendes vereinbart wurde. Das Gutachten ist gemäß § 319 BGB gerichtlich überprüfbar, wenn es offenbar unbillig oder unrichtig ist. Ebenso kann vereinbart werden, dass das Schiedsgutachten keinerlei gerichtlicher Überprüfung unterliegen soll[58], wozu nur in seltenen Fällen geraten wird.

3. Schlichtung

Die Schlichtung ist ein vertrauliches und nicht öffentliches Verfahren, bei dem ein Schlichter die Parteien in unabhängiger und unparteiischer Weise in ihrem Bemühen, die Streitigkeit einverständlich beizulegen, unterstützt.[59]

In jedem Fall steht die Konsensbereitschaft der Parteien im Vordergrund.[60] Die beteiligten Parteien versuchen zunächst mithilfe des Schlichters eine einvernehmliche Lösung herbeizuführen. Dabei kann jede Partei das Verfahren jederzeit ohne Begründung abbrechen. Die weitere Ausgestaltung des Verfahrens liegt in der Verantwortung der Parteien. Die vereinbarte Verfahrensordnung kann vorsehen, dass der Schlichter innerhalb einer bestimmten Frist einen Schlichterspruch erlässt, wenn sich die Parteien nicht vereinbaren können. Dieser Spruch kann verbindlich werden, wenn keine Partei innerhalb einer bestimmten Frist schriftlich widerspricht.[61] Ebenso können die Parteien vereinbaren, dass der Schlichterspruch annahmebedürftig sein soll.[62]

---

58 Vgl. *Deutsche Gesellschaft für Außergerichtliche Streitbeilegung im Bauwesen e.V.* (Hrsg.), Schriftenreihe der DGA-Bau Nr. 1, Beitrag Kniffka, S. 6.

59 *Deutsche Institution für Schiedsgerichtsbarkeit e.V.*, DIS- Schlichtungsordnung 02, § 11 Nr. 1

60 Vgl. *Deutsche Institution für Schiedsgerichtsbarkeit e.V.*, DIS- Schlichtungsordnung 02, Vorwort

61 Vgl. *Deutsche Gesellschaft für Baurecht e.V., Deutscher Beton- und Bautechnik-Verein E.V.*, Streitlösungsordnung für das Bauwesen (SL Bau), § 18 Abs. 3 SL Bau.

62 Vgl. *Arbeitsgemeinschaft für Bau- und Immobilienrecht im DeutschenAnwaltVerein – ARGE Baurecht*, Schlichtungs- und Schiedsordnung für Baustreitigkeiten (SOBau) der Arbeitsgemeinschaft für Bau- und Immobilienrecht im DeutschenAnwaltVerein – ARGE Baurecht.

Auch die Bundesregierung hat ein Programm „*schlichten statt richten*“ herausgegeben.[63] Dieses Programm hat sich jedoch, vor allem seit der Einführung des Mediationsgesetzes, stärker von der Schlichtung entfernt und stellt andere außergerichtliche Verfahren, insbesondere die Mediation, vermehrt in den Vordergrund.

4. Mediation

Dieses Streitbeilegungsverfahren wird im Mediationsgesetz (MediationsG) wie folgt definiert: „*Mediation ist ein vertrauliches und strukturiertes Verfahren, bei dem Parteien mithilfe eines oder mehrerer Mediatoren freiwillig und eigenverantwortlich eine einvernehmliche Beilegung ihres Konflikts anstreben. Ein Mediator ist eine unabhängige und neutrale Person ohne Entscheidungsbefugnis, die die Parteien durch die Mediation führt.*“[64]

Der Mediator muss also keine ausgeprägten Fachkenntnisse haben, da die Parteien den Streit inhaltlich selbst lösen.[65] Der Mediator berät nicht, sondern hat gemäß § 2 Abs. 3 MediationsG die Kommunikation der Parteien zu fördern. Die Parteien müssen zu einer nachhaltigen, gemeinsamen Lösungsfindung bereit sein und dürfen nicht zu sehr auf den eigenen wirtschaftlichen Vorteil fokussiert sein. Der Mediator ist gemäß § 4 MediationsG zur Verschwiegenheit verpflichtet. Das gilt insbesondere für Informationen, die er von einer Partei erhält, außer diese Partei erlaubt ausdrücklich die Verwendung dieser Information in der Mediation. Eine Streitverkündung ist, ähnlich wie im § 73 ZPO, gemäß § 2 Abs. 4 MediationsG nur möglich, wenn beide Parteien zustimmen. Weitere Parteien, die eventuell in den Streit involviert sind, können nicht ohne Weiteres als Zeuge angehört werden.

Insgesamt ist eine Mediation darauf angewiesen, dass beide Parteien Verständnis für die andere Partei entwickeln und eine gemeinsame Suche nach einer Lösung anstreben.[66] Wenn diese Voraussetzungen erfüllt sind, ist die Mediation

---

63 *Die Bundesregierung,* Rechtspolitik Schlichten statt richten, https://www.bundesregierung.de/ContentArchiv/DE/Archiv17/Artikel/2011/01/2011-01-12-mediationsgesetz-ir.html und https://www.bundesregierung.de/Content/DE/Artikel/2015/05/2015-05-27-streitschlichtung.html (zuletzt besucht am 28.06.2017).

64 Mediationsgesetz (2012) (§ 1).

65 Vgl. *Hammacher, Peter/ Erzigkeit, Ilse/ Sage, Sebastian* (Hrsg.), So funktioniert Mediation im Planen + Bauen (S. 12).

66 Vgl. *Hammacher, Peter/ Erzigkeit, Ilse/ Sage, Sebastian* (Hrsg.), So funktioniert Mediation im Planen + Bauen (S. 8f).

ein geeignetes Verfahren mit geringem Aufwand; nämlich schnell und kostengünstig.

Zur Förderung der Mediation wurde im Jahre 2007 der Verband der Baumediatoren gegründet. Das Leitbild des Verbands sieht vor, die Parteien mit juristisch, wirtschaftlich oder technisch ausgebildeten Mediatoren zu unterstützen, eine dauerhafte Konfliktlösung zu finden.[67] Ebenso kümmert sich der Verband um Ausbildungsprogramme und Informationsveranstaltungen. Dadurch soll der Einsatz der Mediation in der Baubranche gefördert werden.

5. Entwicklung weiterer Verfahrensformen

Neben den verbreiteten Verfahren haben sich bereits Abwandlungen entwickelt, mit denen versucht wird, sehr individuelle Lösungen für die jeweiligen Streitigkeiten zur Verfügung zu stellen:[68]

- Early-neutral-evaluation
  Ein neutraler Sachverständiger soll Gespräche mit den Parteien führen, um zu bewerten, welche Prozessaussichten die Parteien hätten. Er verfasst anschließend eine Stellungnahme, die jedoch lediglich als Grundlage für Einigungsgespräche der Parteien dient und keine Entscheidung darstellt, die umgesetzt werden muss.
- Mini-trial
  Der Streitgegenstand wird von beiden Parteien vor einem Gremium vorgetragen, welches den Streit anschließend bewertet und einen Vergleich vorschlägt. Die Parteien sollen sich unmittelbar auf diesen oder einen anderen Vergleich einigen, was Voraussetzung zur Beendigung des Verfahrens ist.
- Neutral expert fact-finding
  Ein neutraler Dritter interviewt sowohl die Parteien als auch weitere Zeugen zu dem Streit. Er erstellt einen vertraulichen und unverbindlichen Bericht über die ermittelten Tatsachen und kann Empfehlungen für das weitere Vorgehen aussprechen, die für die Parteien unverbindlich sind.

Darüber hinaus gibt es eine Vielzahl weiterer Verfahren, die sich nicht eindeutig voneinander abgrenzen lassen, wie zum Beispiel facilitation oder settlement

---

67 Vgl. *Verband der Bau- und Immobilienmediatoren e.V.*, Unser Leitbild, http://www.baukonfliktmanagement.de/ (zuletzt besucht am 28.06.2017).

68 Vgl. die Übersicht der Verfahren in *Kuffer, Johann/ Wirth, Axel* (Hrsg.), *Grieger*, Bau- und Architektenrecht, 8. A. II. Rn. 17.

conference. Dies sind verschiedene Verfahrensformen, jeweils mit neutralem Dritten, der unterschiedliche Aufgaben und Entscheidungskompetenzen hat.

Um aus all diesen Verfahren zu wählen, hat die DIS ein Konfliktmanagementverfahren entwickelt. Dieses sieht vor, dass ein neutraler Dritter die Parteien unmittelbar nach Eskalation eines Streits berät, welche außergerichtliche Streitbeilegung für das Projekt, das Thema und die Streitfrage passend ist.[69]

Die meisten Verfahren können kombiniert angewendet werden. Wenn in einem Verfahren während der Anhörung der Parteien die Fronten derart verhärtet sind, dass die Parteien nicht mehr an einem Tisch sitzen können, kann beispielsweise eine Mediation durchgeführt werden, bevor das andere ursprüngliche Verfahren weitergeführt wird. Oder es wird zur Klärung einer technischen oder rechtlichen Einzelfrage ein Sachverständiger während einer Mediation einbezogen. Weitere Kombinationen sind denkbar und wünschenswert, wann immer diese helfen, den Streit beizulegen.

6. Lösung durch sachbezogenes Verhandeln

Unabhängig von der Wahl des ASB-Verfahrens, sollte das Grundprinzip des Verhandelns in jedem Verfahren angewendet werden.

Das Problem bei Baustreitigkeiten ist häufig, dass der Streit meist unterschwellig schon längere Zeit besteht. Gerade bei Vergütungsstreitigkeiten wird öfters beobachtet, dass der Auftraggeber versucht, diese durch „aussitzen" zu lösen. Durch dieses Verhalten schaukelt sich der Konflikt hoch, es entstehen starke Emotionen und es ist kein sachlicher Umgang mit den Konflikten mehr möglich.

Dabei wird vergessen, dass nicht die Interessen der Parteien, sondern vielmehr das Projekt selbst im Mittelpunkt stehen sollte. Der Schlüssel zum wirtschaftlichen Erfolg beider Parteien ist, wie bereits ausgeführt, die Einhaltung der ursprünglich geplanten Bauzeit. Dies wird in der Realität häufig vergessen und es geht nur noch darum, welche Partei Recht bekommt und nicht, wie das Projekt weiter vorangebracht werden kann.

Gemäß WEIHE[70] ist eine Ursache dafür, dass meist der sogenannte Interventionspunkt verpasst wird. Eine Partei oder beide Parteien erkennen den Konflikt, gehen eine Lösung des Konflikts jedoch nicht an; aus Unsicherheit oder weil sie die Geschäftsbeziehung nicht belasten wollen. Andere Gründe für das Aufschieben können sein, dass die Parteien nicht willens und bereit sind und/oder es

---

69 Vgl. *Deutsche Institution für Schiedsgerichtsbarkeit e.V.*, DIS-Konfliktmanagementordnung 10.

70 Vgl. *Weihe*, Verhandlungsführung und Konfliktmanagement, S. 15.

nicht für sinnvoll und erfolgsversprechend erachten, sich mit den Konfliktparteien lösungsorientiert auseinanderzusetzen.

WEIHE fasst diese „falschen“ Vorgehensweisen in drei Gruppen zusammen:[71]

- eine Vogel-Strauß-Politik – was im Moment nicht gesehen oder wahrgenommen wird, existiert möglicherweise gar nicht
- eine Politik des Aufschubs, die Handeln erst dann erzwingt, wenn der Leidensdruck unerträglich geworden ist
- das Konzept des Spatzens in der Hand und der Taube auf dem Dach, das eine Verhaltensweise präferiert, die einen kleinen aber sicheren Vorteil (um sich ein vermeintlich schmerzhaftes Ringen um eine Konfliktlösung zu ersparen) der Chance vorzieht, durch eine geglückte Konfliktlösung zukünftig ungetrübt miteinander zusammen arbeiten zu können.

„Das Ergebnis ist dabei immer, dass Konflikte eine Historie bekommen, sich aufladen und eine kooperative Lösung erschwert wird.“[72]

Diese Vorgehensweisen sind in der Baubranche häufig zu beobachten. Bis zur Anrufung eines ordentlichen Gerichts wird meist so lange abgewartet, bis viele konkurrierende und von beiden Parteien verursachte Störungen sich gemeinsam auf den Bauablauf auswirken und es nahezu unmöglich wird, darzustellen, welche Störung kausal welche Auswirkungen hatte. Die Tatsachen sind dann kaum mehr feststellbar und es ist den Parteien nicht mehr möglich, sachlich über die Streitigkeiten zu sprechen. Anstatt eine gemeinsame Lösung für die Aufholung des Verzugs zu erarbeiten, droht der Auftraggeber dem Auftragnehmer mit der Geltendmachung von Vertragsstrafen und Schadenersatz, weil er die Verzögerungen als vom Auftragnehmer zu vertreten ansieht. Der Auftragnehmer wartet gegebenenfalls auf die Vergütung für Beschleunigungsmaßnahmen und verweigert solange die Ausführung dieser Leistungen, weil er die Verzögerungen dem Risikobereich des Auftraggebers zuordnet. Eine gemeinsame Klärung ist in einer derart verfangenen Situation selten noch möglich.

Eine Lösung für solche, scheinbar aussichtslosen Situationen, die vielfach anerkannt und als Standardwerk angesehen wird, ist die ganzheitliche Verhandlungsführung nach dem sogenannten Harvard-Konzept. Die zentrale Methode dieses Konzepts nennt sich *„sachbezogenes Verhandeln“* und zielt auf eine *„Win-Win Strategie“ ab. „Jede Verhandlungsweise sollte man am besten aufgrund von drei*

---

71 Vgl. die Darstellung der folgenden drei Gruppen in *Weihe*, Verhandlungsführung und Konfliktmanagement, 15 f.

72 *Weihe*, Verhandlungsführung und Konfliktmanagement, S. 16.

Kriterien bewerten: Sie sollte eine vernünftige Übereinkunft zustande bringen – sofern Übereinkunft möglich ist. Sie sollte effizient sein. Und sie sollte das Verhältnis zwischen den Parteien verbessern oder zumindest nicht zerstören."[73]

Um das Konzept anzuwenden, sind folgende Grundelemente[74] zu beachten:

1. Punkt: Trennung von Mensch und Problem
   Der Sachverhalt muss im Vordergrund stehen, nicht die Beteiligten. Dafür müssen die Verhandelnden einen hohen Grad an Objektivität und Distanzierungsfähigkeit besitzen.
2. Punkt: Auf Interessen konzentrieren
   Die Streitursachen müssen ermittelt werden. Oft verstecken sich die Parteien hinter ihren eingenommenen Positionen. Nur bei Beachtung der eigentlichen Interessen wird jedoch die Möglichkeit geschaffen, eine Lösung zu entwickeln, aus der beide Parteien einen Nutzen ziehen können.
3. Punkt: Lösungsoptionen entwickeln
   Das dritte Grundelement sieht vor, nicht „die einzige Lösung" zu suchen, sondern auch andere, vorher nicht in Betracht gekommene Lösungen, die sich für beide Seiten als sinnvoll erweisen. Die Lösungsoptionen werden dabei durch neue Denkansätze erweitert.
4. Punkt: Neutrale Beurteilungskriterien
   Es sollen objektive und faire Kriterien, bestenfalls vor dem Entstehen eines Konflikts, vereinbart und im Falle einer Verhandlung angewendet werden. Die Kriterien müssen für beide Konfliktparteien nachvollziehbar sein.
5. Punkt: Alternativen zum Verhandlungsergebnis entwickeln[75]
   Abschließend ist es die Aufgabe der Parteien, sich zu fragen, welche alternativen Optionen es zu dem absehbaren Verhandlungsergebnis gibt. Diese Optionen sollen von den Parteien realistisch ermittelt werden. Das hilft zum einen dabei, keine Ergebnisse zu akzeptieren, die weit unter den ermittelten Alternativen liegen. Zum anderen werden die Parteien eher bereit sein, sich mit einem erzielten Ergebnis zufrieden zu geben, wenn sie wissen, dass es keine besseren Alternativen gibt.

---

73 Vgl. *Fisher, Roger/ Ury, William/ Patton, Bruce/ Raith, Werner* (Hrsg.), Das Harvard-Konzept, S. 30.

74 Die Grundelemente des Harvard-Konzepts sind entnommen aus *Fisher, Roger/ Ury, William/ Patton, Bruce/ Raith, Werner* (Hrsg.), Das Harvard-Konzept, S. 47 ff, 76 ff, 97 ff, 128 ff, 149 ff.

75 Im Harvard-Konzept BATNA (best alternative to negotiated agreement) genannt.

Dieses Prinzip, welches sich weltweit als anerkannter Standard der Verhandlungsführung etabliert hat,[76] ist hier stark vereinfacht dargestellt. Vorliegend ist dies jedoch ausreichend. Wichtig ist die Erkenntnis, dass die Parteien offen über ihre Interessen sprechen müssen, um eine Lösung zu finden, die für beide Parteien nützlich ist.

Das funktioniert nach Einschätzung von JUNG in der Baupraxis sehr gut: In 80–90 % der Streitigkeiten können die Parteien den Streit und den Ausgang inhaltlich sehr wohl realistisch einschätzen. Sie verteidigen ihre Position jedoch, weil sie eigentlich andere Interessen haben (zum Beispiel Geldsorgen, weil falsch kalkuliert wurde) und zusätzlich oft ein Misstrauen besteht, dass die andere Partei nicht wahrheitsgemäß vorträgt, um sich selbst einen wirtschaftlichen Vorteil zu verschaffen.[77]

---

76 *Fisher, Roger/ Ury, William/ Patton, Bruce/ Raith, Werner* (Hrsg.), Das Harvard-Konzept, S. 10 ff.

77 *Verband der Bau- und Immobilienmediatoren e.V.* (Hrsg.), Bauzeitstreit in der Mediation, Vortrag Jung.

C. Anwendung außergerichtlicher Streitbeilegung

Im Folgenden wird aufgezeigt, welche internationalen Lösungsansätze der außergerichtlichen Streitbeilegung bestehen und wie sich deren Entwicklung im Ausland auf Deutschland ausgewirkt hat.

I. Internationale Etablierung der Adjudikation

1. Adjudikation in Standardverträgen

Die vom Joint Contract Tribunal (JCT) und Institute of Civil Engineers (ICE: New Engineering Contracts, NEC) herausgegebenen Vertragsmuster für das Bauwesen enthalten bereits seit etwa 30 Jahren unterschiedliche Varianten einer Adjudikation zur Streitbeilegung.[78] Beide Institutionen aus dem Vereinigten Königreich sehen vor, dass bei jedem Vertrag ein unabhängiger Dritter, der sogenannte „Engineer" oder „Project Manager" eingesetzt wird, der als Streitschlichter zwischen den Parteien agiert. Deshalb war es unter diesen Verträgen schon immer notwendig, Konflikte bereits während der Ausführung zu strukturieren und für eine Konfliktlösung vorzubereiten. Der neutrale Dritte hat auf dieser Grundlage seine Entscheidungen getroffen. Die englische Baukultur ist also an den damit verbundenen Schriftverkehr, die strengen Fristenkontrollen und die umfangreichen Anzeige- und Dokumentationspflichten gewöhnt.[79] *„Schon alleine dieses System kann die Wirkung haben, dass nur wenige (Schieds-) Gerichtsverfahren aus Bauprojekten entstehen."*[80]

---

78 *Harbst,* SchiedsVZ 2003, 68, (68).

79 Vgl. *Teubner Oberheim,* Endbericht des Projekts „Construction Adjudication in England – ein Vorbild für die baurechtliche Konfliktlösung in Deutschland?", http://ibr.rewi.hu-berlin.de/downloads/121112-Endbericht.pdf (zuletzt besucht am 28.06.2017), S. 15.

80 *Teubner Oberheim,* Endbericht des Projekts „Construction Adjudication in England – ein Vorbild für die baurechtliche Konfliktlösung in Deutschland?", http://ibr.rewi.hu-berlin.de/downloads/121112-Endbericht.pdf (zuletzt besucht am 28.06.2017), S. 16.

2. Dispute Boards in den Vereinigten Staaten von Amerika

In den USA wurden schon in den 1960er und 1970er Jahren, wegen der langen Dauern der Gerichtsverfahren und der damit verbundenen hohen Kosten, alternative Streitbeilegungsverfahren eingeführt.[81] Die sogenannten DRB (dispute review/resolution boards) zeichnen sich dadurch aus, dass diese projektbegleitend tätig sind und sich ständig über das Geschehen informieren. Deshalb können die DRB innerhalb kurzer Zeit eine Empfehlung aussprechen, die verbindlich wird, wenn keine Partei Widerspruch in Form einer „notice of dissatifaction“ (Nichtanerkennungserklärung) einlegt.[82]

Die Anwendung von DRB in den USA hat sich etabliert und bis heute bewährt.

3. Gesetzliche Adjudikation im Vereinigten Königreich

Besondere Auswirkungen auf die Diskussion über Adjudikationsverfahren hatte die gesetzliche Einführung der Adjudikation im Vereinigten Königreich.

Im Jahre 1996 ist im Vereinigten Königreich (Großbritannien und Nordirland) und Wales der HGCRA (Housing Grant, Construction and Regeneration Act) in Kraft getreten. Ziel war es, den „*Bauunternehmern einen wirksamen Mechanismus zur Durchsetzung fälliger Forderungen an die Hand zu geben.*“[83] Die Empfehlung, eine Adjudikation im Bauwesen gesetzlich einzuführen, hat LATHAM in seinem (mittlerweile berühmten) Bericht über die Analyse der englischen Wirtschaft und die Entwicklung möglicher Lösungsvorschläge gegeben.[84] Durch den Einsatz von Adjudikationsverfahren sollte die wirtschaftliche Stellung der Unternehmer verbessert werden, indem diese ihre fälligen Werklohnansprüche gegenüber ihren Auftraggebern schneller durchsetzen und so ihren Cashflow sichern können.

Im HGCRA ist unter § 108 geregelt, dass den Parteien gesetzlich ein Anspruch auf die Durchführung eines Adjudikationsverfahrens zusteht. Die Mindestanforderungen an das Verfahren regelt § 108 HGCRA, die übrigen Inhalte haben die Parteien vertraglich zu vereinbaren. Mittlerweile wurden zusätzliche Mindeststandards für die Adjudikationsverfahren in Form der „Scheme for Construction Contracts“ veröffentlicht, welche automatisch Vertragsbestandteil werden,

81 Vgl. *Mahnken,* BauR 2007, 1994, (1994).
82 Vgl. *Mahnken,* BauR 2007, 1994, (1994).
83 *Harbst, Ragnar/ Winter, Jeremy,* BauR 2007, 1974, (1974).
84 Vgl. *Latham,* Constructing the team, S. 91.

wenn der Vertrag der Parteien die Mindestanforderungen gemäß HGCRA nicht erfüllt.[85]

Der Adjudikator hat gemäß § 108 Abs. 2 lit. d HGCRA grundsätzlich innerhalb von 28 Tagen eine Entscheidung zu fällen. Die Frist kann lediglich um 14 Tage verlängert werden, wenn die Partei, die das Verfahren eingeleitet hat, zustimmt.[86] Der Adjudikator verpflichtet sich gemäß § 108 Abs. 2 lit. e HGCRA, unparteiisch zu handeln und haftet gemäß § 108 Abs. 4 HGCRA nur bei Vorsatz.

Die Entscheidung des Adjudikators hat gemäß § 108 Abs. 2 lit. f HGCRA unter Beachtung der rechtlichen und vertraglichen Vorschriften zu erfolgen und ist gemäß § 108 Abs. 3 HGCRA solange bindend, bis ein (Schieds-) Gericht ein korrigierendes Urteil fällt oder der Streit durch Vereinbarung entschieden wird. Die Parteien können alternativ vereinbaren, dass sie die Entscheidung als endgültig bindend anerkennen.[87] Durch die gesetzlich vorgeschriebene Bindungswirkung begehen die Parteien bei Missachtung der Entscheidung eine Vertragspflichtverletzung.

Bezüglich der Vollstreckbarkeit der Entscheidungen greifen die Gerichte auf das sogenannte „summary judgement" zurück. Dabei handelt es sich um ein einstufiges Erkenntnisverfahren, das die Adjudikationsentscheidung bestenfalls innerhalb weniger Wochen durch ein Urteil für vollstreckbar erklären kann. Die Entscheidung wird dabei nicht inhaltlich überprüft, sondern lediglich hinsichtlich der Einhaltung von Verfahrensgrundsätzen, wie zum Beispiel dem rechtlichen Gehör.[88] Die Entscheidung ist auch noch bei offensichtlichen Fehlern in der Tatsachenerhebung und Rechtsanwendung vollstreckbar.[89]

Die Universität von Glasgow hat ein „Adjudication Reporting Centre" gegründet, welches regelmäßig Befragungen unter den Baubeteiligten durchführt, um Erfahrungen mit dem Adjudikationsverfahren zusammenzutragen und diese zu veröffentlichen. Über den Erfolg der gesetzlichen Einführung der Adjudikation kann somit auf Grundlage von Statistiken geurteilt werden.

---

85 *Adjudication Society/ Chartered Institute of Arbitrators,* Guidance Note: The Scheme for Construction Contracts.

86 § 108 Abs. 2 c) und d) HGCRA.

87 § 108 Abs. 3 HGCRA.

88 Vgl. *Harbst, Ragnar/ Winter, Jeremy,* BauR 2007, 1974, (1981–1982).

89 Vgl. *Teubner Oberheim,* Endbericht des Projekts „Construction Adjudication in England – ein Vorbild für die baurechtliche Konfliktlösung in Deutschland?", http://ibr.rewi.hu-berlin.de/downloads/121112-Endbericht.pdf (zuletzt besucht am 28.06.2017), S. 27.

Insgesamt ist die Durchführung der Adjudikationsverfahren positiv zu sehen. Etwa 69 % der Verfahren werden mit einer Entscheidung des Adjudikators beendet, fast 29 % der Verfahren werden einvernehmlich von den Parteien gelöst oder ganz aufgegeben und nur die verbleibenden 2 % der Verfahren dauern darüber hinaus an und werden von den Parteien als nicht zufriedenstellend bezeichnet.[90]

Die Erfahrung mit der gesetzlich geregelten Adjudikation hat gezeigt, dass fast 80 % aller Entscheidungen innerhalb der vorgesehenen 28- bzw. 42-Tages-Frist gegeben werden.[91]

Insgesamt wird die Zufriedenheit mit dem Verfahren bei allen Beteiligten als hoch beurteilt, weil die Adjudikation als schnelles, faires und kostengünstiges Verfahren empfunden wird.[92] Einschränkend muss jedoch erwähnt werden, dass das Verfahren erst gut angenommen wurde, *„als gerichtlich geklärt war, dass die Entscheidungen ohne Sicherheitsleistungen in einem Schnellverfahren vollstreckt werden können.“*[93] Außerdem funktioniert die Adjudikation nur, wenn der Streitgegenstand nicht zu komplex ist und das Verfahren nicht zu stark verrechtlicht wird.[94]

Die Hoffnung, dass durch die Einführung des Verfahrens ein Kulturwandel zu mehr Partnerschaftlichkeit stattfindet, wurde nicht erfüllt. Der Statistik zufolge wurden mehr Streitbeilegungsverfahren eingeleitet, derentwegen sonst,

---

90 Vgl. *Trushell, Ian McE./ Milligan, J. L./ Cattanach, L.*, Research analysis of the progress of adjudication based on returned questionnaires from adjudicator nominating bodies (ANBs) and from a sample of adjudicators, Tab. 9.

91 Vgl. *Trushell, Ian McE./ Milligan, J. L./ Cattanach, L.*, Research analysis of the progress of adjudication based on returned questionnaires from adjudicator nominating bodies (ANBs) and from a sample of adjudicators, Tab. 8.

92 Vgl. *Teubner Oberheim*, Endbericht des Projekts „Construction Adjudication in England – ein Vorbild für die baurechtliche Konfliktlösung in Deutschland?“, http://ibr.rewi.hu-berlin.de/downloads/121112-Endbericht.pdf (zuletzt besucht am 28.06.2017), S. 12.

93 *Teubner Oberheim*, Endbericht des Projekts „Construction Adjudication in England – ein Vorbild für die baurechtliche Konfliktlösung in Deutschland?“, http://ibr.rewi.hu-berlin.de/downloads/121112-Endbericht.pdf (zuletzt besucht am 28.06.2017), S. 12.

94 Vgl. *Teubner Oberheim*, Endbericht des Projekts „Construction Adjudication in England – ein Vorbild für die baurechtliche Konfliktlösung in Deutschland?“, http://ibr.rewi.hu-berlin.de/downloads/121112-Endbericht.pdf (zuletzt besucht am 28.06.2017), S. 12.

wegen der langen Dauern und hohen Kosten, kein ordentliches Gericht angerufen worden wäre.[95]

4. FIDIC-Vertragsmuster

Die FIDIC-Standardverträge für verschiedene Vertragsarten sind in der internationalen Baubranche weit verbreitet. Auf die Vorstellung der verschiedenen FIDIC-Bücher und deren Besonderheiten wird im Folgenden verzichtet. Lediglich die DAB-Regelungen werden kurz vorgestellt. Diese sind in den einzelnen Vertragsbedingungen integriert. Eine eigenständige Adjudikationsordnung existiert nicht. Deshalb werden die DAB-Regelungen der FIDIC nicht in den Vergleich der Verfahrensordnungen[96] aufgenommen. Die national tätigen Unternehmen, die einen Bauvertrag nach deutschem Recht und der VOB/B abschließen, können diese Regelungen nicht sinnvoll in ihre Verträge einbeziehen.

Die FIDIC-Idee eines DAB kann auch deshalb nicht separat betrachtet werden, weil die Regelungen nur in Verbindung mit den anderen FIDIC-Klauseln funktionieren. Die beiden wesentlichen Elemente, die zu dem Erfolg der FIDIC-Adjudikation beigetragen haben, sind der Einsatz eines unabhängigen „Engineers" und die hohen Anzeige-, Hinweis- und Dokumentationspflichten der Auftragnehmer.

Die Parteien, die einen FIDIC-Vertrag schließen, tun dies unter der Bedingung, dass der „Engineer" wesentliche Aufgaben zur Vermittlung zwischen den Parteien wahrnimmt. Der fachkundige „Engineer" arbeitet sorgfältig und trifft alle Entscheidungen fair auf Grundlage des Vertrags unter Gleichberechtigung der Parteien.[97] Er wird jedoch nicht nur im Streitfall angerufen, sondern handelt proaktiv. Die Parteien können sich mit dem „Engineer" beraten und seine Zustimmung oder Ablehnung für technische Fragen und Vergütungsfragen einholen, sodass dieser aufkommende Streitigkeiten beilegen kann, bevor diese eskalieren. Bei Verträgen nach deutschem Recht entscheidet der „Engineer" gemäß § 315 BGB nach billigem Ermessen. Seine Entscheidungen sind gemäß

95 Vgl. *Teubner Oberheim,* Endbericht des Projekts „Construction Adjudication in England – ein Vorbild für die baurechtliche Konfliktlösung in Deutschland?", http://ibr.rewi.hu-berlin.de/downloads/121112-Endbericht.pdf (zuletzt besucht am 28.06.2017), S. 13.

96 Siehe Kapitel D zum Vergleich der Verfahrensordnungen.

97 Vgl. *Hök,* Internationales Baurecht, 59 ff.

Klausel 3.5[98] der FIDIC-Verträge vorläufig bindend, können also gerichtlich überprüft werden.

Aus dieser Funktion des „Engineers“ ergeben sich hohe Anforderungen an die Dokumentation des Auftragnehmers. Ein unabhängiger Dritter soll jederzeit in der Lage sein, sich innerhalb kürzester Zeit über alle Sachverhalte eine detaillierte Meinung zu bilden. Gemäß Klausel 1.9 verpflichtet sich der Auftragnehmer zum Beispiel zu einer frühzeitigen Kommunikation, indem er unverzüglich anzeigt, wenn Pläne oder Mitwirkungen des Auftraggebers erforderlich werden. Der Auftragnehmer hat den „Engineer“ gemäß Klausel 8.3 jederzeit darüber zu informieren, wenn der tatsächliche Bauablauf von dem geplanten Ablauf abweicht. Weitere Berichte sind über den Baufortschritt, die Abrechnungsunterlagen, die Mengenübersichten, das Qualitätsmanagement und die aktuellen Tätigkeiten zu erstellen (Klauseln 12.1, 4.9, 4.21). Die FIDIC-Vertragsbedingungen zwingen die Auftragnehmer dazu, ein professionelles Vertragsmanagement zu installieren, um alle geforderten und mit strengen Fristen belegten Abläufe steuern zu können. Ohne sämtliche Dokumentations- und Anzeigepflichten vorzustellen, lässt sich festhalten, dass die Tätigkeit des Adjudikators durch diese Pflichten des Auftragnehmers erheblich erleichtert wird, weil die Sachverhalte bezüglich des Streits schon vorbereitet sind.

Im Streitfall ist stets das in den Vertragsbedingungen vorgesehene Eskalationssystem einzuhalten. Zunächst ist nach Klausel 3.5 der „Engineer“, dann nach 20.4 das DAB und erst dann nach Klausel 20.6 das Schiedsgericht anzurufen. Das heißt, schon unter Anwendung der Klausel 3.5 muss das Streitthema der Gegenpartei zugehen. Der Gegenpartei wird eine Frist zur Stellungnahme gegeben. Somit kann kein Vertragspartner mit umfangreichen Schriftsätzen über unbekannte Themen vor einem DAB überrascht werden.

Das DAB ist derzeit im *red book* (für Projekte, bei denen der Auftraggeber im Wesentlichen plant und der Auftragnehmer ausführt) als permanente Adjudikation vorgesehen. Im *silver* und *yellow book* (für Projekte, in denen der Auftragnehmer im Wesentlichen plant und/oder das Projekt schlüsselfertig erstellt) ist derzeit noch ein ad-hoc Adjudikationsverfahren vorgesehen. Zukünftig sollen jedoch alle FIDIC-Vertragsbedingungen auf das projektbegleitende DAB

98 Der Verweis auf die einzelnen Klauseln meint jeweils alle gängigen Standardverträge der FIDIC, nämlich das red, yellow und silver book (Die Neufassungen von 2017 liegen derzeit nur als Entwurf vor und werden deshalb noch nicht berücksichtigt). Die Bücher werden als Standardverträge für verschiedene Baumodelle gewählt, stimmen in der Bezeichnung ihrer Klauseln jedoch weitestgehend überein.

umgestellt werden, um von den großen Vorteilen zu profitieren.[99] Die Parteien können das DAB jederzeit, auch gemeinsam, bezüglich einer Empfehlung oder Einschätzung anfragen. Alleine damit können offizielle Verfahren vermieden werden. Wenn das DAB angerufen wird, kann es sehr schnell und fachkundig entscheiden.

Ein weiterer Vorteil eines projektbegleitenden DAB ist die Möglichkeit, sogenannte „site visits" durchzuführen. Hök schätzt diese Maßnahme aus seiner internationalen Erfahrung als sehr wirksam und förderlich ein.[100] Auf Antrag der Parteien besichtigen die Adjudikatoren die Baustelle, nehmen an Besprechungen teil und verfassen Berichte darüber, was beobachtet werden konnte. Diese Berichte werden zwar nicht als Strengbeweis in einem Gerichtsverfahren dienen können, wohl aber als Tatsachenfeststellung. Auf Antrag erweitert das DAB die Berichte um Empfehlungen zu bestimmten, von den Parteien angefragten Themen. So lassen sich streitige Fragen direkt klären oder die Parteien halten die Empfehlungen des DAB freiwillig ein, um keinen Streit auszulösen. Strittige Themen müssen so nicht unnötig „mitgeschleppt" werden.

Das Adjudikationsverfahren soll gemäß Klausel 20.4 binnen 84 Tagen nach Antrag auf Einleitung des Verfahrens durch die Entscheidung des DAB beendet werden. Die obsiegende Partei kann vor dem Schiedsgericht durch Feststellungsantrag beantragen, dass die DAB-Entscheidung vollzogen wird.

Eine DAB-Überprüfung durch ein Schiedsgerichtsverfahren nach den ICC-Verfahrensregeln, ist gemäß Klausel 20.5 erst nach einer Bedenkzeit von 56 Tagen möglich. Nach der Verkündung der DAB-Entscheidung haben die Parteien also Zeit sich mit der Begründung des DAB zu befassen und zu überlegen, ob eine weitere Eskalation sinnvoll ist oder die Begründungen des DAB nicht doch objektiv nachvollziehbar sind. Gemäß Hök[101] und Grutters[102] zeigt die Praxiserfahrung, dass die Bedenkzeit ein sehr gutes Instrument ist, um die Anrufung des Schiedsgerichts zu vermeiden.

---

99 Vgl. *Hök,* Dispute-Adjudication in Deutschland, https://www.dr-hoek.de/beitrag.asp?t=Dispute-Adjudication-in-Deutschland (zuletzt besucht am 28.06.2017). Vgl. dazu auch die Entwurfsversionen der neuen FIDIC-Bücher 2017, die nur noch die projektbegleitende Adjudikation vorsehen.

100 *Hök,* Internationales Baurecht, Vortrag an der Universität Lüneburg, Professional School.

101 *Hök,* Internationales Baurecht, Vortrag an der Universität Lüneburg, Professional School.

102 *Grutters,* Dispute avoidance using FIDIC contracts, online webinar.

II. Europäische Förderung außergerichtlicher Streitbeilegung

In der Europäischen Union gibt es seit Jahren Bestrebungen, die außergerichtlichen Streitbeilegungsverfahren zu fördern.

Im Jahre 2008 wurde der Entwurf zur Richtlinie über bestimmte Aspekte der Mediation in Zivil- und Handelssachen (Mediationsrichtlinie)[103] umgesetzt. Die Europäische Kommission versteht unter Mediation gemäß Artikel 3 dieser Richtlinie jedes strukturierte Verfahren der außergerichtlichen Streitbeilegung, *„unabhängig von seiner Bezeichnung, in dem zwei oder mehr Streitparteien mithilfe eines Dritten versuchen, eine Vereinbarung über die Beilegung ihrer Streitigkeiten zu erzielen. Dieses Verfahren kann von den Parteien eingeleitet oder von einem Gericht vorgeschlagen oder angeordnet werden oder nach dem Recht eines Mitgliedstaats vorgeschrieben sein.*" Somit umfasst die Richtlinie nicht nur Mediation, wie sie in diesem Buch beschrieben wird.

In der Mediationsrichtlinie werden die historische Entwicklung skizziert und die Ziele der Europäischen Union formuliert:[104]

- Es sollen Rahmenbedingungen geschaffen werden, sodass die ASB weiter verbreitet wird.
- Die Entwicklung und angemessene Anwendung von ASB-Verfahren sollen vorangetrieben werden.
- Alternative Streitbeilegungsverfahren sollen gefördert werden, weil nur aus einer Kombination von gerichtlichen und ASB-Verfahren der Zugang zum Recht gewährleistet werden kann.

Schon vor der Veröffentlichung der Mediationsrichtlinie hat der Europäische Rat 1999 die Mitgliedstaaten aufgefordert, alternative außergerichtliche Verfahren zu schaffen, um einen besseren Zugang zum Recht zu gewährleisten. Anschließend wurde 2002 von der Europäischen Kommission das Grünbuch über alternative Verfahren zur Streitbeilegung vorgelegt. Ziel des Grünbuchs war es zum einen, die aktuelle Situation von alternativen Streitbeilegungsverfahren in Europa aufzuzeigen und zum anderen, verschiedene Maßnahmen zu entwickeln,

---

103 Diese Richtlinie „2008/52/EG des Europäischen Parlaments und des Rates über bestimmte Aspekte der Mediation in Zivil- und Handelssachen" vom 21. Mai 2008 wird in der Folge „Mediationsrichtlinie" genannt.

104 Vgl. Richtlinie 2008/52/EG des Europäischen Parlaments und des Rates vom 21. Mai 2008 über bestimmte Aspekte der Mediation in Zivil- und Handelssachen, (3).

um die außergerichtliche Streitbeilegung zu fördern.[105] Beispielsweise sollten die Gerichte durch die Anwendung von ASB-Verfahren entlastet werden: „*Die Kommission ist davon überzeugt, dass die Förderung der Mediation und anderer alternativer Verfahren zur Streitbeilegung dazu beiträgt, Streitigkeiten auszuräumen und nervenaufreibende, zeitaufwendige und kostspielige Gerichtsverfahren zu vermeiden, und so die Bürger in der Wahrung ihrer Rechte unterstützt.*“[106]

Damit die Mediation nicht als geringwertige Alternative zum Gerichtsverfahren verstanden wird, sollen die Mitgliedsstaaten sicherstellen, dass die Parteien, einer im Mediationsverfahren erzielten schriftlichen Vereinbarung, veranlassen können, dass der Inhalt dieser Vereinbarung vollstreckbar gemacht wird.[107]

Nach der „Mediationsrichtlinie“ wurde die Richtlinie 2013/11/EU über die alternative Streitbeilegung in verbraucherrechtlichen Streitigkeiten (ADR-Richtlinie)[108] veröffentlicht. Die Umsetzung in nationales Recht ist zum 01.04.2016 erfolgt, indem das Verbraucherstreitbeilegungsgesetz (VSBG) in Kraft getreten ist. Zwar findet es durch die Begrenzung auf Verbraucher, auf die Verträge der Bauunternehmen keine Anwendung. Dennoch soll erwähnt werden, dass der Einsatz von ASB-Verfahren von der Europäischen Kommission als positiv angesehen wird. In einem Bericht über die Richtlinie, der die Auswirkungen und Anwendungen der Richtlinie darstellt, heißt es: „*Mediation [Anmerkung des Verfassers: im weit gefassten Sinne der Europäischen Kommission] kann helfen, unnötige Gerichtsverfahren auf Kosten des Steuerzahlers zu vermeiden und den Zeitaufwand und die Kosten im Zusammenhang mit Gerichtsprozessen zu reduzieren. Dies kann langfristig eine außergerichtliche Kultur schaffen, in der es keine Gewinner oder Verlierer, sondern Partner gibt.*“[109]

Die Ausführungen verdeutlichen, dass das Thema der außergerichtlichen Streitbeilegung zumindest in das Bewusstsein gerückt ist und immer mehr

---

105 Vgl. Richtlinie 2008/52/EG des Europäischen Parlaments und des Rates vom 21. Mai 2008 über bestimmte Aspekte der Mediation in Zivil- und Handelssachen, (2).

106 Europäische Kommission/ Europäisches Justizielles Netz für Zivil- und Handelssachen, in: *http://ec.europa.eu/civiljustice/adr/adr_ec_de.htm.*

107 Richtlinie 2008/52/EG des Europäischen Parlaments und des Rates vom 21. Mai 2008 über bestimmte Aspekte der Mediation in Zivil- und Handelssachen, (19).

108 Dabei handelt es sich um die Richtlinie „2013/11/EU des Europäischen Parlaments und des Rates über die alternative Beilegung verbraucherrechtlicher Streitigkeiten und zur Änderung der Verordnung (EG) Nr. 2006/2004 und der Richtlinie 2009/22/EG (Richtlinie über alternative Streitbeilegung in Verbraucherangelegenheiten)“ vom 21. Mai 2013.

109 *Europäische Kommission,* Bericht der Kommission an das Europäische Parlament, den Rat und den Europäischen Wirtschafts- und Sozialausschuss, S. 12.

Beachtung findet. In vielen weiteren Ländern (zum Beispiel Japan, Singapur und Australien), auf die vorliegend nicht eingegangen wird, haben sich ASB-Verfahren und insbesondere die Adjudikation bereits zu einem wirksamen Streitbeilegungsverfahren entwickelt.

III. Auswirkungen der internationalen Entwicklungen auf Deutschland

Da das Thema der alternativen und außergerichtlichen Streitschlichtung auch in Deutschland in den verschiedensten Formen schon seit Jahrzehnten immer wieder diskutiert wird, soll ein kurzer historischer Überblick helfen, die verschiedenen Entwicklungsschritte aufzuzeigen. Insbesondere die Veröffentlichung von ZERHUSEN[110] hat die Diskussion über die Anwendung von ASB-Verfahren in der Baubranche angestoßen. Im Folgenden wird der Schwerpunkt auf die aktuellen Entwicklungen und Empfehlungen des Deutschen Baugerichtstags gelegt, in Zusammenhang mit der Diskussion zur Empfehlung für ein gesetzliches Adjudikationsverfahren an den Gesetzgeber.

1. Kooperation und Partnerschaften

Zunächst soll angemerkt werden, dass sämtliche VOB/B-Verträge, unabhängig von deren individueller Ausgestaltung, der Kooperationsrechtsprechung des BGH unterliegen. Dies ist insofern bemerkenswert, als dass sich aus dieser Rechtsprechung eine Art Leitbild für die Abwicklung von Bauvorhaben herausgebildet hat. Anders als in den bereits vorgestellten FIDIC-Vertragsbedingungen, ist es daher in Deutschland grundsätzlich nicht erforderlich, eine Regelung in den Vertrag aufzunehmen, die die Parteien zu einer kooperativen und partnerschaftlichen Zusammenarbeit verpflichtet. „*Nach der Rechtsprechung des Bundesgerichtshofs sind die Vertragsparteien eines VOB/B-Vertrages während der Vertragsdurchführung zur Kooperation verpflichtet. Aus dem Kooperationsverhältnis ergeben sich Obliegenheiten und Pflichten zur Mitwirkung und gegenseitigen Information. […] Entstehen während der Vertragsdurchführung Meinungsverschiedenheiten über die Notwendigkeit oder die Art und Weise einer Anpassung, ist jede Partei grundsätzlich gehalten, im Wege der Verhandlung eine Klärung und eine einvernehmliche Lösung zu versuchen.*“[111]

---

110 *Zerhusen*, Alternative Streitbeilegung im Bauwesen.

111 *BGH*, 28.10.1999 – VII ZR 393/98, JurionRS 1999, 16973 (Rn. 29, 31).

Den Gedanken der partnerschaftlichen Zusammenarbeit hat auch der Hauptverband der Deutschen Bauindustrie e.V. (HDB) und der Zentrale Immobilien Ausschuss e.V. (ZIA) aufgenommen. Zusammen haben sie eine Leitlinie für faire, partnerschaftliche und vertrauensvolle Zusammenarbeit herausgegeben.[112] Dazu soll das Vertragsmodell des sogenannten „Partnerings“ als Lösungsansatz mit Anwendung eines außergerichtlichen Streitbeilegungsverfahrens vor Anrufung der ordentlichen Gerichte gewählt werden. Die Parteien sollen gemeinsame Projektziele vereinbaren, Verhandlungsverfahren nutzen, transparent agieren und mit finanziellen Anreizmechanismen arbeiten. SCHMIDT führt dazu an: „*Konflikte müssen da entschieden werden, wo die Kompetenz am größten ist, nämlich vor Ort.*“[113]

2. Streitbeilegung gemäß § 18 VOB/B

Die VOB/B enthielt in ihrer ersten Fassung 1926 den folgenden § 18 Abs. 3: „*Vor Anrufen des Gerichts (Schiedsgericht oder ordentliches Gericht) kann jeder Teil die Schlichtung des Streitfalls durch einen Unparteiischen verlangen. […] Der Unparteiische ist nur dem Gesetz und seinem Gewissen verantwortlich. Er hat alsbald nach seiner Ernennung die Parteien anzuhören, die Prüfung vorzunehmen, und wenn eine Schlichtung nicht gelingt, spätestens innerhalb vier Wochen seinen Vergleichsvorschlag den Parteien zu übersenden.*“

Eine derartige Regelung könnte auch heutzutage wieder in die VOB/B aufgenommen werden. Seit der Neufassung im Jahre 2006 wurde zumindest klargestellt, dass auch die öffentlichen Auftraggeber grundsätzlich die Möglichkeit haben, ASB-Verfahren anzuwenden. Der neue § 18 Abs. 3 VOB/B (Vereinbarung von Verfahren zur Streitbeilegung) lautet: „*Daneben kann ein Verfahren zur Streitbeilegung vereinbart werden. Die Vereinbarung sollte mit Vertragsabschluss erfolgen.*“ Inhaltlich stellt dies keine Neuerung dar, führt den Parteien jedoch vor Augen, dass es alternative Methoden gibt, um Streitigkeiten zu lösen. Die Regelung gilt für alle VOB/B-Verträge, nicht nur für die Benutzung durch die öffentliche Hand.

---

112 Vgl. *Hauptverband der Deutschen Bauindustrie/Zentraler Immobilien Ausschuss*, „Fair Business“: Partnerschaftliche Zusammenarbeit in der Bau- und Immobilienwirtschaft.

113 *Schmidt*, Partnering in der Bau- und Immobilienwirtschaft, Vortrag auf dem 3. Kongress Konfliktmanagement in der Bau- und Immobilienwirtschaft: Prävention und Methodenvielfalt.

Die vorgesehene Regelung zur Streitbeilegung durch die höhere Dienststelle (des öffentlichen Auftragsgebers) gemäß § 18 Abs. 2 VOB/B stellt keine klassische außergerichtliche Streitbeilegung dar. Die Entscheidung gleicht eher dem einseitigen Leistungsbestimmungsrecht gemäß § 315 BGB, weil kein unabhängiger Dritter entscheidet. In der Praxis wird der Erfolg dieses Verfahrens teilweise kritisch gesehen und berichtet, dass es nicht angenommen wird.[114] *„Der Auftragnehmer wird schon grundsätzlich bezweifeln, ob eine vorgesetzte Stelle nicht dazu tendiert, die Auffassung der nachgeordneten Stelle zu teilen.“*[115]

3. Gesetz zur Förderung der außergerichtlichen Streitbeilegung

Das Gesetz zur Förderung der außergerichtlichen Streitbeilegung, das seit dem 01.01.2000 in Kraft ist, ermöglicht es den Ländern, die Zulässigkeit der Erhebung bestimmter zivilrechtlicher Klagen davon abhängig zu machen, ob zunächst versucht worden ist, die Streitigkeit einvernehmlich beizulegen.[116] Ursache hierfür ist unter anderem die angespannte Haushaltslage der Länder und die Überlastung der Justiz, die dazu geführt haben, dass der Gesetzgeber bestimmte Streitigkeiten zunächst an eine vorgerichtliche Schlichtungsstelle verwiesen sehen will.

Durch Art. 1 des Gesetzes zur Förderung der außergerichtlichen Streitbeilegung wurde der neue § 15a EGZPO erlassen und ist ebenso ab dem 01.01.2000 in Kraft getreten: *„Durch Landesgesetz kann bestimmt werden, dass die Erhebung der Klage erst zulässig ist, nachdem von einer durch die Landesjustizverwaltung eingerichteten oder anerkannten Gütestelle versucht worden ist, die Streitigkeit einvernehmlich beizulegen [...]“*

Diese Regelung soll allerdings nur für einige Fälle Anwendung finden. Bezogen auf die Baubranche ergeben sich Anwendungsmöglichkeiten nur für vermögensrechtliche Streitigkeiten vor dem Amtsgericht. Insofern kann es zwar als positiv festgehalten werden, dass der Gesetzgeber erstmals in obligatorischer Form ein ADR-Verfahren vorschaltet. Für die Baubranche ist die Änderung allerdings zu kurz gefasst.

---

114 Vgl. *Teubner Oberheim,* Endbericht des Projekts „Construction Adjudication in England – ein Vorbild für die baurechtliche Konfliktlösung in Deutschland?“, http://ibr.rewi.hu-berlin.de/downloads/121112-Endbericht.pdf (zuletzt besucht am 28.06.2017), S. 29.

115 *Kapellmann/Messerschmidt* (Hrsg.), VOB Teile A und B, § 18, II, Rn. 17.

116 Vgl. *Messerschmidt, Burkhard/ Voit, Wolfgang* (Hrsg.), *Boldt*, Privates Baurecht, T. Außergerichtliche Streitbeilegung, Rn. 2.

Dies wurde in Teilen durch das am 01.01.2002 in Kraft getretenen ZPO-Reformgesetz geändert, indem der Gesetzgeber für die erste Instanz eine obligatorische Güteverhandlung eingeführt hat. Gemäß dem neuen § 278 Abs. 2 ZPO ist nur das Bestreben nach einer gütlichen Einigung nicht mehr ausreichend: „*Der mündlichen Verhandlung geht zum Zwecke der gütlichen Beilegung des Rechtsstreits eine Güteverhandlung voraus, es sei denn, es hat bereits ein Einigungsversuch vor einer außergerichtlichen Gütestelle stattgefunden oder die Güteverhandlung erscheint erkennbar aussichtslos.*"

4. Mediationsgesetz

Die Umsetzung der bereits erwähnten Mediationsrichtlinie hat dazu geführt, dass am 26.07.2012 das Gesetz zur Förderung der Mediation und anderer Verfahren zur außergerichtlichen Beilegung von Auseinandersetzungen (MediationsG) in Kraft getreten ist. Inhaltlich werden Anforderungen an das Verfahren und den Mediator definiert und auf gesetzliche Festlegungen bezüglich der Ausbildung von Mediatoren hingewiesen. Durch die Festlegung von Rahmenbedingungen soll eine Förderung der Mediation und anderer Verfahren der außergerichtlichen Konfliktbeilegung erreicht werden. Gemäß § 1 Abs. 1 MediationsG ist der Begriff der Mediation in Anlehnung an das Verständnis der EU weit auszulegen: „*Mediation ist ein vertrauliches und strukturiertes Verfahren, bei dem Parteien mithilfe eines oder mehrerer Mediatoren freiwillig und eigenverantwortlich eine einvernehmliche Beilegung ihres Konflikts anstreben.*"

Da dieses Mediationsgesetz inhaltlich wenige echte Neuerungen aufweist, sondern vielmehr die Rahmenbedingungen der gegenwärtigen Praxis wiedergibt, wird es von vielen an Baustreitigkeiten Beteiligten durchaus kritisch gesehen.[117]

5. Partnerschaftliche Zusammenarbeit gemäß Reformbericht

Um die Durchführung von Großprojekten zu verbessern, hat die Bundesregierung (vertreten durch das Bundesministerium für Verkehr und digitale Infrastruktur, BMVI) im Jahre 2013 die Reformkommission „Bau von Großprojekten" einberufen. Diese Kommission hat einen Bericht mit dem Ergebnis eines Zehn-Punkte-Plans erstellt, welcher bei der Planung und Bauausführung, insbesondere bei Großprojekten, zu beachten ist.

---

117 Vgl. u.a. *Kapellmann, Klaus D./ Vygen, Klaus* (Hrsg.), *Engel/ Schricker-Heinke*, Jahrbuch Baurecht 2012, Adjudikation aus ökonomischer Perspektive, I.1., S. 112.

Unter dem Stichwort „Partnerschaftliche Zusammenarbeit“ wird festgestellt, dass ein partnerschaftlicher Umgang der Parteien miteinander erforderlich ist. Der Bericht verweist dazu auf das Forschungsprojekt *„Partnerschaftliche Projektabwicklung bei Infrastrukturprojekten zwischen Auftraggeber und Auftragnehmer“*[118] in dem in Zusammenarbeit mit der Universität Kassel Leitlinien für Konfliktlösungsmechanismen erarbeitet wurden. Für die Beilegung von Streitigkeiten soll demnach ein sogenanntes 3-Phasen-Modell angewendet werden:[119]

Phase 1: Eigenständiges Verhandeln der Projektverantwortlichen
Phase 2: Konfliktlösung mithilfe von Dritten durch **Schlichtung**
Phase 3: Konfliktlösung durch Dritte vor einem ordentlichen Gericht

In Anlehnung an dieses 3-Phasen-Modell, bei dem der partnerschaftliche Grundgedanke im Fokus stehen soll, empfiehlt die Reformkommission die Anwendung von außergerichtlichen Streitbeilegungsverfahren, die an selbstbestimmtes Handeln der Parteien appellieren, wie folgt: *„Der öffentlichen Hand wird empfohlen, für die Ausgestaltung externer Konfliktlösungsmechanismen Verfahrensordnungen für Mediation und Adjudikation zur Verfügung zu stellen, aus denen öffentliche Bauherren dann die jeweils geeigneten Instrumente auswählen können.“*[120]

Es wird ersichtlich, dass die Empfehlungen ungenau gegeben werden und kein konkretes Ziel verfolgt wird. Unter Verweis auf die Anwendung einer Schlichtung gemäß des 3-Phasen-Modells, empfiehlt die Reformkommission anschließend die Anwendung der Mediation und Adjudikation. Dies kritisiert Eschenbruch[121], indem er zum Beispiel feststellt, dass der Bericht zwar den Status quo erfasst, darüber hinaus aber nur allgemeine Hinweise an die Anforderungen zur Umsetzung von Bauprojekten gegeben werden und einige Konzepte von anderen Thesenpapieren und Forschungsprojekten unreflektiert übernommen wurden. Damit ist der bereits zitierte Bericht von Spang und Riemann gemeint, der Abschlussbericht zum Forschungsbericht *„Partnerschaftliche Projektabwicklung bei Infrastrukturprojekten zwischen Auftraggeber und Auftragnehmer“*, welcher 2005 auf

---

118 *Spang, Konrad/ Riemann, Stefan,* Abschlussbericht zum Forschungsbericht Partnerschaftliche Projektabwicklung bei Infrastrukturprojekten zwischen Auftraggeber und Auftragnehmer.

119 Vgl. *Spang, Konrad/ Riemann, Stefan,* Abschlussbericht zum Forschungsbericht Partnerschaftliche Projektabwicklung bei Infrastrukturprojekten zwischen Auftraggeber und Auftragnehmer, S. 191.

120 *Bundesministerium für Verkehr und digitale Infrastruktur,* Reformkommission Bau von Großprojekten, S. 66.

121 Vgl. *Eschenbruch,* BauR 2016, 591.

Veranlassung des Bundesministeriums für Verkehr, Bau und Stadtentwicklung (BMVBS, heute BMVI) beauftragt wurde.

Insgesamt ist der Reformbericht dennoch ein erster wichtiger Schritt, um von politischer Seite *„einem der größten deutschen Wirtschaftszweige [die] erforderliche Unterstützung zu gewähren."*[122] ESCHENBRUCH meint, diese politische Förderung habe bisher in Deutschland gefehlt. Damit ist das Thema der außergerichtlichen Streitbeilegung, wenn auch nur als Empfehlung der beauftragten Kommission, auch bei den öffentlichen Auftraggebern angekommen.

6. Empfehlungen des Deutschen Baugerichtstags e.V.

Ebenso hat der Deutsche Baugerichtstag (DBGT) e.V. zur Verbreitung der Diskussion über ASB-Verfahren und insbesondere der Adjudikation beigetragen. Der DBGT als Verein mit verschiedenen Arbeitskreisen, berät sich stets zu aktuellen Streitfragen des Bau- und Vergaberechts. Die Ergebnisse der Arbeitskreise werden als Empfehlungen an den Gesetzgeber gegeben. Alle zwei Jahre bietet der Verein auf dem Deutschen Baugerichtstag die Möglichkeit des Erfahrungsaustauschs zwischen allen am Bau Beteiligten, mit den folgenden Zielen:[123]

- ein ausgewogenes und praxisnahes privates Bau- und Vergaberechts zu fördern
- effiziente außergerichtliche Konfliktbewältigungsstrategien zu entwickeln
- ein bedarfsorientiertes Bauprozessrecht zu formen und durchzusetzen und
- den Kontakt zwischen den in der Rechtsprechung, Rechtslehre, Bauwirtschaft und öffentlichen Verwaltung tätigen Baurechtlern zu fördern.

Seitdem beim 2. DBGT 2008 die einstimmige (!) Empfehlung gegeben wurde, ein gesetzliches Adjudikationsverfahren einzuführen, ist das Thema bundesweit in den Fokus gerückt.[124] Die Empfehlung des Arbeitskreises VII (Außergerichtliche Streitbeilegung) lautet: *„Der Deutsche Baugerichtstag empfiehlt eine gesetzliche Regelung zur außergerichtlichen Streitbeilegung in allen Bausachen durch Adjudikations-Verfahren, sofern keine Verbraucher beteiligt sind."*[125]

---

122 *Eschenbruch,* BauR 2016, 591, (591).

123 Vgl. *Deutscher Baugerichtstag e.V.,* Ziele der Organisation, verfügbar auf www.baugerichtstag.de (zuletzt besucht am 28.06.2017).

124 Vgl. *Schramke,* BauR 2007, 1983, (1983).

125 *Deutscher Baugerichtstag e.V.,* Empfehlungen des Arbeitskreis VII – Außergerichtliche Streitbeilegung (1.Empfehlung), verfügbar auf www.baugerichtstag.de (zuletzt besucht am 28.06.2017).

Diese Empfehlung wird mit einer Umfrage des DBGT untermauert, die im Frühjahr 2007 durchgeführt wurde. Demnach sind von den befragten Auftragnehmern 81 %, bei Auftraggebern fast 70 %, für ein zwingendes außergerichtliches Streitlösungsverfahren vor Einleitung eines Bauprozesses.[126]

In der vierten Empfehlung spricht sich der Arbeitskreis zum Wesen der Adjudikation ebenfalls einstimmig aus, dass „*Bauerfahrene Dritte aufgrund einer summarischen Sachverhalts- und Rechtsprüfung, innerhalb kürzester Fristen, mit vorläufiger Bindungswirkung, aber korrigierbar durch staatliche Gerichte bzw. ein Schiedsgericht, zu einer Entscheidung kommen sollen.*“[127]

Bezüglich der Ausbildung der Adjudikatoren wird die fünfte Empfehlung einstimmig ausgesprochen: „*Als Adjudikatoren kommen qualifiziert ausgebildete Angehörige verschiedener Berufsgruppen (zum Beispiel Architekt/Ingenieur/Jurist/Sachverständiger) in Frage. Der Adjudikator kann sich durch Experten anderer Fachrichtungen unterstützen lassen.*“[128]

Auf dem 3. DBGT im Jahre 2010 wurden die Empfehlungen wiederholt. Der DBGT empfiehlt erneut die gesetzliche Regelung eines Adjudikationsverfahrens unter folgenden Maßgaben:[129]

- Verfahrensdauer maximal 60 Werktage
- Adjudikator klärt Sachverhalt auf
- Entscheidung ist vorläufig bindend und überprüfbar
- Adjudikator ist grundsätzlich eine ad-hoc bestellte Einzelperson, Gremium kann vereinbart werden
- Haftung gemäß § 839a BGB[130]

---

126 Vgl. *Schulze-Hagen,* Thesenpapiere der Referenten des Arbeitskreises VII – Außergerichtliche Streitbeilegung, verfügbar auf www.baugerichtstag.de (zuletzt besucht am 28.06.2017).

127 *Deutscher Baugerichtstag e.V.,* Empfehlungen des Arbeitskreis VII – Außergerichtliche Streitbeilegung (4. Empfehlung), verfügbar auf www.baugerichtstag.de (zuletzt besucht am 28.06.2017).

128 *Deutscher Baugerichtstag e.V.,* Empfehlungen des Arbeitskreis VII – Außergerichtliche Streitbeilegung (5. Empfehlung), verfügbar auf www.baugerichtstag.de (zuletzt besucht am 28.06.2017).

129 Vgl. *Deutscher Baugerichtstag e.V.,* Empfehlungen des 3. Deutschen Baugerichtstages an den Gesetzgeber, Arbeitskreis VII – Außergerichtliche Streitbeilegung (1. Empfehlung), verfügbar auf www.baugerichtstag.de (zuletzt besucht am 28.06.2017).

130 Trifft der Adjudikator also vorsätzlich oder grob fahrlässig eine unrichtige Entscheidung, macht er sich schadenersatzpflichtig.

Die zugrunde zu legende Verfahrensordnung soll gemäß der sechsten Empfehlung mit überwiegender Mehrheit eine neu zu entwickelnde, gemeinsame Adjudikationsordnung aus den bisher Vorhandenen (AO-Bau, SL Bau und DIS) sein. Gleichzeitig mit der gesetzlichen Einführung der Adjudikation müsste gemäß der zweiten Empfehlung des DBGT, die mit überwiegender Mehrheit ausgesprochen wurde, ein Vollstreckungs-Anerkennungsverfahren in die ZPO aufgenommen werden, mit dem die Adjudikationsentscheidung für vollstreckbar erklärt werden kann.[131]

Zusätzlich wird mit überwiegender Mehrheit in der fünften Empfehlung ausgesprochen, dass Mindest-Qualifikationsanforderungen an einen Adjudikator zu regeln sind. Neben nachgewiesener persönlicher Eignung soll sein Fachwissen überprüft werden. Zur Erlangung der Qualifikationsanforderungen soll es detaillierte Regelungen zur Adjudikatorenausbildung sowie ein Bestellungs- und Benennungsverfahren geben.[132]

Nach diesen eindeutigen und einstimmigen Empfehlungen zur Einführung der Adjudikation bringt der 5. DBGT 2014 folgende Neuerungen[133] aus den Arbeitskreisen III (Bauprozessrecht) und VII (Außergerichtliche Streitbeilegung) ein: Die Arbeitskreise III/VII empfehlen einstimmig, dass ein baubegleitendes Eilverfahren notwendig ist. Dazu benennen sie einstimmig die Bauverfügung und die Adjudikation als geeignete Verfahren, um Streitigkeiten baubegleitend, schnell, angemessen und zeitnah, zur Förderung des Projektfortschritts, zumindest vorläufig verbindlich zu lösen. Unter Bauverfügung wird ein Schnellverfahren verstanden, welches mit richterlicher Entscheidung endet: Ein „*neu zu schaffendes verfahrensrechtliches Instrument, das dazu dienen soll, aufkommende Streitigkeiten baubegleitend durch eine vorläufige, die Parteien verpflichtende richterliche Entscheidung möglichst zeitnah mit dem Ziel zu lösen, dass der aufgekommene Streit dem Fortgang der Arbeiten am Bau nicht weiter entgegensteht. Es sind Spruchkörper mit besonderer baurechtlicher Kompetenz mit der Entscheidung zu betrauen, um eine hohe Akzeptanz der*

---

131 *Deutscher Baugerichtstag e.V.*, Empfehlungen des 3. Deutschen Baugerichtstages an den Gesetzgeber, Arbeitskreis VII – Außergerichtliche Streitbeilegung (2. Empfehlung), verfügbar auf www.baugerichtstag.de (zuletzt besucht am 28.06.2017).

132 *Deutscher Baugerichtstag e.V.*, Empfehlungen des 3. Deutschen Baugerichtstages an den Gesetzgeber, Arbeitskreis VII – Außergerichtliche Streitbeilegung (5. Empfehlung), verfügbar auf www.baugerichtstag.de (zuletzt besucht am 28.06.2017).

133 Vgl. *Deutscher Baugerichtstag e.V.*, Empfehlungen des Arbeitskreises III – Bauprozessrecht und VII – Außergerichtliche Streitbeilegung, verfügbar auf www.baugerichtstag.de (zuletzt besucht am 28.06.2017).

Entscheidung zu gewährleisten und ein sonst unvermeidbares Hauptsacheverfahren nach Möglichkeit zu verhindern.“[134]

Durch diese Empfehlung aus dem Jahre 2014 nimmt der DBGT von seiner Forderung nach einer zwingenden Adjudikation Abstand. Vielmehr sollen die Parteien zwischen dem Verfahren der Bauverfügung und der Adjudikation wählen können.[135]

In dem Thesenheft zum 6. DBGT 2016 sind keinerlei Empfehlungen des Arbeitskreises VII (Außergerichtliche Streitbeilegung) enthalten. Vielmehr wird von JANSEN, stellvertretend für den Arbeitskreis III (Bauprozessrecht), die Frage aufgeworfen, ob die Fokussierung auf die außergerichtliche Streitbeilegung vorschnell erfolgt und die Verbesserung der zivilprozessualen Verfahren dabei zu wenig Berücksichtigung findet.[136] Die Empfehlungen des Arbeitskreises, die während des DBGT erarbeitet wurden, nehmen diesen Gedanken auf. Als Teil der zweiten Empfehlung wurde einstimmig für eine gesetzliche Regelung gestimmt, die eine obligatorische Spezialisierung der Land- und Oberlandesgerichte in Bausachen vorsieht. Außerdem bestand Einvernehmen, dass das selbstständige Beweisverfahren zu verbessern ist. Eine mögliche gesetzliche Regelung über eine interdisziplinäre Besetzung der Bauspruchkörper mit nichtjuristischen Fachleuten wurde jedoch überwältigend abgelehnt.[137]

Diese Empfehlungen lassen den weiteren Handlungsbedarf zur Etablierung von außergerichtlichen Verfahren unberücksichtigt. Positiv ist festzuhalten, dass auch die Verbesserung der staatlichen Verfahren nicht außer Acht gelassen wird. Für einen umfassenden Rechtsschutz der Parteien, ist jedoch die parallele Förderung und Verbesserung von gerichtlichen und außergerichtlichen Streitbeilegungsverfahren zu befürworten. Es bleibt abzuwarten, ob bei dem 7. DBGT 2018 wieder Thesen und Empfehlungen aus dem Arbeitskreis VII ausgearbeitet und vorgetragen werden.

---

134 *Jansen, Günther/ Schulze-Hagen, Alfons (Arbeitskreisleiter)/ Voit, Wolfgang/ Keders, Johannes,* BauR 2014, 1585.

135 Vgl. *Deutscher Baugerichtstag e. V.,* Empfehlungen des Arbeitskreises III – Bauprozessrecht und VII – Außergerichtliche Streitbeilegung, verfügbar auf www.baugerichtstag.de (zuletzt besucht am 28.06.2017).

136 Vgl. *Deutscher Baugerichtstag e. V.,* 6. Deutscher Baugerichtstag, Thesen der Arbeitskreise I bis X, Arbeitskreis III, Abschnitt B. Einführung.

137 Vgl. zu den genannten Empfehlungen *Deutscher Baugerichtstag e. V.,* 6. Deutscher Baugerichtstag, Gesamtempfehlungen (Arbeitskreis III, Empfehlung 2a, 4 und 2c).

7. Entwicklung eines Bauvertragsrechts

Neben den bisher aufgezeigten Entwicklungen, die sich mit außergerichtlichen Streitbeilegungsverfahren im Allgemeinen beschäftigen, gibt es auch besondere Bemühungen, Adjudikationsverfahren zu fördern.

Das Bundesministerium für Justiz und Verbraucherschutz (BMJV) hat im Jahre 2010 eine Arbeitsgruppe „Bauvertragsrecht" gebildet. Diese Arbeitsgruppe hat zunächst die Aufnahme der Adjudikation als gesetzlich zwingendes Verfahren beabsichtigt, wie bereits vom DBGT 2008 vorgeschlagen wurde. Im Herbst 2011 hat die von der Bundesregierung beauftragte Arbeitsgruppe diese Idee allerdings aus fraglichen verfassungsrechtlichen Gründen verworfen und die Einführung einer sogenannten Bauverfügung avisiert. Im Abschlussbericht der Arbeitsgruppe aus dem Jahre 2013 heißt es dazu:[138]

Es bedarf eines Streitbeilegungsmechanismus, mit dem die Parteien zeitnah eine für die weitere Bauausführung verbindliche Entscheidung erlangen können. Die Arbeitsgruppe Bauvertragsrecht vom Bundesministerium für Justiz und Verbraucherschutz sieht ein vertraglich vereinbartes Adjudikationsverfahren als eine denkbare Möglichkeit an. Im Hinblick auf die verfassungsrechtlichen Grenzen für die gesetzliche Anordnung eines außergerichtlichen Verfahrens wird jedoch ein schnelles gerichtliches Verfahren vorgeschlagen. Hierzu soll in der Zivilprozessordnung (ZPO) eine besondere Form eines beschleunigten Erkenntnisverfahrens (die sogenannte Bauverfügung) eingefügt werden.

Dieser Vorschlag findet sich auch im Referentenentwurf des Bundesministeriums für Justiz und Verbraucherschutz vom 28.09.2015 wieder, in dem das Ministerium zusätzlich zu den verfassten Änderungen des BGB die Einführung der Bauverfügung vorschlägt.[139]

Im Regierungsentwurf vom 11.03.2016 wurde dieser Empfehlung jedoch nicht entsprochen. Vielmehr unterscheidet sich dieser in ganz wesentlichen Punkten vom Referentenentwurf.[140] Der Hinweis auf die Einführung eines außergerichtlichen Streitbeilegungsverfahrens wurde mit dem Hinweis entnommen, dass das Ergebnis von Untersuchungen gewesen sei, dass *„in der Regel trotz teils erheblicher Differenzen […] während der laufenden Bauarbeiten kein gerichtlicher Rechtsschutz*

---

138 Vgl. *Bundesministerium der Justiz,* Abschlussbericht der Arbeitsgruppe Bauvertragsrecht, S. 28.

139 Vgl. *Bundesministerium der Justiz und für Verbraucherschutz,* Entwurf eines Gesetzes zur Reform des Bauvertragsrechts und zur Änderung der kaufrechtlichen Mängelhaftung, S. 58.

140 *Kniffka,* BauR 2016, 1533, (1534): was u.a. auch an der politischen Lobbyarbeit liege.

in Anspruch genommen und der Streit der Parteien erst im Zusammenhang mit der Schlussabrechnung ausgetragen wird."[141] Es werde daher derzeit nicht vorgeschlagen, ein spezielles Bauverfügungsverfahren einzuführen. Dieses könne dann später bei Bedarf gesondert eingeführt werden. Die Bundesregierung wird darüber hinaus, unter anderem unter Durchführung von Pilotprojekten, prüfen, inwieweit außergerichtliche Verfahren zur Streitbeilegung (Mediation, Schlichtung und Adjudikation) eine schnelle Streitbeilegung fördern können.[142]

Die Begründung, ein schnelles Verfahren, mit dem während des Bauvorhabens Streitigkeiten schnell beigelegt werden können, deshalb nicht vorzuschlagen, weil die Parteien regelmäßig erst nach Durchführung der Maßnahmen ein ordentliches Gericht anrufen, scheint nicht nachvollziehbar. Vielmehr wird gerade mit dieser Begründung belegt, dass die Parteien derzeit keine Alternativen zur Streitbeilegung während der Ausführung erkennen und sich deshalb „gezwungen" sehen, bis zur Fertigstellung des Bauvorhabens zu warten.

Statt eines ASB-Verfahrens sieht der Regierungsentwurf eine Verfahrenserleichterung dahingehend vor, dass statt der Überzeugung des Gerichts gemäß § 286 ZPO eine Glaubhaftmachung gemäß § 294 ZPO ausreichen soll. Darüber hinaus hat das Gericht aber eine vollfachkundige Rechtsprüfung vorzunehmen.[143]

Noch im September 2016 stellt KNIFFKA zu Recht die Frage, was aus dem Vorhaben, das Bauvertragsrecht zu ändern, geworden ist: Erst Befürwortung der Adjudikation durch den DBGT, dann ein Referentenentwurf, der viele Empfehlungen des DBGT umsetzt, manche aber auch unberücksichtigt lässt und zuletzt ein vollkommen anderer Regierungsentwurf.[144] Zwar wurde zur 18. Wahlperiode am 18.05.2016 ein aktualisierter Regierungsentwurf ausgegeben. Hinsichtlich der Empfehlung zu einer alternativen Streitbeilegung enthält dieser jedoch keine Neuerungen.

---

141 *Bundesrat,* Entwurf eines Gesetzes zur Reform des Bauvertragsrechts und zur Änderung der kaufrechtlichen Mängelhaftung, 58.

142 Vgl. *Bundesrat,* Entwurf eines Gesetzes zur Reform des Bauvertragsrechts und zur Änderung der kaufrechtlichen Mängelhaftung, 58 f.

143 Vgl. *Teubner Oberheim,* Endbericht des Projekts „Construction Adjudication in England – ein Vorbild für die baurechtliche Konfliktlösung in Deutschland?", http://ibr.rewi.hu-berlin.de/downloads/121112-Endbericht.pdf (zuletzt besucht am 28.06.2017), S. 28.

144 Vgl. *Kniffka,* BauR 2016, 1533 (1533–1534). Bezogen auf den allgemeinen Entwurf, nicht ausschließlich auf das Thema der Einführung einer Adjudikation bezogen.

Die Beschlussempfehlung zu dem Gesetzentwurf der Bundesregierung wurde schließlich erst am 09.03.2017 vom Bundestag verabschiedet.[145] Die Zustimmung des Bundesrats ist am 31.03.2017 erfolgt. Damit ist das Gesetz beschlossen und tritt ab dem 01.01.2018 in Kraft.[146]

Dem Regierungsentwurf folgend, ist in dem neuen Bauvertragsrecht kein Verfahren der außergerichtlichen Streitbeilegung vorgesehen. Doch selbst der im Regierungsentwurf enthaltene Einigungsversuch unter Beiziehung eines Sachverständigen wird nicht in den neuen § 650d BGB übernommen. Dies wird in der Beschlussempfehlung des Deutschen Bundestags wie folgt begründet: *„Der Ausschuss hält den vor der Anordnung vorgesehenen Einigungsversuch für ausreichend. Nach einer Anordnung müssen die Parteien die Möglichkeit erhalten, schnell Rechtsschutz zu erlangen, um Baustillstände und Liquiditätsengpässe soweit als möglich zu vermeiden. Diesem Interesse würde es zuwiderlaufen, wenn die Parteien einen weiteren Einigungsversuch machen müssten, bevor sie eine einstweilige Verfügung unter erleichterten Bedingungen beantragen könnten.“*[147]

Aus dem Gedanken der Bauverfügung ist die Verfahrenserleichterung für eine einstweilige Verfügung geblieben. Der neue § 650d BGB[148] regelt, dass es zum Erlass einer einstweiligen Verfügung in Streitigkeiten über das Anordnungsrecht gemäß § 650b BGB oder die Vergütungsanpassung gemäß § 650c BGB nach Beginn der Bauausführung nicht erforderlich ist, dass der Vergütungsgrund glaubhaft gemacht wird.

Es bleibt abzuwarten wie das neue Bauvertragsrecht und das Verfahren der einstweiligen Verfügung in der Baupraxis tatsächlich angenommen werden.

---

145 *Bundesregierung,* Beschlussempfehlung und Bericht des Ausschusses für Recht und Verbraucherschutz (6. Ausschuss) zu dem Gesetzentwurf der Bundesregierung.; *ICC International Centre for ADR,* Dispute Board Rules.

146 Vgl. *Deutscher Bundestag,* Gesetz zur Reform des Bauvertragsrechts, zur Änderung der kaufrechtlichen Mängelhaftung, zur Stärkung des zivilprozessualen Rechtsschutzes und zum maschinellen Siegel im Grundbuch- und Schiffsregisterverfahren.

147 *Bundesregierung,* Beschlussempfehlung und Bericht des Ausschusses für Recht und Verbraucherschutz (6. Ausschuss) zu dem Gesetzentwurf der Bundesregierung.

148 *Deutscher Bundestag,* Gesetz zur Reform des Bauvertragsrechts, zur Änderung der kaufrechtlichen Mängelhaftung, zur Stärkung des zivilprozessualen Rechtsschutzes und zum maschinellen Siegel im Grundbuch- und Schiffsregisterverfahren.

D. Vergleich existierender Verfahrensordnungen für Adjudikation

Seitdem die gesetzliche Einführung der Adjudikation im Jahre 2008 auf dem Deutschen Baugerichtstag empfohlen wurde, gibt es zu diesem Thema einen regen Meinungsaustausch innerhalb der Branche. Im Jahre 2010 sind drei Verfahrensordnungen für Adjudikation erschienen. Die aktuellen Entwicklungen auf dem deutschen Baumarkt sprechen dafür, dass die Bedeutung von alternativen, außergerichtlichen Streitlösungen zwar langsam, aber dennoch stetig zunimmt. Unsicherheiten bestehen insbesondere bezüglich der verschiedenen am Markt erhältlichen Verfahrensordnungen. Deshalb werden diese im Folgenden vorgestellt und bezüglich der wesentlichen Regelungen miteinander verglichen. Die untersuchten Punkte sind:

1. Allgemeine Grundsätze
2. Vereinbarung und Einleitung des Verfahrens
3. Adjudikator oder Adjudikationsgremium
4. Ablauf des Verfahrens
5. Beendigung des Verfahrens und Rechtsfolgen

Die wesentlichen Elemente eines Adjudikationsverfahrens wurden bereits in Kapitel B[149] vorgestellt. So ist diesen Verfahren beispielsweise gemein, dass sie vertraulich und nicht öffentlich sind, das heißt dass keine Informationen über das Verfahren an Dritte gegeben werden dürfen und alle Beteiligten zur Verschwiegenheit verpflichtet sind. Die Adjudikatoren sind unabhängig und unparteiisch und behandeln die Parteien gleichberechtigt. Die Entscheidungen eines Adjudikationsverfahrens sind grundsätzlich vorläufig bindend und können durch ein (Schieds-) Gericht überprüft werden. Diese Punkte liegen in der Natur des Adjudikationsverfahrens und werden daher als adjudikationstypische Regelungen nicht mehr bei jeder Verfahrensordnung genannt.

Die Auseinandersetzung mit einem Adjudikationsverfahren sollte bestenfalls bereits bei der Vertragsgestaltung beginnen. Wie bei allen ASB-Verfahren ist es die freie Entscheidung der Parteien, ob sie überhaupt eine Adjudikation durchführen möchten und wenn ja, in welcher Form diese stattfinden und vereinbart

---

149 Vgl. Kapitel B.III.3 zur Vorstellung der Adjudikation als Streitbeilegungsverfahren und Kapitel B.III.1 zur Anwendbarkeit des RDG.

werden soll.[150] Wie ein Streitbeilegungsverfahren in den Hauptvertrag der Parteien eingebunden wird, unterliegt der Vertragsfreiheit und Parteienautonomie. Dies gilt ebenso bezüglich der schriftlichen Verträge mit den Adjudikatoren über deren Rechte und Pflichten, sowie der anzuwendenden Verfahrensordnung. Verschiedene Institutionen geben Mustervereinbarungen für die Vertragstexte zwischen den Parteien und für die Rechtsbeziehung zwischen den Parteien und dem Adjudikator heraus. Diese können, müssen aber nicht (vollständig) von den Parteien angewendet werden. Wie bei den Verfahrensordnungen selbst, ist es in jedem Fall ratsam, individuelle und projektspezifische Anpassungen dieser Muster vorzunehmen, wenn sich die Parteien zu deren Anwendung entscheiden.

Die Verfahrensordnungen werden grundsätzlich als AGB im Vertrag vereinbart. Da diese im Regelfall jedoch dazu dienen sollen Streitigkeiten zu vermeiden oder beizulegen, spricht nach herrschender Meinung aus AGB-rechtlicher Sicht nichts dagegen.[151]

„*Schon wegen des gemeinsamen Interesses an einer raschen Streiterledigung*"[152] sind Schiedsvereinbarungen, Schlichtungs- und Mediationsklauseln in Unternehmerverträgen mit § 307 BGB vereinbar.[153]

Für den Vergleich der Verfahrensordnungen wird davon ausgegangen, dass die Werkverträge zwischen den Parteien in der Zwischenzeit nicht gekündigt werden und keine Insolvenz angemeldet wird. Für diese Fälle besteht regelmäßig kein Bedürfnis mehr nach einer schnellen Einigung und die Verfahren enden automatisch.

Abschließend wird darauf hingewiesen, dass in dem folgenden Vergleich die Verfahrensordnungen der ARGE Baurecht[154] unberücksichtigt bleiben. Zwar ist die ARGE Baurecht der größte Berufsverband von baurechtlich spezialisierten

---

150 Lediglich bezüglich der Vereinbarung eines Schiedsgerichts, müssen sich die Parteien an die Vorgaben des § 1031 ZPO halten: Die Schiedsvereinbarung muss grundsätzlich in einem von beiden Parteien unterzeichneten Dokument vereinbart werden oder der schuldrechtliche Vertrag zwischen den Parteien muss auf ein Dokument mit einer Schiedsvereinbarung verweisen.

151 Vgl. u.a. *Lembcke*, Kommentierung zum Diskussionsvorschlag einer Adjudikations-Ordnung für Baustreitigkeiten des Deutschen Baugerichtstags e.V. (AO-Bau / DBGT), S. 9 und *Joussen*, BauR 2010, 518, Rn. 520.

152 *Palandt* (Hrsg.), *Grüneberg*, Bürgerliches Gesetzbuch, § 307 Rn. 129.

153 Gemäß der Vorbemerkungen in der Einleitung werden keine Verbraucherverträge betrachtet, bei denen die AGB-Wirksamkeit gesondert zu untersuchen ist.

154 Arbeitsgemeinschaft für Bau und Immobilienrecht im Deutschen Anwaltverein (DAV) e.V., 1992 gegründet, mit Sitz in Berlin.

Rechtsanwälten in Deutschland und Europa.[155] Die zuletzt herausgegebene Schlichtungs- und Schiedsordnung für Baustreitigkeiten (SOBau) mit Stand September 2009 ist für eine Adjudikation jedoch nicht relevant.

I. AO-Bau: Adjudikations-Ordnung für Baustreitigkeiten

Der Deutsche Baugerichtstag e.V. mit Sitz in Hamm wurde von Rolf Kniffka initiiert und in den ersten Jahren geleitet. Der Verein hat etwa 850 Mitglieder. Neben den Richtern gehören dazu Mitglieder aus Universitäten, der Bauwirtschaft und der Politik.

Der erste Entwurf einer Adjudikationsordnung für Baustreitigkeiten wurde im Forum Baukonfliktmanagement[156] in der Beta-Version im März 2009 veröffentlicht. Im Auftrag des Arbeitskreises VII (Außergerichtliche Streitbeilegung) des Deutschen Baugerichtstags e.V. wurde die Adjudikations-Ordnung für Baustreitigkeiten von dem Rechtsanwalt Moritz LEMBCKE und Prof. Dr.-Ing. Matthias SUNDERMEIER entwickelt. Die aktuelle Version der Verfahrensordnung (AO-Bau/DBGT) ist seit dem 14.01.2010 gültig.

Gemäß den Verfassern der AO-Bau ist das Adjudikationsverfahren als Schiedsgutachtenverfahren einzuordnen, sodass zusätzlich die §§ 317 ff. BGB Anwendung finden.[157]

Das Ziel der Verfahrensordnung ergibt sich aus der Präambel der AO-Bau zusammenfassend wie folgt: „*Ziel ist eine schnelle, kostengünstige Streiterledigung durch einen neutralen Dritten, aufgrund einer summarischen Sachverhalts- und Rechtsprüfung binnen 60 Tagen, mit vorläufiger Bindungswirkung ohne Verzicht auf (schieds-) gerichtlichen Rechtsschutz.*"

1. Allgemeine Grundsätze

Die AO-Bau gilt gemäß ihrer Bezugsklausel für alle Streitigkeiten aus und im Zusammenhang mit dem jeweiligen Bauvertrag. Die allgemeinen Verfahrensgrundsätze sehen vor, dass den Parteien, gemäß § 6 Abs. 1 AO-Bau, vor der Entscheidung des Adjudikators rechtliches Gehör gewährt wird und die Parteien gleichberechtigt behandelt werden. Der Adjudikator führt das Verfahren gemäß

155 Vgl. *ARGE Baurecht,* Homepage der Arbeitsgemeinschaft für Bau- und Immobilienrecht, http://arge-baurecht.com/startseite/ (zuletzt besucht am 28.06.2017).

156 (auf dem Portal für Baurecht: www.werner-baurecht.de)

157 Vgl. *Lembcke,* Kommentierung zum Diskussionsvorschlag einer Adjudikations-Ordnung für Baustreitigkeiten des Deutschen Baugerichtstags e.V. (AO-Bau / DBGT), S. 5.

§ 6 Abs. 1 S. 1 AO-Bau nach billigem Ermessen gemäß § 317 Abs. 1 BGB[158] durch.

Der Gerichtsweg ist nur während des Verfahrens gesperrt (§ 1 S. 3 AO-Bau), wobei Verfahren zum einstweiligen Rechtsschutz davon ausgenommen sind.[159]

Andere Verfahren, die auf eine gütliche Einigung abzielen, sind jederzeit möglich. Vielmehr muss der Adjudikator sogar darauf hinwirken, dass diese eingesetzt werden. Die Präambel der AO-Bau weist in Satz 3 und 4 ausdrücklich darauf hin, dass alle am Verfahren Beteiligten fortlaufend auf eine gütliche Einigung hinzuwirken haben und *„konsensuale Konfliktlösungsmethoden, insbesondere die Mediation“* jederzeit, auch in der Kombination (sogenannte MedAdj), vereinbart werden können.

Sollte der aktive Einsatz des Adjudikators kausal zu einer gütlichen Einigung führen, erhält dieser dafür zusätzlich eine Prämie gemäß § 15 S. 8 AO-Bau (wohingegen sein Honoraranspruch gemäß § 15 S. 6 AO-Bau entfällt, wenn er die Gesamtdauer des Verfahrens überschreitet, es sei denn die Parteien haben dies im Wesentlichen zu vertreten). Zusätzlich zum Streben nach einer gütlichen Einigung sind die Parteien untereinander zur Mitwirkung verpflichtet (§ 6 Abs. 2 S. 4 AO-Bau).

Die persönliche Teilnahme an dem Verfahren ist nicht zwingend erforderlich, die Parteien können sich gemäß § 6 Abs. 4 AO-Bau vertreten lassen.

2. Verfahrenseinleitung

Das Verfahren wird ad-hoc auf schriftlichen Antrag einer Partei an die andere Partei gemäß § 3 S. 1 AO-Bau eingeleitet. Der Antrag muss deutlich machen, dass die Partei beabsichtigt, die Streitigkeit von einem Adjudikator entsprechend der vertraglich vereinbarten Regelungen entscheiden zu lassen. Der Antragsteller muss detailliert beschreiben welche Entscheidung er begehrt (§ 3 S. 2c AO-Bau). Mit Zugang der Antragsschrift beginnt gemäß § 14 AO-Bau die Verjährungshemmung.

---

158 *Lembcke* schlägt in seiner Kommentierung zum Diskussionsvorschlag einer Adjudikations-Ordnung für Baustreitigkeiten des Deutschen Baugerichtstags e.V. (AO-Bau / DBGT), S. 53 ff. vor, die Einwendungen gegen das Verfahren und die Entscheidungen weiter zu beschränken, indem der Adjudikator in Anlehnung an § 319 Abs. 2 BGB nach „freiem Belieben” agieren darf. Die Richtigkeitsgewähr der Entscheidung wäre weiterhin durch die Haftung des Adjudikators abgesichert.

159 Vgl. *Lembcke,* Kommentierung zum Diskussionsvorschlag einer Adjudikations-Ordnung für Baustreitigkeiten des Deutschen Baugerichtstags e.V. (AO-Bau / DBGT), S. 14.

Das sogenannte Ambushing, „*das überfallartige Einreichen langfristig vorbereiteter Schriftsätze, die dem Antragsgegner angesichts der kurzen Verfahrensfristen keine angemessene Verteidigungsmöglichkeit lassen*“[160] soll durch die Regelung in § 1 S. 4 AO-Bau vermieden werden. Danach ist die Streitigkeit zunächst schriftlich der anderen Partei zuzustellen und dieser eine angemessene Zeit zur Erwiderung zu geben bzw. die Möglichkeit den Anspruch zu erfüllen. Dieses Vorgehen erfüllt gleichzeitig eine Warnfunktion bezüglich des möglicherweise anstehenden Adjudikationsverfahrens. Erst nach Fristablauf von zwei Wochen und wenn die andere Partei den Anspruch nicht erfüllt hat, beginnt das Verfahren.

3. Einzeladjudikator

Die Parteien einigen sich bestenfalls bereits vertraglich, spätestens jedoch 12 Tage nach Antrag auf Verfahrenseinleitung, auf einen Adjudikator (§ 3 S. 4 AO-Bau). Wenn die Einigung nicht erzielt wird, kann der Adjudikator gemäß § 3 S. 5 AO-Bau durch eine vertraglich vereinbarte Person oder Institution bestimmt werden. Ebenso kann der Deutsche Baugerichtstag e.V. für eine Benennung angerufen werden.

Der Adjudikator darf gemäß § 2 Abs. 3 AO-Bau das Amt nur annehmen, wenn er innerhalb der in der Verfahrensordnung vorgesehenen Fristen dazu in der Lage ist und die entsprechenden zeitlichen Kapazitäten hat. Wenn die Parteien dies bezweifeln oder Zweifel an der fachlichen Qualität des Adjudikators haben, muss dieser das Amt ablehnen (§ 2 Abs. 2 S. 2 AO-Bau). Die Ablehnung des Adjudikators wegen Befangenheit wird aus Zeitgründen jedoch nur in einer Instanz durch den Adjudikator selbst entschieden (§ 7 S. 2 AO-Bau). Der Antrag wegen Besorgnis der Befangenheit muss unverzüglich an den Adjudikator gestellt werden (§ 7 S. 1 AO-Bau), das Verfahren ruht in dieser Zeit jedoch nicht.[161]

Die AO-Bau sieht gemäß § 2 Abs. 1 keine Gremien, sondern einen Einzeladjudikator vor. Dieser kann jedoch gemäß § 2 Abs. 5 S. 1 AO-Bau Sachverständige oder andere Fachleute hinzuziehen. Der Adjudikator haftet hinsichtlich seiner Entscheidung gemäß § 2 Abs. 4 AO-Bau nicht bei leichter Fahrlässigkeit. Darüber hinaus haftet er bei jedwedem Verschulden und darf nicht gegen die Verfahrensordnung verstoßen.

---

160 *Roquette,* BauR 2008, 1779, (1779).

161 Vgl. *Lembcke,* Kommentierung zum Diskussionsvorschlag einer Adjudikations-Ordnung für Baustreitigkeiten des Deutschen Baugerichtstags e.V. (AO-Bau / DBGT), S. 29.

4. Ablauf des Verfahrens

Es können alle Streitigkeiten im Zusammenhang mit dem Vertrag durch das Verfahren entschieden werden. Der Adjudikator kann nicht nur Feststellungen treffen, sondern, soweit eine Partei dies beantragt, auch Handlungen anordnen (§ 1 S. 1 und 2 AO-Bau). Ein rechtliches Interesse gemäß § 256 Abs. 1 ZPO muss nicht gegeben sein.[162]

Die Antragsschrift muss eine vollständige Begründung der Anrufung enthalten, wenn der Adjudikator bereits vertraglich vereinbart wurde. Anderenfalls hat die Begründung gemäß § 5 S. 1 i.V.m. § 3 S. 2e AO-Bau innerhalb von drei Werktagen nach Verfahrensbeginn zu erfolgen. Die Erwiderung der Gegenpartei muss gemäß § 5 S. 2 AO-Bau innerhalb von 18 Werktagen eingereicht werden. Der Adjudikator kann innerhalb der Gesamtdauer diese Frist verlängern und weitere Schriftsätze fordern (§ 5 S. 3 AO-Bau).

Die Parteien sind verpflichtet, vollständig und wahrheitsgemäß auszusagen (§ 5 S. 4 AO-Bau). Der Antragsgegner kann gemäß § 9 AO-Bau mit seiner Erwiderung noch Gegenansprüche in das Verfahren mit einbringen. Daher sollten beide Parteien darauf achten, dass sie zwar jeweils vollständig, aber nicht zu komplexe Sachverhalte, vortragen. Durch zu umfangreiche Gegenansprüche kann das Verfahren zum Erliegen kommen, weil der Adjudikator nicht mehr über die Streitigkeit insgesamt entscheiden kann.

Ein verspäteter Parteivortrag muss gemäß § 5 S. 5 AO-Bau nicht berücksichtigt werden. Nach Erhalt der Schriftsätze kann und sollte der Adjudikator eigene Sachverhaltsermittlungen durchführen (§ 6 Abs. 2 S. 1 AO-Bau). Auf Antrag des Adjudikators oder einer Partei hat eine mündliche Verhandlung stattzufinden (§§ 6 Abs. 1 S. 4 und Abs. 2 S. 2 AO-Bau). Der Adjudikator kann zur Aufklärung des Sachverhalts gemäß § 6 Abs. 2 AO-Bau Dokumente der Parteien zur Einsicht verlangen, Ortstermine durchführen und Dritte vernehmen. Jedoch hat er die Parteien stets über sämtliche Maßnahmen zu informieren und ihnen die Möglichkeit der Teilnahme oder Stellungnahme zu gewähren.

Der Adjudikator muss die mündliche Verhandlung und sonstige Besprechungen sowie wesentliche Verfahrensschritte protokollieren (§ 6 Abs. 2 S. 5 AO-Bau), um das Verfahren transparent zu gestalten und die spätere gerichtliche Überprüfbarkeit zu ermöglichen.

---

162 Vgl. *Lembcke,* Kommentierung zum Diskussionsvorschlag einer Adjudikations-Ordnung für Baustreitigkeiten des Deutschen Baugerichtstags e.V. (AO-Bau / DBGT), S. 14.

In § 6 Abs. 3 AO-Bau ist explizit geregelt, dass der Adjudikator in jedem Stadium auf eine gütliche Vereinbarung hinwirken soll. Durch die ausdrückliche Benennung dieser Verpflichtung wird klar, dass der Adjudikator dies aktiv bei den Parteien einfordern muss. Dazu kann er zum Beispiel den Parteien die Möglichkeit aufzeigen, die Streitigkeiten innerhalb eines Mediationsverfahrens zu klären, ihnen Teilergebnisse unverzüglich mitteilen, damit die Parteien auf dieser Grundlage eine gütliche Einigung treffen können und den Parteien vor seiner Entscheidung die Gelegenheit geben, auf der Grundlage der Entscheidung eine Vereinbarung zu treffen.[163]

Der Adjudikator muss seine Entscheidung schriftlich begründen (§ 10 S. 2 AO-Bau). Ein eventuelles späteres (Schieds-) Gerichtsverfahren soll die Entscheidung überprüfen können, zum Beispiel ob diese gemäß § 319 Abs. 1 S. 1 BGB offenbar unbillig ist. Die Begründung des Adjudikators muss daher die Parteivorträge und die Ermittlungen des Adjudikators enthalten.

Die Gesamtdauer des Verfahrens darf maximal 60 Werktage betragen. Eine Verlängerung um 12 Werktage ist mit Zustimmung des Antragstellers gemäß § 4 AO-Bau möglich. Mit Zustimmung beider Parteien kann die Frist beliebig verlängert werden.[164]

5. Beendigung des Verfahrens und Rechtsfolgen

Das Adjudikationsverfahren kann jederzeit durch gütliche Einigung oder Anerkenntnis der Gegenpartei beendet werden. Spätestens mit Zugang der schriftlichen und begründeten Entscheidung des Adjudikators innerhalb der vorgesehenen Frist endet das Verfahren gemäß § 10 S. 2 AO-Bau. Eine Entscheidung muss mit Begründung vor Fristablauf gegeben werden, danach endet die Befugnis des Adjudikators und die Entscheidung ist unverbindlich.[165] Auch wenn die

---

163 Vgl. *Lembcke,* Kommentierung zum Diskussionsvorschlag einer Adjudikations-Ordnung für Baustreitigkeiten des Deutschen Baugerichtstags e.V. (AO-Bau / DBGT), S. 28.

164 Vgl. *Lembcke,* Kommentierung zum Diskussionsvorschlag einer Adjudikations-Ordnung für Baustreitigkeiten des Deutschen Baugerichtstags e.V. (AO-Bau / DBGT), S. 23.

165 Vgl. *Lembcke,* Kommentierung zum Diskussionsvorschlag einer Adjudikations-Ordnung für Baustreitigkeiten des Deutschen Baugerichtstags e.V. (AO-Bau / DBGT), S. 23.

Streitigkeiten nicht entscheidbar sind oder gegenstandlos geworden sind und der Anspruch nicht mehr besteht, muss der Adjudikator dies entscheiden.[166]

Nur wenn die Entscheidung des Adjudikators gemäß § 12 S. 2 AO-Bau offenbar unbillig ist (in Anlehnung an § 319 Abs. 1 S. 1 BGB), ist diese nicht verbindlich. Anderenfalls führt der Zugang der Entscheidung zu deren Verbindlichkeit (§ 12 S. 1 AO-Bau). Die Entscheidung kann gemäß § 12 S. 2 AO-Bau durch ein (Schieds-) Gericht vollständig beseitigt werden. Zwischen der Adjudikationsentscheidung und einem eventuellen späteren (Schieds-) Gerichtsverfahren kann die Adjudikationsentscheidung, die dann Streitgegenstand ist, im Vollstreckungsprozess gerichtlich durchgesetzt werden.[167]

Wollen die Parteien die Adjudikationsentscheidung (schieds-) gerichtlich überprüfen lassen, müssen sie binnen eines Monats nach Zugang der Entscheidung Widerspruch einlegen (§ 13 Abs. 1 S. 1 AO-Bau). Anderenfalls ist die Überprüfung ausgeschlossen und die Adjudikationsentscheidung wird insoweit, das heißt für die Partei, die keinen Antrag auf Überprüfung gestellt hat, gemäß § 13 Abs. 1 S. 2 AO-Bau endgültig verbindlich (ausgenommen sind offenbar unbillige Entscheidungen). Ein eventuelles (Schieds-) Gerichtsverfahren muss innerhalb von drei Monaten nach Zugang der Entscheidung oder Zugang der Schlussrechnung des Auftragnehmers eingeleitet werden, danach ist die Überprüfung gemäß § 13 Abs. 2 S. 1 AO-Bau ausgeschlossen. Das (Schieds-) Gericht überprüft nicht die Adjudikationsentscheidung, sondern den ursprünglichen Streit. Insofern können auch neue Tatsachen vorgetragen werden und die Parteien und/oder der Adjudikator als Zeugen benannt werden (§ 13 Abs. 2 S. 2 und 3 AO-Bau).

Die Beendigung des Adjudikationsverfahrens führt zum Ende der Verjährungshemmung.

Gemäß § 11 AO-Bau kann der Adjudikator innerhalb der Verfahrensdauer auf Antrag festlegen, dass eine Leistung nur gegen eine Sicherheitsleistung zu erbringen ist. Ob der Adjudikator die Stellung einer Sicherheit verlangt und wenn ja, in welcher Höhe, liegt in seinem Entscheidungsspielraum. Damit soll eine eventuelle spätere Korrektur der Entscheidung durch ein (Schieds-) Gericht abgesichert werden. Die Sicherheit sichert keine unverbindlichen Entscheidungen

---

166 Vgl. *Lembcke,* Kommentierung zum Diskussionsvorschlag einer Adjudikations-Ordnung für Baustreitigkeiten des Deutschen Baugerichtstags e.V. (AO-Bau / DBGT), S. 34 f.

167 Vgl. *Lembcke,* Kommentierung zum Diskussionsvorschlag einer Adjudikations-Ordnung für Baustreitigkeiten des Deutschen Baugerichtstags e.V. (AO-Bau / DBGT), S. 38.

ab, weil diese offenbar unbillig sind; das Risiko, derartige Entscheidungen zu befolgen, trägt diejenige Partei selbst.[168]

Wenn der Adjudikator eine Sicherheitsleistung anordnet, wird die Adjudikationsentscheidung erst bindend, wenn die Sicherheit geleistet worden ist. Die Sicherheit ist zurückzugeben, wenn keine Überprüfung durch ein (Schieds-) Gericht mehr möglich ist oder sich die Parteien anderweitig geeinigt haben.[169]

Gemäß § 12 S. 3 AO-Bau darf eine Partei die Leistung verweigern oder Verzugsschadenersatz fordern, wenn die andere Partei die Adjudikationsentscheidung nicht beachtet. Diese Rechtsfolgen (Leistungsverweigerungsrecht und Anspruch auf Verzugsschadenersatz) werden nicht durch ein späteres (Schieds-) Gerichtsurteil beseitigt. Eine Kündigung (aus wichtigem Grund) kann alleine wegen Nichtbeachtung der Adjudikationsentscheidung gemäß § 12 S. 4 AO-Bau nicht hergeleitet werden.

6. Wesentliche Merkmale AO-Bau

- Es sind nur Einzeladjudikatoren vorgesehen.
- Es sind nur ad-hoc Verfahren vorgesehen.
- Die Entscheidung erfolgt nach billigem Ermessen gemäß § 317 Abs. 1 BGB.
- Die Entscheidung ist unverbindlich, wenn sie offenbar unbillig ist.
- Die Gesamtdauer beträgt maximal 60 plus 12 Werktage.
- Ambushing wird vermieden durch die Pflicht zur vorherigen Kommunikation.

II. DIS-AVO und DIS-SchGO: DIS-Verfahrensordnungen für Adjudikation

Die Deutsche Institution für Schiedsgerichtsbarkeit e.V. (DIS) mit Sitz in Berlin wurde 1920 gegründet. Heute zählt sie über 1.000 Mitglieder im In- und Ausland, darunter Spitzenverbände der Deutschen Wirtschaft, Industrie- und Handelskammern, diverse Unternehmen und Richter.

Die DIS bietet zwei verschiedene Adjudikationsverfahren an: Zum einen die neue DIS-Verfahrensordnung für Adjudikation (DIS-AVO) vom 01.07.2010, die

168 Vgl. *Lembcke*, Kommentierung zum Diskussionsvorschlag einer Adjudikations-Ordnung für Baustreitigkeiten des Deutschen Baugerichtstags e.V. (AO-Bau / DBGT), S. 36.

169 Vgl. *Lembcke*, Kommentierung zum Diskussionsvorschlag einer Adjudikations-Ordnung für Baustreitigkeiten des Deutschen Baugerichtstags e.V. (AO-Bau / DBGT), S. 37.

eine projektbegleitende Adjudikation in Anlehnung an die dispute adjudication boards regelt und damit Streitigkeiten auch vorbeugen soll. Zum anderen die bereits seit dem 01.05.2010 gültige Schiedsgutachtensordnung (DIS-SchGO), die eine vorläufig bindende Schiedsgutachtensordnung ist, jedoch inhaltlich eine ad-hoc einberufene Adjudikation regelt. Die DIS hat sich demnach dazu entschieden, eine separate Adjudikationsordnung für den baubegleitenden Einsatz zu entwickeln. Begründet wird dies mit der Aussage, dass die Parteien von einer ad-hoc Lösung schnell Abstand nehmen, wenn der Dritte erst noch benannt werden muss. Dies stelle eine Hemmschwelle dar und die Streitigkeiten werden folglich angehäuft und werden zu komplex für ein Adjudikationsverfahren.[170] Die bereits erwähnte DIS-Konfliktmanagementordnung (DIS-KOM) zur Auswahl des passenden ADR-Verfahrens findet somit im Regelfall keine Anwendung, wenn der Adjudikator für eine projektbegleitende Adjudikation bereits von Beginn an eingesetzt wird.

Die Regelungen der §§ 9–29 der DIS-AVO und DIS-SchGO sind identisch. Deshalb wird im Folgenden primär die DIS-AVO erläutert und die DIS-SchGO nur bei Abweichungen oder Besonderheiten erwähnt.

Besonders ist die Rolle der DIS zu erwähnen. Gemäß § 4 Abs. 7 DIS-AVO kann die Institution den/die Adjudikator(en) offiziell bestellen und gemäß § 5 DIS-AVO ebenso ablehnen. Damit möchte die DIS sicherstellen, *„dass der Konstituierungsprozess ordnungsgemäß verläuft“*.[171] Zusätzlich behält sich die DIS vor, statistische Daten über die Verfahren zu veröffentlichen, sofern diese anonymisiert sind (§ 28 Abs. 6 DIS-AVO).

1. Allgemeine Grundsätze

Grundsätzlich kann der Adjudikator nach der DIS-AVO und der DIS-SchGO rechtliche und nicht rechtliche Aspekte regeln. Seine Entscheidung ist auch unter der DIS-SchGO nur vorläufig bindend, weshalb der Name irreführend ist. Der Adjudikator entscheidet gemäß § 19 DIS-AVO nach Recht und nicht nach billigem Ermessen, wodurch deutlich wird, dass die gesetzlichen Regelungen zum Schiedsgutachten, gemäß §§ 317 bis 319 BGB, zumindest nicht unverändert Anwendung finden. Konsequenterweise ist den Parteien gemäß § 16 S. 2 DIS-AVO uneingeschränktes, rechtliches Gehör zu gewähren.

Die Freiheit zur eigenständigen Amtsermittlung beschränkt sich auf das Einfordern von Dokumenten, die Durchführung von Ortsbesichtigungen und das

170 Vgl. *Köntges, Helmut/ Mahnken, Volker,* SchiedsVZ 2010, 310, (312).

171 *Köntges, Helmut/ Mahnken, Volker,* SchiedsVZ 2010, 310, (313).

Unterbreiten von Vorschlägen zur gütlichen Einigung, gemäß § 15 Abs. 1 DIS-AVO. Dadurch erscheint das Verfahren sehr formalisiert.

Die Parteien erklären für die Dauer des Adjudikationsverfahrens einen Klageverzicht bezüglich des jeweiligen Streitgegenstandes (§ 25 Abs. 1 DIS-AVO). In einem späteren (Schieds-) Gerichtsverfahren dürfen Schriftsätze des Adjudikationsverfahrens gemäß § 28 Abs. 4 DIS-AVO verwendet werden. Die Adjudikatoren dürfen jedoch nicht für Befragungen über Tatsachen, die sie im Adjudikationsverfahren erlangt haben, als Zeugen vernommen werden (§ 28 Abs. 5 DIS-AVO).

2. Verfahrenseinleitung

Für die Einleitung eines Verfahrens nach der DIS-SchGO für ein ad-hoc Adjudikationsverfahren hat der Antragsteller, gemäß § 2 Abs. 1 DIS-SchGO, einen Antrag auf Einholung eines Schiedsgutachtens bei der DIS zu stellen. Gleichzeitig soll der Antrag an die gegnerische Partei übermittelt werden. Innerhalb einer projektbegleitenden Adjudikation kann der Antragsteller ein Verfahren einleiten, wenn er gemäß § 7 DIS-AVO eine vollständige Antragsbegründung an das DAB und die Gegenpartei sendet.

Die Besonderheit der DIS-AVO ist die Möglichkeit der Durchführung eines Adjudikationsverfahrens mit mehr als zwei Parteien. Dritte können gemäß § 8 DIS-AVO unter Zustimmung aller Parteien in das Verfahren einbezogen werden. Das Verfahren findet dann zwischen dem Antragsteller und den einbezogenen Parteien statt (§ 8 Abs. 3 DIS-AVO).

Im Rahmen eines projektbegleitenden Verfahrens kann der Adjudikator außerdem nach § 6 Abs. 7 DIS-AVO auch außerhalb eines offiziellen Verfahrens bereits bei Meinungsverschiedenheiten auf eine einvernehmliche Beilegung hinwirken. Diese Option entfällt naturgemäß bei Anwendung der DIS-SchGO.

Die Rücknahme des Antrags auf Einleitung eines Adjudikationsverfahrens bedarf gemäß § 26 Abs. 3 DIS-AVO der Zustimmung des Antragsgegners.

3. Adjudikator oder Adjudikationsgremium

Bezüglich der Anzahl der Adjudikatoren sieht die DIS-SchGO grundsätzlich einen Einzel-Schiedsgutachter (§ 4 Abs. 2 DIS-SchGO) vor. Abweichend kann aber auch ein Gremium von Schiedsgutachtern vereinbart werden. Dazu benennt jede Partei einen Gutachter (§ 6 Abs. 2 DIS-SchGO) und die beiden Gutachter benennen dann gemeinsam einen Dritten.

Für ein Verfahren nach der DIS-AVO wird gemäß § 3 Abs. 1 DIS-AVO ein Dreiergremium empfohlen. Das Verfahren kann jedoch auch mit einem

Einzeladjudikator durchgeführt werden. Der Vorsitzende soll gemäß § 3 Abs. 3 DIS-AVO ein Jurist sein, wenn die Parteien nichts anderes vereinbaren.

Gemäß § 4 Abs. 1 und 2 DIS-AVO sollen die Parteien einvernehmlich innerhalb von 30 Tagen einen Einzeladjudikator benennen oder gemeinsam zwei Adjudikatoren für ein Gremium, die dann einvernehmlich mit beiden Parteien einen Vorsitzenden wählen. Ist die Auswahl durch die Parteien nicht erfolgreich, kann die DIS auf Antrag einen oder mehrere Adjudikatoren benennen. Schließlich muss der Adjudikator/ müssen die Adjudikatoren gemäß § 4 Abs. 7 DIS-AVO von der DIS offiziell bestellt werden. Die Ablehnung eines Adjudikators ist nach § 5 Abs. 2 DIS-AVO gegenüber der DIS zu erklären. Diese kommuniziert den Antrag an die andere Partei und den Adjudikator und administriert das weitere Ablehnungsverfahren. Dies verdeutlicht, dass die DIS stark bei der Auswahl und Ablehnung des Adjudikators involviert ist.

Gemäß § 31 Abs. 2 DIS-AVO können die Parteien jederzeit schriftlich vereinbaren, dass die Tätigkeit eines einzelnen Adjudikators beendet ist. Die Adjudikatoren können gemäß § 31 Abs. 3 DIS-AVO dagegen grundsätzlich nur aus wichtigem Grund das Amt niederlegen, wobei eine Kündigungsfrist von zwei Monaten einzuhalten ist. Bereits begonnene Verfahren werden mit den verbleibenden Adjudikatoren zu Ende geführt. Erst danach, oder falls kein laufendes Verfahren existiert, wird ein Ersatzadjudikator nach den gleichen Bestimmungen wie für die Erstbenennung gewählt (§ 31 Abs. 4 DIS-AVO).

Werden keine Kündigungen ausgesprochen, endet die Tätigkeit der Adjudikatoren gemäß § 31 Abs. 1 DIS-AVO ein Jahr nach Abnahme, wenn die Parteien nichts Abweichendes vereinbart haben.

In beiden Verfahren haften die Adjudikatoren nur für vorsätzliches Fehlverhalten (§ 29 DIS-AVO/-SchGO).

4. Ablauf des Verfahrens

In einem Adjudikationsverfahren nach der DIS-AVO hat sich der Adjudikator[172] unmittelbar mit Ausführungsbeginn gemäß §§ 6 Abs. 1 bis 6 Abs. 3 DIS-AVO über das Projekt und den Vertrag zwischen den Parteien zu informieren. Diese Informationspflicht besteht für den Adjudikator projektbegleitend weiter. Zusätzlich kann der Adjudikator Baustellenbesuche und Treffen mit den Parteien vereinbaren und wahrnehmen. Diese Verpflichtung entfällt für ad-hoc Verfahren nach der DIS-SchGO.

---

172 Im Folgenden ist mit Adjudikator entweder ein Einzeladjudikator oder ein Dreiergremium gemeint.

Nach Antragstellung auf Einleitung eines Verfahrens hat die Gegenpartei innerhalb von sechs Wochen (§ 9 DIS-AVO) ihre Erwiderung dem Antragsteller und dem Adjudikator zu übersenden. Auf diese Erwiderung kann der Antragsteller innerhalb von drei Wochen mit seiner Replik antworten (§ 10 Abs. 1 DIS-AVO). Der Antragsgegner hat wiederum innerhalb von drei Wochen seine Dublik zu übermitteln. Weitere Schriftsätze als die zuvor genannten sind nur zulässig, wenn der Adjudikator die Parteien explizit dazu auffordert (§ 15 Abs. 3 DIS-AVO), zum Beispiel zu bestimmten Fragen nochmals explizit Stellung zu nehmen.

Jedoch können im Rahmen der Erwiderung Gegenansprüche uneingeschränkt geltend gemacht werden (§ 21 Abs. 1 S. 1 DIS-AVO). Die Parteien dürfen sogar Sachverständigengutachten vorlegen (§ 13 Abs. 1 DIS-AVO). Für das Anfertigen von Gegengutachten wird den Parteien gemäß § 13 Abs. 2 Ziff. 1 DIS-AVO eine angemessene Frist eingeräumt. Beide Möglichkeiten können schnell zu komplexen Verfahren führen. Verspätete Parteivorträge oder verspätet eingereichte Schriftsätze müssen vom Adjudikator jedoch nicht beachtet werden (§§ 11 Abs. 1 und 12 Abs. 2 DIS-AVO).

Alle Fristen sind gemäß § 12 Abs. 1 DIS-AVO verbindlich, wenn nicht die Parteien etwas Abweichendes vereinbaren.

Eine mündliche Verhandlung ist gemäß § 14 DIS-AVO nicht zwingend durchzuführen. Die Durchführung liegt grundsätzlich im Ermessen des Adjudikators. Nur wenn eine Partei eine mündliche Verhandlung beantragt, hat diese gemäß § 14 Abs. 1 DIS-AVO zwingend stattzufinden. Der Adjudikator kann jede Person anhören, die nach seiner Ansicht zur Sachverhaltslösung beitragen kann (§ 14 Abs. 4 DIS-AVO). Sachverständige oder sonstige zusätzliche Gutachter dürfen jedoch nur mit der Zustimmung beider Parteien beauftragt werden (§ 15 Abs. 2 DIS-AVO).

Die Dauer eines Schiedsgutachtenverfahrens beträgt gemäß § 17 Abs. 6 DIS-SchGO sechs Monate. Die Dauer eines Verfahrens im Rahmen der projektbegleitenden Adjudikation kann aufgrund des Wissensvorsprungs des Adjudikators auf fünf Monate (§ 26 Abs. 2 DIS-AVO) reduziert werden. Wegen der langen Dauern kann der Adjudikator gemäß § 20 DIS-AVO auch vorläufige Anordnungen erlassen, die bis zur endgültigen Entscheidung des Adjudikators einzuhalten sind. Die Verfahrensführung ist diesbezüglich in das Ermessen des Adjudikators gestellt, der nicht zwingend rechtliches Gehör zu gewähren hat (§ 20 Abs. 2 DIS-AVO).

5. Beendigung des Verfahrens und Rechtsfolgen

Gemäß §§ 17 Abs. 6 und 26 Abs. 2 DIS-AVO ist eine schnelle Entscheidung des Adjudikators erforderlich. Grundsätzlich muss der Adjudikator diese innerhalb von vier Wochen nach der mündlichen Verhandlung bzw. nach Eingang des letzten Schriftsatzes treffen und schriftlich begründen. Eine Entscheidung, die später als fünf Monate (bzw. sechs Monate nach der DIS-SchGO) nach Verfahrensbeginn getroffen wird, ist nur wirksam, wenn die Parteien zugestimmt haben.

Die vorläufig bindende Entscheidung gemäß § 22 DIS-AVO wird gemäß § 23 DIS-AVO endgültig bindend, wenn nicht eine Partei innerhalb eines Monats eine Nichtanerkennungserklärung an die andere Partei abgibt. Danach ist die Entscheidung endgültig und bindend, auch wenn sie offenbar unbillig oder unrichtig ist, das rechtliche Gehör verletzt wurde oder andere Verfahrensverstöße beinhaltet sind (§ 23 Abs. 2 DIS-AVO). Bei Abgabe einer Nichtanerkennungserklärung können beide Parteien Klage erheben (§ 23 Abs. 4 DIS-AVO). Eine Klage kann nur mit Zustimmung der anderen Partei zurückgenommen werden.

Der Adjudikator kann vorsehen, dass seine Entscheidung nur gegen eine Sicherheitsleistung der begünstigten Partei zu erfüllen ist (§ 17 Abs. 5 DIS-AVO).

Die Nichtbeachtung einer (vorläufigen) Entscheidung stellt gemäß §§ 20 Abs. 6 und 22 Abs. 2 DIS-AVO eine schwere Vertragsverletzung dar, unabhängig davon, ob ein (Schieds-) Gericht bei späterer Überprüfung die vorläufige Entscheidung als berechtigt oder unberechtigt erklärt. Eine Ausnahme besteht gemäß §§ 20 Abs. 7 und 22 Abs. 3 DIS-AVO nur dann, wenn ein Verfahrensfehler vorliegt, der in einem entsprechenden Schiedsverfahren zur Aufhebung des Schiedsspruchs (gemäß § 1059 Abs. 2 Nr. 2 ZPO) führen würde.[173]

Ein Verstoß gegen eine vorläufige Adjudikationsentscheidung rechtfertigt keine Kündigung aus wichtigem Grund des Hauptvertrags (§ 20 Abs. 8 DIS-AVO). Für einen Verstoß gegen die endgültige Entscheidung des Adjudikators enthält die DIS-AVO diese Kündigungsregelung nicht. Es könnte deshalb unterstellt werden, dass bei Nichtbeachtung der Entscheidung eine Kündigung aus wichtigem Grund gerechtfertigt wäre.

Die Verjährung ist während und bis zu sechs Monaten nach Beendigung des Verfahrens gemäß § 27 DIS-AVO gehemmt.

---

173 D.h., wenn der Gegenstand nicht schiedsfähig ist oder die Entscheidung gegen die öffentliche Ordnung (ordre public) verstößt.

6. Wesentliche Merkmale DIS-AVO/-SchGO

- Es ist ein Einzeladjudikator oder ein Gremium vorgesehen.
- Es kann eine projektbegleitende Adjudikation oder ein ad-hoc Verfahren gewählt werden.
- Im Hauptverfahren ist uneingeschränktes rechtliches Gehör zu gewähren.
- Die Verfahrensordnungen sehen ein Mehrparteienverfahren vor.
- Der Adjudikator haftet nur bei Vorsatz.
- Ohne Widerspruch wird die Entscheidung auch bindend, wenn sie offenbar unbillig oder unrichtig ist.
- Die Gesamtdauer beträgt fünf bzw. sechs Monate.

III. SL Bau: Streitlösungsordnung für das Bauwesen

Der Herausgeber der SL Bau ist der Deutsche Beton- und Bautechnik-Verein E.V. (DBV) zusammen mit der Deutschen Gesellschaft für Baurecht e.V. (DGfB) mit Sitz in Frankfurt am Main. Die Mitbegründer der jeweiligen genannten Vereine und der Streitlösungsordnung sehen den Bedarf von außergerichtlichen Streitbeilegungsverfahren wegen der Überlastung der staatlichen Gerichte. Streitigkeiten können ohne außergerichtliche Streitbeilegungsverfahren nicht mehr zeitnah, kostengünstig und sachlich richtig gelöst werden.[174]

Der damalige Deutsche Betonverein e.V. hat bereits 1909 eine Schiedsgerichtsordnung herausgegeben, um dem Bedürfnis der am Bau Beteiligten gerecht zu werden, in Streitfällen rasche und sachkundige Entscheidungen herbeizuführen.[175] Im Jahre 1974 gab es die erste gemeinsame Ausgabe vom Deutschen Beton-Verein e.V. und der Deutschen Gesellschaft für Baurecht e.V., die bis 2005 zu einem sogenannten Drei-Säulen-Modell (Mediation – Schlichtung – Schiedsgericht) weiterentwickelt wurde.[176]

Da durch die beiden Entwickler und Herausgeber der Verfahrensordnung sowohl die technischen als auch die rechtlichen Belange berücksichtigt werden, wird die SL Bau in der Baupraxis anerkannt und verwendet. Die Besonderheit der SL Bau ist, dass diese seit der Fassung vom 01.01.2010 eine Gesamt-Streitlösungsordnung darstellt. Zunächst gibt es einen allgemeinen Teil und

---

174 Vgl. *Franke* (Hrsg.), Kommentar zur Streitlösungsordnung für das Bauwesen, SL Bau, S. V.

175 Vgl. *Franke* (Hrsg.), Kommentar zur Streitlösungsordnung für das Bauwesen, SL Bau, S. 3.

176 *Franke* (Hrsg.), Kommentar zur Streitlösungsordnung für das Bauwesen, SL Bau, S. 5.

anschließend für jedes der mittlerweile vier Streitschlichtungsverfahren eigene Regelungen. In Abschnitt 4 sind Regelungen zur Adjudikation ergänzt worden, die von den Verfassern als *„vorläufige Gerichtsinstanz“*[177] bezeichnet wird. Den Parteien steht es frei, alle Verfahren, nur ein Verfahren oder mehrere Verfahren in Kombination zu vereinbaren.

Die aktuelle Fassung vom 01.07.2016 beschreibt die Adjudikation in der Präambel der SL Bau wie folgt: *„Die Adjudikation dient der raschen, die Parteien vorläufig bindenden Entscheidung von Streitigkeiten mit der Möglichkeit der späteren (schieds-) gerichtlichen Überprüfung.“*

Die herausgebenden Vereine der SL Bau haben das Ziel, durch die Veröffentlichung und Zurverfügungstellung der Streitlösungsordnung, zu einer vom Gesetzgeber verbindlich vorgeschriebenen Streitlösungsregelung beizutragen.[178]

1. Allgemeine Grundsätze

Gemäß Präambel gilt die SL Bau für alle Streitigkeiten im Zusammenhang mit Planungs- und Bauleistungen jeder Art.

Der Adjudikator muss gemäß § 24 Abs. 4 SL Bau rechtliches Gehör gewährleisten. Zu diesem Zweck hat er eine mündliche Verhandlung mit den Parteien durchzuführen.

Die Parteien nehmen gemäß § 2 Abs. 4 SL Bau grundsätzlich persönlich an dem Verfahren teil, eine Vertretung ist jedoch zulässig. Die Vertretung kann ein Anwalt sein, es wird aber vor allem auch an Vertraute der Parteien gedacht, die agieren können wie die Partei selbst.[179]

Der ordentliche Rechtsweg ist bis zur Beendigung des Adjudikationsverfahrens ausgeschlossen. Da das außergerichtliche Streitbeilegungsverfahren auf freiwilliger Basis erfolgt, gibt es für diese Vorschrift keine gesetzliche Regelung und die Parteien müssen diesen Ausschluss vertraglich vereinbaren (§ 7 SL Bau). Der Ausschluss gilt nicht für den Arrest, die einstweilige Verfügung und das selbstständige Beweisverfahren.

---

177 *Franke* (Hrsg.), Kommentar zur Streitlösungsordnung für das Bauwesen, SL Bau, S. 10.

178 Vgl. *Franke* (Hrsg.), Kommentar zur Streitlösungsordnung für das Bauwesen, SL Bau, S. 13.

179 Vgl. *Franke* (Hrsg.), Kommentar zur Streitlösungsordnung für das Bauwesen, SL Bau, S. 26.

Der Streitlöser und gegebenenfalls beigezogene Dritte dürfen für die Parteien nicht beratend tätig werden (§ 2 Abs. 5 SL Bau). Dies ist eigentlich selbsterklärend, da ansonsten die Neutralität nicht gewahrt werden kann.

2. Verfahrenseinleitung

Den Parteien steht es frei über welche Inhalte sie die Durchführung einer Adjudikation vereinbaren. Sie können das Adjudikationsverfahren beispielsweise nur für einen bestimmten Bauabschnitt vereinbaren oder nur für bestimmte Themen (zum Beispiel einen Adjudikator, der nur über Zahlungsansprüche und Zustandsfeststellungen entscheidet) und für andere Streitfragen eine Mediation vereinbaren usw.[180]

Jede Partei kann schriftlich beim Adjudikator beantragen, dass ein Verfahren ad-hoc eröffnet wird. Eine projektbegleitende Adjudikation wird in der SL Bau nicht vorgesehen. Für den Antrag ist zwar keine Klageschrift erforderlich, aber die Parteien sollten sich an § 253 ZPO orientieren.[181] Die antragstellende Partei soll den Streit darstellen und klar und eindeutig die gewünschte Rechtsfolge, zum Beispiel ein bestimmtes Handeln oder Unterlassen beschreiben. Aus § 23 SL Bau geht hervor, dass es nicht die Aufgabe des Adjudikators ist, diese Rechtsfolgen im Laufe der Verhandlung erst herauszufinden (gleichwohl hat er auf Lücken oder Widersprüche hinzuweisen). Die Beantragung soll den Sachverhalt möglichst vollständig beschreiben und diesen gegebenenfalls mit Belegen und Dokumenten nachweisen.

Die Erwiderung muss ebenso umfangreich sein und auf alle Punkte des Antragsschriftsatzes und alle eingereichten Beweismittel antworten.

Die SL Bau gibt keine Fristen für die Stellungnahmen der Parteien vor. Vielmehr soll die Frist im Einzelfall vom Adjudikator bestimmt werden. Der Gegenpartei muss in jedem Fall eine ausreichende Frist gewährt werden, sonst wäre der Grundsatz des rechtlichen Gehörs nicht gewahrt. Wenn der Adjudikator weitere Dokumente für erforderlich hält, so haben die Parteien ihm diese gemäß § 24 Abs. 2 SL Bau zur Verfügung zu stellen.

---

180 Vgl. *Deutsche Gesellschaft für Baurecht e.V., Deutscher Beton- und Bautechnik-Verein E.V.*, Streitlösungsordnung für das Bauwesen (SL Bau), S. 45.

181 Vgl. *Franke* (Hrsg.), Kommentar zur Streitlösungsordnung für das Bauwesen, SL Bau, S. 99 ff.

3. Adjudikator oder Adjudikationsgremium

Wenn die Parteien als Streitlösungsverfahren die Adjudikation wählen, sollten sie sich gemäß § 22 Abs. 1 SL Bau gleichzeitig auf einen Adjudikator (oder mehrere Adjudikatoren) einigen und mit diesem/diesen einen schriftlichen Vertrag schließen. Das ist gemäß § 22 Abs. 2 SL Bau zwar nicht zwingend, wird jedoch dringend empfohlen, damit die Benennung des/der unabhängigen Dritten einen eventuellen späteren Streit der Parteien nicht zusätzlich belastet.

Einigen sich die Parteien nicht auf einen Adjudikator oder endet das Amt des Adjudikators, so kann der DBV auf Antrag einen Adjudikator benennen (§ 22 Abs. 2 SL Bau).

Streitlöser können gemäß § 6 Abs. 2 SL Bau abgelehnt werden, wenn berechtigte Zweifel an der Unparteilichkeit oder Unabhängigkeit vorliegen oder der Streitlöser die zusätzlich zwischen den Parteien vereinbarten Anforderungen nicht erfüllt. Für die Ablehnung müssen keine tatsächlichen Gegebenheiten nachgewiesen werden, es genügen berechtigte Zweifel. Jedoch entscheidet der Adjudikator gemäß § 22 Abs. 4 SL Bau selbst über seine Ablehnung. Diese Regelung wurde gewählt, weil die Adjudikation auf ein zügiges Verfahren ausgelegt ist, welches nicht durch ein umfangreiches Ablehnungsverfahren verzögert werden soll. Der Adjudikator soll nicht selbst Gegenstand des Streits werden. Bei begründeter Ablehnung endet das Amt des Streitlösers, aber nicht das Verfahren.

Die Haftung des Streitlösers richtet sich nach § 10 SL Bau, wonach der Streitlöser nur für Vorsatz und grobe Fahrlässigkeit haftet, außer bei Verletzung von Leben, Körper oder Gesundheit. Wenn der Adjudikator das Amt übernimmt, obwohl er nicht über die persönliche und/oder fachliche Ausbildung verfügt, haftet er persönlich wegen Übernahmeverschulden.[182]

Durch die Befolgung der vorläufig bindenden Entscheidungen gemäß § 25 Abs. 2 SL Bau kann einer Partei ein Schaden entstehen, nämlich wenn sie auf Grundlage der Entscheidung bestimmte Leistungen erbringt oder unterlässt. Es ist unklar, ob sich der Streitlöser insofern schadenersatzpflichtig machen kann, weshalb auf jeden Fall der Abschluss einer Haftpflichtversicherung empfohlen wird. Die Parteien sind jedenfalls zur Schadensminderung verpflichtet, müssen also Entscheidungen des Streitlösers, die offensichtlich fahrlässig falsch getroffen wurden, anfechten.[183]

---

182 Vgl. *Franke* (Hrsg.), Kommentar zur Streitlösungsordnung für das Bauwesen, SL Bau, S. 96.

183 Vgl. *Franke* (Hrsg.), Kommentar zur Streitlösungsordnung für das Bauwesen, SL Bau, S. 40 f.

Die Anforderungen und Ausbildung der Adjudikatoren finden in der SL Bau besondere Beachtung. Gemäß § 22 Abs. 3 SL Bau soll der Adjudikator je nach Streitgegenstand über besondere bautechnische, baubetriebswirtschaftliche und/oder baurechtliche Kenntnisse verfügen, in jedem Fall aber Kenntnisse der außergerichtlichen Streitlösung besitzen. Wenn nur ein Adjudikator gewählt wurde, kann dieser sich zusätzlich eine zweite Meinung einholen. Fehlende Fachkunde kann so aber nur begrenzt ausgeglichen werden. Nur ein Fünftel der durchgeführten Verfahren beschäftigen sich mit Rechtsfragen, dennoch muss der Adjudikator auf Grundlage von Rechtssätzen den Sachverhalt beurteilen und deshalb die VOB/B und das BGB Werkvertragsrecht sowie die Verfahrensordnung beherrschen.[184]

Daneben ist auch die menschliche Autorität entscheidend. Die Adjudikation findet idealerweise zeitnah nach Entstehung einer Streitigkeit statt, weshalb das Verfahren häufig von vielen Emotionen begleitet wird. Deshalb sind interdisziplinäre Kenntnisse wichtig, damit der Adjudikator von beiden Parteien akzeptiert wird. Auch die unterlegene Partei muss sich an die Entscheidung halten.

Die Herausgeber der SL Bau haben eine Ausbildungsordnung erarbeitet und eine Liste mit Technikern, Juristen und Sachverständigen veröffentlicht, die je nach Streitfall im Projekt ausgewählt werden können. Zu der Ausbildung eines Adjudikators gehören beispielsweise ein Kurs mit schriftlicher Abschlussprüfung und ein Prüfungsgespräch, einschlägige Berufserfahrung und Mediationskenntnisse, baufachliches Wissen und bauspezifische Gesprächstechniken.[185]

4. Ablauf des Verfahrens

Mit den Schriftsätzen bestimmen die Parteien im Wesentlichen den Anspruch, worüber der Adjudikator zu entscheiden hat. Gemäß § 24 Abs. 1 SL Bau kann der Streitlöser das Verfahren nach freiem Ermessen gestalten. Nach Zugang des Antrags muss er diesen unverzüglich prüfen, den Sachverhalt aufklären und alle Maßnahmen ergreifen, die zu seiner Entscheidungsfindung beitragen können.

Diese Maßnahmen können gemäß § 24 Abs. 1 SL Bau die Besichtigung der Baustelle, die Einsicht in Unterlagen oder die Teilnahme an Projektbesprechungen sein. Zu einem Ortstermin sollte der Adjudikator beide Parteien einladen. Anderenfalls entsteht schnell der Anschein von Befangenheit, wenn den Parteien

---

184 Vgl. *Franke* (Hrsg.), Kommentar zur Streitlösungsordnung für das Bauwesen, SL Bau, S. 96.

185 Vgl. *Franke* (Hrsg.), Kommentar zur Streitlösungsordnung für das Bauwesen, SL Bau, S. 13f.

nicht gleichberechtigt rechtliches Gehör gewährt wird. Wenn der Adjudikator selbst Beweise erhebt, soll er dies den Parteien mitteilen und ihnen die Möglichkeit geben, dazu Stellung zu nehmen.

Gemäß § 1 Abs. 3 SL Bau kann der Adjudikator Sachverständige oder andere fachkundige Dritte dem Verfahren hinzuziehen (§ 24 Abs. 3 SL Bau). Dies ist bei speziellen technischen oder rechtlichen Fragen hilfreich, da der Adjudikator nie alle Fragen in den Bereichen Technik und Recht fachlich kompetent lösen kann.

Der Adjudikator soll aufgrund des Verfahrensgrundsatzes der Beschleunigung jederzeit ungenaue oder nicht konkret formulierte Schriftsätze hinterfragen. Der Adjudikator entscheidet über die Fristen und darüber, wie viele Schriftsätze (in der Regel zwei) die Parteien verfassen dürfen. Gemäß § 3 SL Bau sind alle Beteiligten verpflichtet, zu einem zügigen und zielgerichteten Verfahren beizutragen und deshalb vollständig innerhalb der vereinbarten Fristen vorzutragen. Das bedeutet vor allem:[186]

- Die Fristen für alle Beteiligten müssen kurz, aber angemessen sein. Der Streitlöser muss sich selbst sehr schnell einarbeiten und einen Ablaufplan erstellen, damit er beurteilen kann, welche Partei für die Erstellung von bestimmten Stellungnahmen und Erwiderungen, welche Frist benötigt, und um das Verfahren zu strukturieren.
- Alle Parteien sollen zielgerichtet vortragen. Das heißt auch nichts Überflüssiges vorzutragen, um das Verfahren nicht unnötig zu verzögern.
- Der Streitlöser muss zwar nicht, sollte aber auch verspätet vorgebrachte Parteivorträge berücksichtigen. Anderenfalls ist die Wahrscheinlichkeit hoch, dass die nicht gehörte Partei gegen die spätere Entscheidung des Streitschlichters angehen wird.

Die unter § 24 Abs. 5 SL Bau geregelte Dokumentationsverpflichtung bezüglich des Adjudikationsverfahrens ist aus mehreren Gründen wichtig. Das Verfahren soll offen und transparent sein. Die Entscheidung des Adjudikators muss für beide Parteien und im Rahmen einer eventuellen späteren (schieds-) gerichtlichen Überprüfung nachvollziehbar sein. Der Adjudikator stellt alle Schriftsätze und andere Unterlagen, die im Verfahren verwendet wurden, zusammen, womit er gleichzeitig dokumentiert, dass er selbst keine Pflichtverletzung begangen hat.

186 *Franke* (Hrsg.), Kommentar zur Streitlösungsordnung für das Bauwesen, SL Bau, S. 28 ff.

5. Beendigung des Verfahrens und Rechtsfolgen

Das Verfahren endet gemäß § 27 Abs. 1 und 2 SL Bau durch die einvernehmliche schriftliche Beendigungserklärung der Parteien, durch Vergleich (Einigung), Entscheidung des Adjudikators oder wenn das Verfahren länger als sechs Monate nicht betrieben wird.

Das oberste Ziel ist immer eine gütliche Einigung der Parteien mit einem abschließenden Vergleich nach § 779 BGB, bestenfalls als Anwaltsvergleich nach § 796 a-c ZPO.

Wenn sich die Parteien nicht gütlich einigen, hat der Adjudikator nach § 25 Abs. 1 SL Bau unverzüglich, jedoch innerhalb von zwei Wochen nach der mündlichen Verhandlung, über den Streit zu entscheiden. Der Adjudikator kann verfügende oder feststellende Entscheidungen treffen, aber in jedem Fall nur innerhalb der von den Parteien beantragten Rechtsfolgen. Höhere oder zusätzliche Forderungen und Ansprüche kann der Adjudikator nicht einbringen.[187]

Die summarische Entscheidung hat gemäß § 25 Abs. 2 SL Bau den Anspruch zu erfüllen, dass eine hohe Wahrscheinlichkeit für den Anspruch besteht. Aus dem Wortlaut ergibt sich, dass der Adjudikator nicht vollkommen sicher sein muss in dem Sinne, dass alle anderen Tatsachen und Entscheidungen als falsch auszuschließen sind.

Die Entscheidung des Adjudikators hat keine Rechtskraft. Nach §§ 26 und 28 Abs. 1 SL Bau können die Parteien ohne Angabe von Gründen die Entscheidung des Adjudikators durch ein (Schieds-) Gericht überprüfen lassen. Dies gilt nicht nur dann, wenn die Entscheidung offenbar unbillig oder unrichtig ist (im Gegensatz zu § 319 Abs. 1 S. 1 BGB). Die begünstigte Partei hat gemäß § 25 Abs. 2 SL Bau auf Anordnung des Adjudikators eine angemessene Sicherheit zu leisten, sodass die Nachteile abgedeckt werden, die bei einer eventuellen späteren Korrektur der Entscheidung entstehen könnten.

Die Rechtsfolgen der Entscheidung ergeben sich aus § 26 und §§ 28–29 SL Bau. Hervorzuheben ist, dass die Frist zur Erfüllung der Entscheidung mit sechs Werktagen (§ 26 Abs. 1 SL Bau) bemessen ist. Bei Nichterfüllung sieht die SL Bau Sanktionsmöglichkeiten gemäß § 26 Abs. 2 SL Bau vor. Der Adjudikator kann auf Antrag und mit Nachfristsetzung zweimal bis zu 5 % des zugesprochenen Anspruchs als Zwangsgeld in Form einer zusätzlichen Adjudikationsentscheidung verhängen (§ 26 Abs. 2 SL Bau). Danach entsteht der anderen Partei wegen vorsätzlicher Vertragspflichtverletzung das Recht der Leistungsverweigerung

187 Vgl. *Franke* (Hrsg.), Kommentar zur Streitlösungsordnung für das Bauwesen, SL Bau, S. 109.

oder der außerordentlichen Kündigung, ohne dass die andere Partei daraus später Ansprüche ableiten kann.

Die Entscheidung des Adjudikators wird nach § 26 Abs. 3 SL Bau nur dann endgültig verbindlich, wenn nicht eine Partei innerhalb eines Monats ab Zustellung der Entscheidung schriftlich Widerspruch einlegt. Der Widerspruch muss nicht begründet, aber klar erkennbar sein. Wenn kein Widerspruch vorgebracht wird, ist die Sicherheit der unterlegenden Partei an die andere Partei zurückzugeben, weil die Entscheidung bestandskräftig wird.[188] Sollte ein Widerspruch eingelegt werden, ist zu beachten, dass dieser keine aufschiebende Wirkung hat (§ 26 Abs. 4 SL Bau). Das heißt, durch einen Widerspruch wird nicht die Entscheidung aufgehoben. Diese ist trotz Widerspruch zu befolgen. Die andere Partei ist durch die Sicherheit ausreichend geschützt.[189]

Hat eine Partei widersprochen, so kann diese die Entscheidung des Adjudikators erst nach Abnahme oder Beendigung des Schuldverhältnisses durch ein (Schieds-) Gericht überprüfen lassen (§ 28 Abs. 1 SL Bau). Hintergrund ist, dass der Streit die Parteien während der Durchführung nicht belasten soll. Jede Partei kann jedoch nur dann klagen, wenn sie auch innerhalb der Monatsfrist widersprochen hat. Die spätere Klage vor einem (Schieds-) Gericht muss innerhalb von sechs Monaten nach Abnahme oder Beendigung des Schuldverhältnisses erhoben werden, da die Entscheidung des Adjudikators, gegen die ein Widerspruch eingelegt wurde, anderenfalls endgültig verbindlich wird (§ 28 Abs. 2 SL Bau).

Gemäß § 29 SL Bau wird mit Anrufung des Adjudikators die Verjährung für die geltend gemachten Ansprüche gehemmt. Dies gilt im Falle eines Widerspruchs bis zum Zeitpunkt der Klageerhebung.

6. Wesentliche Merkmale SL Bau

- Es ist der Einsatz eines Einzeladjudikators oder eines Gremiums möglich.
- Es sind nur ad-hoc Verfahren vorgesehen.
- Es werden keine Fristen vorgeschrieben. Diese werden vom Adjudikator festgelegt.
- Nach Möglichkeit ist ein Anwaltsvergleich nach § 796a ZPO zu vereinbaren.
- Es muss eine hohe Wahrscheinlichkeit für oder gegen den Anspruch bestehen.

---

188 Vgl. *Franke* (Hrsg.), Kommentar zur Streitlösungsordnung für das Bauwesen, SL Bau, S. 116.

189 Vgl. *Franke* (Hrsg.), Kommentar zur Streitlösungsordnung für das Bauwesen, SL Bau, S. 116.

- Bei Nichtbeachtung der Entscheidung erfolgt die Pflicht zur Zahlung von Zwangsgeld und für die Gegenpartei das Recht auf Leistungsverweigerung oder Kündigung.
- Eine eventuelle Überprüfung durch ein (Schieds-) Gericht erfolgt erst nach Abnahme oder Beendigung des Schuldverhältnisses.

IV. ICC DB: standard dispute board clauses

Die Internationale Handelskammer (International Chamber of Commerce, ICC) mit Sitz in Paris gibt ebenfalls Verfahrensordnungen für verschiedene dispute boards heraus, die sogenannten ICC DB-Regeln. Die Verfahrensordnung für dispute boards wurde am 01.09.2004 veröffentlicht und nur für projektbegleitende Adjudikationsverfahren entwickelt. Die Durchführung von ad-hoc dispute boards ist nicht vorgesehen und würde umfangreiche Anpassungen der Regelungen notwendig machen. Die ICC-Regeln können ohne Unterstützung des ICC angewendet werden. Die ICC bietet jedoch an, die Parteien bei der Auswahl oder Ablehnung der Adjudikatoren, deren Vergütung und bei der formellen Überprüfung von Adjudikationsentscheidungen zu unterstützen.[190]

Die aktuelle Version der ICC-Regeln vom 01.10.2015 sieht verschiedene Formen eines Boards vor, zwischen denen gewählt werden kann:

1. Dispute Review Board (DRB) gemäß Art. 4 ICC DB
   Das DRB spricht Empfehlungen aus, die zunächst unverbindlich sind, aber verbindlich werden, wenn keine Partei binnen 30 Tagen widerspricht.
2. Dispute Adjudication Boards (DAB) gemäß Art. 5 ICC DB
   Das DAB erteilt eine Entscheidung, die sofort umzusetzen ist.
3. Mischform, das sogenannte Combined Dispute Board (CDB) gemäß Art. 6 ICC DB
   Das CDB spricht Empfehlungen oder Entscheidungen aus, die mit einer rechtzeitigen Nichtanerkennungserklärung jedoch hinfällig werden. Unter bestimmten Voraussetzungen kann ein CDB auch vorläufig bindende Entscheidungen erlassen.

Mit dieser Verfahrensvielfalt zeigt die ICC, dass sowohl informale als auch formalisierte Verfahren zur Streitbeilegung wichtig sind und beide Verfahren nebeneinander ihre Berechtigung haben.[191] Die Parteien sollen zunächst selbst

---

190 Vgl. *ICC International Centre for ADR*, Dispute Board Rules, S. 4.
191 Vgl. *ICC International Centre for ADR*, Dispute Board Rules, S. 2.

eine Lösung finden. Wenn dies nicht mehr funktioniert, kann ein Dritter informell unterstützen und zu einer gütlichen Lösung beitragen oder als letzte Instanz den Streit entscheiden. Die ICC selbst präferiert keine der drei Alternativen, sondern empfiehlt, je nach Projekt das passende Verfahren auszuwählen. Auch gibt die ICC den Hinweis, dass es nützlich sein kann, die Verfahrensordnung an die Gegebenheiten des Projekts individuell anzupassen.[192]

Im Folgenden werden nur die Regelungen für ein DAB untersucht, da gerade die Besonderheit der vorläufigen Bindungswirkung die Adjudikation als außergerichtliches Streitbeilegungsverfahren ausmacht. Die ICC DB-Regeln sind grundsätzlich auch für deutsche Verträge und Projekte anwendbar, aber prinzipiell (besonders wegen dem Konzept einer projektbegleitenden Adjudikation) für große internationale Projekte konzipiert. Trotzdem soll die Verfahrensordnung kurz vorgestellt werden.

1. Allgemeine Grundsätze

Eine gütliche Einigung der Parteien steht gemäß Art. 19.3 ICC DB bei einem DAB-Verfahren im Fokus. Auch nach Verfahrensbeginn können und sollen sich die Parteien jederzeit mit oder ohne Hilfe des DAB gütlich einigen.

Da dem Adjudikator umfangreiche Rechte zustehen, ist der Grundsatz der Vertraulichkeit besonders wichtig (Art. 9.2 ICC DB). Die Adjudikatoren müssen zudem gemäß Art. 21.6 ICC DB fair und unparteiisch handeln und jede Partei soll gleichberechtigt die Möglichkeit bekommen, ausreichend gehört zu werden. Die Parteien können sich vertreten lassen und auch Berater in das Verfahren einbeziehen (Art. 21.7 ICC DB).

Die internationale Handelskammer als Institution soll selbst nicht aktiv an den Streitbeilegungen mitwirken, sondern die Verfahren lediglich institutionell begleiten. Sie kann gemäß Art. 7.6 ICC DB Adjudikatoren benennen, wenn sich die Parteien nicht einigen können und gemäß Art. 8.4 ICC DB über den Antrag auf Ablehnung von Adjudikatoren entscheiden. Wenn die Parteien dies vereinbaren, kann die ICC sogar Adjudikationsentscheidungen überprüfen (Art. 23 ICC DB). Dies gilt jedoch nur hinsichtlich der Form, also der Einhaltung von Verfahrensgrundsätzen. Die Überprüfung hat binnen 30 Tagen stattzufinden (Art. 22.2 ICC DB) und ist von den Parteien zu vergüten.

Gemäß Art. 9.3 ICC DB sollen die Adjudikatoren während ihrer Mitgliedschaft in einem DAB in keinem anderen Verfahren, weder in einem gesetzlichen,

192 Vgl. *ICC International Centre for ADR*, Dispute Board Rules, S. 11.

noch in einem Schiedsverfahren oder irgendeinem anderen Verfahren, als Richter, Schlichter, Berater oder Sachverständiger tätig werden.

Hervorzuheben ist die Kündigungsklausel in Art. 10.2 ICC DB, wonach die Parteien die Adjudikatoren jederzeit mit sofortiger Wirkung kündigen können. Die Adjudikatoren können gemäß Art. 10.3 ICC DB ordentlich unter Einhaltung einer Dreimonatsfrist kündigen, was problematisch für die Parteien werden kann, wenn der Streitlöser während des Projekts wechselt.

2. Verfahrenseinleitung

Bei formalen Streitigkeiten und dem Wunsch nach einer Entscheidung des DAB wird dieses gemäß Art. 18 ICC DB von einer Partei angerufen. Der Antragsschriftsatz muss vollständig sein, die notwendigen Nachweise enthalten und die Ansprüche weitestgehend konkretisieren (Art. 19 ICC DB).

Um lediglich Missverständnisse zwischen den Parteien informell auszuräumen oder wenn kein formales Verfahren zur Streitbeilegung gewünscht wird, können die Parteien gemäß Art. 5.1 ICC DB das DAB auch bezüglich einer Moderation oder sonstigen Unterstützung anrufen. Das DAB kann auch informelle Empfehlungen aussprechen. Eine Streitvermeidung außerhalb eines Adjudikationsverfahrens gemäß Art. 16 ICC DB ist auch möglich, wenn der Adjudikator auf einen Streit oder eine Meinungsverschiedenheit hinweist, die ihm auffällt. Er kann die Parteien auffordern diese zu lösen und, wenn die Parteien keinen Lösungsweg haben, eine Lösung aufzeigen oder eine Feststellung zu dem Problem aussprechen. Art. 17 ICC DB stellt nochmals explizit dar, dass das Board auch informell im Sinne eines Mediators tätig werden kann, um Missverständnisse zu lösen.

Sofern die Parteien dies vereinbart haben und die Verfahrensordnung entsprechend angepasst wurde, kann das DAB-Verfahren gemäß Art. 15.4 ICC DB auch als Mehrparteienverfahren durchgeführt werden.

3. Adjudikator oder Adjudikationsgremium

Mit Vertragsabschluss des Hauptvertrags sollen auch die Art des Boards und deren Mitglieder bestimmt werden (Art. 3.1 ICC DB). Ein Board besteht gemäß Art. 7.2 ICC DB in der Regel aus drei Mitgliedern, kann aber gemäß Art. 2.4 ICC DB auf eine Person begrenzt werden.

Bei Wahl eines Einzeladjudikators, soll dieser von beiden Parteien gewählt werden. Gelingt dies nicht innerhalb von 30 Tagen, kann das ICC angerufen werden (Art. 7.3 ICC DB). Für ein Gremium sollen zwei Adjudikatoren einvernehmlich gemeinsam ausgewählt werden. Diese beiden bestimmen dann den

Vorstand. Nur ausnahmsweise soll eine Benennung durch die Internationale Handelskammer erfolgen (Art. 7.4 und 7.5 ICC DB). Gemäß Art. 7.8 ICC DB soll das ICC in diesem Fall die Vorgaben der Parteien beachten, zum Beispiel hinsichtlich bestimmter Sprachkenntnisse oder fachlicher Qualifikationen. Adjudikatoren können bei Vorliegen eines Verdachts, nicht unabhängig oder unparteiisch zu sein, gemäß Art. 8.4 ICC DB abgelehnt werden.

Weiterhin werden keine Anforderungen an die Adjudikatoren gestellt. Das Board sollte interdisziplinär besetzt sein, bestenfalls mit Ingenieuren und Juristen.

Unter den Art. 15.1 und 19.5 ICC DB werden weitreichende Prozessmachten für das Verfahren und die mündliche Anhörung beschrieben. Die Adjudikatoren dürfen demnach die Erstellung von Dokumenten fordern (Art. 15.1 und 18.2 ICC DB), Treffen, Baustellenbesuche und Anhörungen ansetzen (Art. 15.1 ICC DB) und Parteien, Sachverständige und Zeugen befragen (Art. 15.1 ICC DB). Alle anderen Maßnahmen stehen den Adjudikatoren ebenso zu, wie die Auffangklausel (Art. 15.1 ICC DB) beschreibt. Demnach sind die Adjudikatoren zu allem befugt, was erforderlich ist, um ihre Aufgaben zu erfüllen.

4. Ablauf des Verfahrens

Unter den Art. 11 und 12 ICC DB werden die Verpflichtungen der Parteien zur Kooperation geregelt. Die projektbegleitende Adjudikation sieht vor, dass sich die Adjudikatoren umgehend über das Projekt zu informieren haben, auch wenn noch keine Streitigkeiten vorliegen (Art. 11.1 und 11.2 ICC DB). Dafür haben die Parteien alle benötigten Informationen offenzulegen und die Adjudikatoren ständig über Änderungen und den Projektfortschritt zu informieren, beispielsweise durch umfangreiche Berichte gemäß Art. 11.3 ICC DB. Die Adjudikatoren sollen gemäß Art. 12.1 ICC DB regelmäßige Baustellenbesuche und Besprechungen ansetzen und durchführen. Wenn es erforderlich ist, haben die Adjudikatoren binnen 30 Tagen für ein Notfalltreffen zur Verfügung zu stehen (Art. 12.4 ICC DB).

Nach Erhalt des Antragsschriftsatz hat die Gegenpartei innerhalb von 30 Tagen eine vollständige Erwiderung einzureichen (Art. 20.1 ICC DB). Gemäß Art. 17 und 18 ICC DB ist in der Regel nur ein Schriftsatz pro Partei zugelassen. Eine mündliche Anhörung muss nicht zwingend durchgeführt werden, ist aber gemäß Art. 19 ICC DB grundsätzlich vorgesehen.

Wenn das DAB eine Verhandlung festsetzt, hat diese 15 Tage nach der Erwiderung zu erfolgen (Art. 21.2 ICC DB). Gemäß Art. 22.1 ICC DB hat die Entscheidung des DAB innerhalb von 90 Tagen nach Einleitung des Verfahrens zu erfolgen, also 45 Tage nach einer möglichen mündlichen Anhörung.

5. Beendigung des Verfahrens und Rechtsfolgen

Das Verfahren ist beendet, wenn eine Adjudikationsentscheidung fällt, eine Partei eine Nichtanerkennungserklärung abgibt oder der Adjudikator nicht binnen der Frist eine Entscheidung verkündet. Die vorläufig bindenden Entscheidungen eines DAB gemäß Art. 5.3 ICC DB werden endgültig bindend, wenn eine Nichtanerkennungserklärung nicht innerhalb von 30 Tagen oder verspätet ergeht. Die Entscheidung ist grundsätzlich nicht vollstreckbar. Deshalb sollten die Parteien vertraglich vereinbaren, dass sie an die Entscheidungen gebunden sind (Art. 1.2 ICC DB).

Gemäß Art. 22.1 ICC DB muss der Adjudikator spätestens nach 90 Tagen seine begründete Entscheidung (Art. 24 ICC DB) bekannt geben. Die Frist kann mit Zustimmung der Parteien verlängert werden. Wenn es die Natur und Komplexität des Streits gebieten, kann der Adjudikator die Frist auch ohne Zustimmung der Parteien um maximal 20 Tage verlängern. Bei unklaren Entscheidungen können die Parteien eine Klarstellung fordern. Der Adjudikator hat diese innerhalb von weiteren 30 Tagen zu erstellen und zu verteilen (Art. 26.2 ICC DB).

Art. 4.6 und 5.6 ICC DB folgend wird die Adjudikationsentscheidung bei Einreichung eines Widerspruchs durch eine Partei von einem (Schieds-) Gericht überprüft. Die Entscheidungen des Adjudikators dürfen von beiden Parteien in einem anschließenden (Schieds-) Gerichtsverfahren verwendet werden (Art. 27 ICC DB). Die Internationale Handelskammer empfiehlt zur abschließenden Streitentscheidung ein Schiedsgerichtsverfahren zu vereinbaren. Dank der New York Convention[193] müssen ausländische Schiedssprüche unter bestimmten Voraussetzungen grundsätzlich anerkannt und vollstreckt werden.[194]

6. Wesentliche Merkmale ICC DB

- Es ist ein Einzeladjudikator oder ein Gremium möglich.
- Es sind nur projektbegleitende DAB vorgesehen.
- Die Verfahrensordnungen erlauben ein Mehrparteienverfahren.
- Die Gesamtdauer beträgt maximal 90 plus 20 Werktage.
- Für eine eventuelle Überprüfung wird die Anrufung eines Schiedsgerichts empfohlen.

---

193 Convention on the Recognition and Enforcement of Foreign Arbitral Awards (New Yorker Übereinkommen über die Anerkennung und Vollstreckung ausländischer Schiedssprüche)

194 Vgl. *Roquette, Andreas J./ Otto, Andreas* (Hrsg.), *Mahnken/ Aldinger*, Vertragsbuch privates Baurecht, D. IV. Rn. 85.

V. Bestrebungen der DGA-Bau

Im Jahre 2013 wurde die Deutsche Gesellschaft für Außergerichtliche Streitbeilegung gegründet. Obwohl die DGA-Bau keine eigene Verfahrensordnung für Adjudikation (oder ein anderes ASB-Verfahren) entwickelt hat, wird die Gesellschaft kurz vorgestellt. Das Ziel der DGA-Bau ist es, Kompetenzen zu bündeln:[195] „*Die Initiativen aller Organisationen und Institutionen sollen gebündelt werden. Die DGA-Bau möchte nicht in Konkurrenz treten oder neue Verfahren oder Verfahrensordnungen schaffen, sondern über alle Möglichkeiten informieren und bezüglich der richtigen passenden Verfahrensauswahl beraten.*“ Nach Ansicht der DGA-Bau werde die außergerichtliche Streitbeilegung unter anderem deshalb so gering nachgefragt, weil es zahlreiche Unterschiede zwischen den Institutionen gibt, die Verfahrensordnungen anbieten. Die Parteien seien verunsichert wegen offener Fragen und wegen des für sie jeweils passenden Verfahrens, welches gewählt werden sollte. Da der Markt insgesamt sehr intransparent sei, muss eine gemeinsame anerkannte Regel geschaffen und dann veröffentlicht werden.[196]

Um zu der Harmonisierung der verschiedenen Anbieter beizutragen, hat die DGA-Bau verschiedene Arbeitskreise mit unterschiedlichen Schwerpunktthemen gebildet. Die Arbeitskreise 1 und 3 beschäftigen sich mit einem Ratgeber zur Auswahl des jeweils geeigneten Verfahrens sowie der Verfahrensordnung und der Verbesserung der gesetzlichen Rahmenbedingungen zur Durchführung von ASB-Verfahren. Dazu steht die DGA-Bau im Dialog mit ähnlichen Organisationen und gesetzgebenden Institutionen.

Die gesetzliche Einführung der außergerichtlichen Streitbeilegung wird gefördert und es soll letztlich erreicht werden, dass außergerichtliche Streitbeilegungsverfahren im Bauwesen auch dann durchgeführt werden müssen, wenn nur eine Partei dies fordert. Dazu wird der Vorschlag angebracht, den § 278 a ZPO entsprechend zu erweitern.

Dem oft kritisierten Punkt der Vertraulichkeit der Verfahren soll mit der Veröffentlichung von anonymisierten Fallbeispielen entgegengewirkt werden.[197]

---

195 *Deutsche Gesellschaft für Außergerichtliche Streitbeilegung im Bauwesen e.V.*, Homepage der DGA-Bau, http://www.dga-bau.de/verein/ (zuletzt besucht am 28.06.2017).

196 Vgl. *Deutsche Gesellschaft für Außergerichtliche Streitbeilegung im Bauwesen e.V.* (Hrsg.), Schriftenreihe der DGA-Bau Nr. 1, Beitrag Diederichs, S. 28.

197 Vgl. *Deutsche Gesellschaft für Außergerichtliche Streitbeilegung im Bauwesen e.V.* (Hrsg.), Schriftenreihe der DGA-Bau Nr. 1, Beitrag Diederichs, S. 29.

Die Arbeit der DGA-Bau und die Bemühungen zur Vereinheitlichung und Unterstützung von ASB-Verfahren sind positiv zu bewerten. Der DBGT teilt die Einschätzung der DGA-Bau und hat im Jahre 2010 mit überwiegender Mehrheit empfohlen, eine einheitliche Verfahrensordnung aus den bestehenden Adjudikationsordnungen zu erstellen.[198] Es bleibt abzuwarten, ob sich die anderen Institutionen dem Bestreben nach einer einheitlichen Verfahrensordnung anschließen werden.

VI. Zusammenfassung der vergleichenden Untersuchung

Im Wesentlichen stehen zwei verschiedene Adjudikationsverfahren zur Verfügung: Ein Verfahren wird, in Anlehnung an die gesetzlich geregelte Adjudikation im Vereinigten Königreich, ad-hoc eingeleitet und von einem Einzeladjudikator durchgeführt. Das andere Verfahren ist, in Anlehnung an das FIDIC-DAB, projektbegleitend und (meist) mit einem Dreiergremium vorgesehen. Beide Verfahren werden erfolgreich eingesetzt und erzielen gute Ergebnisse. Dies könnte daran liegen, dass die Verfahren bei unterschiedlichen Streitigkeiten angewendet werden. Das vorgeschriebene ad-hoc Verfahren im Vereinigten Königreich dient hauptsächlich der Lösung von Streitigkeiten nationaler, mittelgroßer Bauprojekte, wohingegen ein dauerhaft eingerichtetes DAB-Gremium eher für internationale Großprojekte vorgesehen ist.

Beide Verfahren verfolgen jedoch das gleiche Ziel: In überschaubarer Zeit, effizient, kompetent und kostengünstig Streitigkeiten beizulegen. Dazu ist es erforderlich, dass die Verfahrensordnungen nicht zu sehr institutionalisiert werden. Der Ansatz der DIS, zwei verschiedene Verfahrensordnungen für eine Adjudikation herauszugeben, erscheint beispielsweise zunächst wenig plausibel und zielführend.

Ein wesentlicher Unterschied besteht in der Einordnung der Adjudikationsverfahren in das deutsche Recht durch die zuvor genannten Verbände und Institutionen. Dies wird zunächst genauer erläutert. Erst im Anschluss werden die Ergebnisse der einzelnen Punkte jeder Verfahrensordnung zusammenfassend dargestellt. Eine Empfehlung zum Umgang mit diesen Erkenntnissen erfolgt in den anschließenden Kapiteln.

198 Vgl. *Deutscher Baugerichtstag e.V.*, Empfehlungen des 3. Deutschen Baugerichtstages an den Gesetzgeber, Arbeitskreis VII – Außergerichtliche Streitbeilegung, verfügbar auf www.baugerichtstag.de (zuletzt besucht am 28.06.2017).

1. Rechtliche Einordnung des Adjudikationsverfahrens

Die rechtliche Einordnung des Adjudikationsverfahrens ist strittig. Da die Entscheidungen durch ein Schiedsgericht überprüft werden können, ist die Einordnung als Schiedsgerichtsverfahren gemäß §§ 1025 ff. ZPO in jedem Fall auszuschließen.[199]

Schon bezüglich der Anwendung der §§ 317 ff. BGB auf ein Adjudikationsverfahren besteht allerdings kein Einvernehmen.

Lembcke und Sundermeier klassifizieren die Adjudikation (nach der von ihnen entworfenen AO-Bau) als auflösend bedingtes Schiedsgutachten.[200] Somit ist die AO-Bau zusammen mit den §§ 317 ff. BGB zu lesen. Das Schiedsgutachten ist gemäß § 319 Abs. 1 S. 1 BGB nicht verbindlich, wenn es offenbar unbillig ist.[201]

Eine andere Ansicht vertritt Miernik hinsichtlich der Einordnung der Adjudikation nach der SL Bau. Die Adjudikation ist demnach nicht als Schiedsgutachtenverfahren im Sinne des § 317 BGB zu qualifizieren. Ein wesentlicher Unterschied besteht zum Beispiel darin, dass der Schiedsgutachter kein rechtliches Gehör gewährleisten muss.[202]

Der Adjudikator ist befugt, einen Streit materiell-rechtlich vorläufig bindend zu entscheiden und vorläufig bindende Anordnungen zu treffen. Materiell rechtlich heißt, dass die Parteien sich schuldrechtlich verpflichten, die Entscheidung des Adjudikators vorläufig bindend umzusetzen und die Forderungen zu erfüllen. Bei Verstößen gegen das Verfahren können schuldrechtliche Ansprüche und Rechte der Gegenpartei entstehen. Im Vergleich dazu hat der Schiedsgutachter nur die Aufgabe, Tatsachen zu ermitteln und festzustellen, die gerichtlich überprüfbar sind. Der Schiedsgutachter ordnet keine Handlungen aufgrund eigener Entscheidungen an.[203] Nach §§ 26 und 28 Abs. 1 SL Bau können die

---

199 Vgl. *Lembcke*, NJW 2013, 1704, (1707).

200 Vgl. *Lembcke*, BauR 2010, 1122, (1127).

201 Eine Entscheidung ist dann offenbar unbillig, wenn *„sie in grober Weise gegen Treu und Glauben verstößt und sich die Unbilligkeit [...] einem sachkundigen und unbefangenen Beobachter sofort aufdrängt“*. Ein Verschulden ist demnach nicht erforderlich. Vgl. *Palandt* (Hrsg.), *Grüneberg*, Bürgerliches Gesetzbuch, § 319 Rn. 3.

202 Vgl. *Franke* (Hrsg.), Kommentar zur Streitlösungsordnung für das Bauwesen, SL Bau, S. 89. Siehe auch *Palandt* (Hrsg.), *Grüneberg*, Bürgerliches Gesetzbuch, § 317 Rn. 7: Das Schiedsgutachten ist auch dann verbindlich, wenn den Parteien kein rechtliches Gehört gewährt wurde.

203 Vgl. *Franke* (Hrsg.), Kommentar zur Streitlösungsordnung für das Bauwesen, SL Bau, S. 89 f.

Parteien ohne Angabe von Gründen die Entscheidung des Adjudikators durch ein (Schieds-) Gericht überprüfen lassen. Im Vergleich zu einem Schiedsgutachten gilt dies auch dann, wenn die Entscheidung nicht offenbar unbillig oder unrichtig ist (im Gegensatz zu § 319 Abs. 1 S. 1 BGB). Durch diese Möglichkeit der uneingeschränkten Überprüfung, bietet die SL Bau effektiven Rechtsschutz.[204]

Auch ALDINGER und MAHNKEN teilen die Abgrenzung der Adjudikation von einem Schiedsgutachten und begründen dies mit der lediglich vorläufigen Bindungswirkung. An die Entscheidungen sind weder die Parteien noch die Gerichte gebunden; die Adjudikationsentscheidung bleibt (schieds-) gerichtlich voll überprüfbar.[205]

BOLDT bestätigt, dass der Adjudikator im Unterschied zu einem Schiedsgutachter bestimmte verfahrensrechtliche Regeln (zum Beispiel die Gewährung rechtlichen Gehörs) von sich aus zu beachten hat, ohne dass dies die Parteien ausdrücklich vereinbaren müssen. Auch muss der Adjudikator Sachverhalte im Hinblick auf vertragliche Regelungen selbständig ermitteln und hierüber eine Entscheidung fällen.[206]

Es bleibt zu untersuchen, welche Schlussfolgerungen sich aus der unterschiedlichen rechtlichen Zuordnung ergeben. Bei der Vereinbarung einer Adjudikation soll die Entscheidung nicht nur dann nicht bindend sein, wenn diese gemäß § 319 Abs. 1 BGB offenbar unbillig ist. Vielmehr vereinbaren die Parteien durch die Anwendung der Verfahrensordnung auch darüber hinaus eine auflösende Bedingung. Dem stimmen LEMBCKE und SUNDERMEIER zu. Die Bindungswirkung des Schiedsgutachtens wird für eine Adjudikation vertraglich, durch eine auflösende Bedingung nach § 158 Abs. 2 BGB, begrenzt.

Folglich ist die Adjudikationsentscheidung zeitweise nicht bindend. Von dem System des Schiedsgutachtens weicht dies erheblich ab. Zu einer Schlichtung lässt sich die Adjudikation deshalb jedoch auch nicht zuordnen, weil die Entscheidung zumindest vorläufig bindend ist.

Der Versuch einer Zuordnung in das deutsche Rechtssystem scheint dem Ziel geschuldet zu sein, das Verfahren besser greifen und einschätzen zu können. Doch die Merkmale der Adjudikation sind gerade nicht in dem bestehenden Rechtssystem wiederzufinden, sondern stellen Neuerungen dar. Es erscheint

---

204 Vgl. *Franke* (Hrsg.), Kommentar zur Streitlösungsordnung für das Bauwesen, SL Bau, S. 89 f.

205 Vgl. *Roquette, Andreas J./ Otto, Andreas* (Hrsg.), *Mahnken/ Aldinger*, Vertragsbuch privates Baurecht, D. IV. Rn. 3 f.

206 Vgl. *Messerschmidt, Burkhard/ Voit, Wolfgang* (Hrsg.), *Boldt*, Privates Baurecht, T. Außergerichtliche Streitbeilegung Rn. 93.

nicht zielführend, über eine bestimmte Zuordnung oder Bezeichnung zu diskutieren, da die zuvor genannten Meinungen inhaltlich letztlich nicht voneinander abweichen.

Eine bemerkenswerte Ausnahme stellen jedoch die Regelungen der DIS in der DIS-AVO und DIS-SchGO dar. Wenn innerhalb der vereinbarten Frist nach Verkündung der Entscheidung keine Nichtanerkennungserklärung eingereicht wird, wird die Adjudikationsentscheidung endgültig und bindend. Dies soll ausdrücklich auch bei einer offenbaren Unbilligkeit oder offenbaren Unrichtigkeit, einer Verletzung des rechtlichen Gehörs oder anderer Verfahrensverstöße gelten (§ 23 Abs. 2 DIS-AVO/-SchGO). Diese Regelung schließt zwar nicht aus, dass der Adjudikationsentscheidung auch in allen anderen Fällen widersprochen werden kann. Jedoch müssen die Parteien die Anwendung des § 319 BGB ausdrücklich vertraglich vereinbaren, weil die offenbare Unbilligkeit anderenfalls der Bindungswirkung nicht entgegensteht.

Eine Anfechtung wegen offenbarer Unbilligkeit (Unrichtigkeit) kann durch Individualvereinbarung grundsätzlich ausgeschlossen werden. Es ist jedoch zu beachten, dass auch Vereinbarungen nach freiem Ermessen, die trotz offenbarer Unbilligkeit verbindlich sind, unwirksam werden, wenn sie gegen §§ 134 oder 138 verstoßen.[207] Gleiches gilt für die Adjudikationsentscheidungen, die nach einer DIS-Verfahrensordnung getroffen werden.

Weitere Einschränkungen der Wirksamkeit oder Unwirksamkeit von Adjudikationsentscheidungen können die Parteien vertraglich vereinbaren. LEMBCKE schlägt beispielsweise vor, die Einwendungen gegen das Verfahren und die Entscheidungen weiter zu beschränken, indem der Adjudikator in Anlehnung an § 319 Abs. 2 BGB nach freiem Belieben agieren darf. Die Richtigkeitsgewähr der Entscheidung wäre weiterhin durch die Haftung des Adjudikators abgesichert. Bei Einhaltung des Gesetzesstandards des billigen Ermessens nach § 317 Abs. 1 BGB, könnten Einwendungen der Parteien gegen die Verbindlichkeit der Entscheidung zu Verzögerungen des Verfahrens führen.[208]

Die Gegenmeinung ist jedoch ebenso nachvollziehbar. Die Anwendung von § 319 Abs. 2 BGB erscheint problematisch, weil der Adjudikator quasi „willkürlich“ entscheiden darf. Außerdem entspricht dieser Gedanke nicht dem Grundsatz des BGB. Die Schutzvorschrift in § 315 BGB besagt, dass Entscheidungen nach billigem Ermessen zu treffen sind, wenn die Parteien keinen abweichenden

---

207 Vgl. *Palandt* (Hrsg.), *Grüneberg*, Bürgerliches Gesetzbuch, § 319, Rn. 9 f.

208 Vgl. *Lembcke,* Kommentierung zum Diskussionsvorschlag einer Adjudikations-Ordnung für Baustreitigkeiten des Deutschen Baugerichtstags e.V. (AO-Bau / DBGT), 53 f.

Beurteilungsmaßstab vereinbart haben. Ein Verstoß gegen billiges Ermessen bewirkt die Zulässigkeit einer gerichtlichen Überprüfung.[209]

Die Diskussion über die anzuwendenden Beurteilungsmaßstäbe können die Parteien am besten beenden, indem sie die Kriterien, die der Adjudikator bei seiner Entscheidung berücksichtigen soll, selbst festlegen. Werden nämlich objektive Beurteilungsmaßstäbe vereinbart, ist § 315 BGB nicht mehr anwendbar.[210]

Eine weitere Maßnahme, um Streitigkeiten über offenbare Unbilligkeit zu vermeiden, sieht die SL Bau vor, indem eine gerichtliche Überprüfung bis zur Fertigstellung des Bauvorhabens weitestgehend (in den Grenzen von §§ 138 und 242 BGB) ausgeschlossen wird. Die Entscheidung des Adjudikators soll erst nach Abnahme oder Beendigung des Schuldverhältnisses durch ein (Schieds-) Gericht überprüft werden können.

Zusammenfassend ist festzuhalten, dass die Adjudikation weder verbindlich entscheidet noch reine Empfehlungen ausspricht und deshalb rechtlich zwischen einer Schlichtung und einem Schiedsgutachten einzuordnen ist. Die Vorteile der Adjudikation liegen zum einen darin, dass für einen erfolgreichen Verfahrensabschluss nicht zwingend der Einigungswille der Parteien, wie bei einem Schlichtungsverfahren, erforderlich ist. Zum anderen entfallen eventuelle Nachteile, die durch die eingeschränkte Anfechtbarkeit des Schiedsgutachtens entstehen können.

Die Parteien sollten sich nicht in der Diskussion über die grundsätzliche rechtliche Einordnung des Verfahrens verlieren. Vielmehr ist es zielführend, die jeweils für das Projekt und/oder den Streitgegenstand passenden Prüfkriterien, Rechte und Pflichten der Adjudikatoren zu vereinbaren. Wie die Adjudikation einzuordnen ist, bestimmt sich folglich allein nach den getroffenen vertraglichen Vereinbarungen. Der Aussage von ALDINGER und MAHNKEN, dass mangels Erfahrung und wegen damit verbundenen Auslegungsunsicherheiten der Verfahrensordnungen auf die grundlegenden Prinzipien des Schiedsgutachtens zurückgegriffen werden sollte,[211] kann nicht gefolgt werden.

2. Bewertung der einzelnen Untersuchungspunkte

Im Folgenden werden die Grundgedanken der einzelnen Verfahrensordnungen zu den verschiedenen Punkten zusammengefasst und bewertet. Dabei ist stets

---

209 Vgl. *Palandt* (Hrsg.), *Grüneberg*, Bürgerliches Gesetzbuch, § 315, Rn. 5.

210 *Palandt* (Hrsg.), *Grüneberg*, Bürgerliches Gesetzbuch, § 315, Rn. 10.

211 Vgl. *Roquette, Andreas J./ Otto, Andreas* (Hrsg.), *Mahnken/ Aldinger*, Vertragsbuch privates Baurecht, D. IV. Rn. 19.

zu beachten, dass es nicht „das eine“ Adjudikationsverfahren gibt, sondern dieses stets maßgeblich von den Individualvereinbarungen der Parteien beeinflusst wird. Soweit im Folgenden ergänzend angemerkt wird, aus welcher Verfahrensordnung eine bestimmte Regelung stammt, erfolgt dies lediglich informativ. Die Parteien sind frei, jede der untersuchten Verfahrensordnungen individuell anzupassen und zum Bespiel eine gewählte Verfahrensordnung mit Bestimmungen aus anderen Ordnungen zu ergänzen.

a. Allgemeine Grundsätze

Die Adjudikationsverfahren sind für alle Streitigkeiten im Zusammenhang mit dem Bauvertrag vorgesehen; egal, ob es sich um rechtliche, technische oder sonstige Fragen handelt oder um Tatsachenermittlungen oder Anordnungen. Die Parteien sollten möglichst früh alle strittigen Themen in ein Verfahren einbringen. Sämtliche Arten von Streitigkeiten können so gelöst und schnell entschieden werden. Damit wird vermieden, dass einzelne Streitgegenstände zu komplex werden und nicht mehr von anderen zu lösen sind.

Für die Einleitung eines Verfahrens muss grundsätzlich kein rechtliches Interesse bestehen. Demnach können Parteien auch beantragen, dass bestimmte Forderungen nicht durchgesetzt werden. Zeichnet sich beispielsweise bereits in vorgeschalteten Gesprächen und Verhandlungsrunden ab, dass eine Partei eine bestimmte Forderung in einem Adjudikationsverfahren geltend machen wird, kann die Gegenpartei unverzüglich beantragen, dass diese Forderung abgelehnt wird.

Der Gerichtsweg ist während des Adjudikationsverfahrens grundsätzlich gesperrt.

Alle Verfahrensordnungen sehen vor, dass die Parteien zwar nach Möglichkeit persönlich teilnehmen, sich jedoch ebenso vertreten lassen können. Sämtliche Verfahrensordnungen sind auf eine gütliche Einigung ausgerichtet und mit anderen ASB-Verfahren kombinierbar.

Die Institutionen als Herausgeber der Verfahrensordnungen sind unterschiedlich stark beteiligt; zum Beispiel bei der Auswahl oder Ablehnung der Adjudikatoren oder der Prüfung der Entscheidungen auf Einhaltung der Verfahrensgrundsätze. Dies ist bei der Vereinbarung des Verfahrens zwischen den Parteien zu beachten und gegebenenfalls anzupassen.

Im Gegensatz zu einem Schiedsgutachten verlangt die Adjudikation die Einhaltung gewisser Verfahrensgrundsätze. Das rechtliche Gehör muss im Rahmen der kurzen Verfahrensdauern gewährt werden. Dabei kann dieser Verfahrensgrundsatz stark eingeschränkt werden. Wenn das rechtliche Gehör nicht ausreichend gewährt wird, und dies ausschließlich auf die kurze Dauer des Verfahrens zurückzuführen ist, kann dieser Umstand nicht zu einer Unverbindlichkeit der Entscheidung führen. Abweichend wird dies von der DIS geregelt, die eine Gewährung des uneingeschränkten rechtlichen Gehörs vorsieht.

b. Verfahrenseinleitung

Die projektbegleitende Adjudikation wird, wenn die Parteien nichts Abweichendes vereinbaren, mit Projektbeginn installiert. Der Adjudikator kann auch informell, quasi als Mediator, außerhalb von Verfahren tätig werden. Ein ad-hoc Verfahren wird erst bei Vorliegen einer Streitigkeit mit einem umfangreichen Schriftsatz und Darlegung der gewünschten Rechtsfolge eingeleitet. Die DIS und die Internationale Handelskammer sehen die Möglichkeit, diese Verfahren jeweils auch als Mehrparteienverfahren einzuleiten. Dies kann unter Umständen aufgrund der hohen Komplexität vieler Projekte sinnvoll sein, da meist weitere Beteiligte in den Streit verwickelt sind. Die Einbeziehung Dritter ist grundsätzlich nicht gegen ihren Willen oder den Parteienwillen möglich, daher sollte in allen Hauptverträgen durchgehend eine Streitverkündigungsklausel aufgenommen werden.

In einem schnellen summarischen Adjudikationsverfahren ist außerdem darauf zu achten, dass die einzelnen Verfahren nicht zu komplex werden. Dazu ist es zum einen wichtig zu bedenken, dass mit dem Antragsschriftsatz der Sachverhalt klar beschrieben und die Forderungen eindeutig formuliert werden. Die Replik der Gegenpartei sollte nicht über den Antrag hinausgehen, sondern diesen nur erwidern. Der Adjudikator sollte befugt sein, „ausufernde“ Schriftsätze zurückzuweisen oder zusätzliche Anträge in separaten Verfahren aufzuarbeiten. Somit wird in jedem Adjudikationsverfahren nur über die Streitigkeiten entschieden, die in der Antragsschrift enthalten sind.

Zum anderen ist der Ansatz der AO-Bau begrüßenswert, wonach die Streitigkeit zunächst schriftlich der anderen Partei zuzustellen ist, bevor nach einer Bedenkzeit das Verfahren eingeleitet werden kann. Das „Überfallen“ (Ambushing) der Gegenseite wird damit vermieden und beide Parteien können sich angemessen auf die Verhandlungsinhalte vorbereiten.

Die Regelung der DIS und AO-Bau, wonach der Antragsteller die Einleitung des Verfahrens nur mit Zustimmung der Gegenpartei zurücknehmen darf, sollte in jeder Verfahrensordnung aufgenommen werden. Damit kann vermieden werden, dass eine Partei die Reaktion des Adjudikators auf ein Begehren lediglich antestet und das Verfahren beim Abzeichnen eines Unterliegens wieder zurücknimmt, um eventuell vor einem anderen Dritten oder vor Gericht zu versuchen, das Anliegen erneut durchzubringen.[212]

c. *Adjudikator oder Adjudikationsgremium*

Die Verfahrensordnungen empfehlen den Parteien, die Auswahl des Adjudikators (oder des Gremiums) bereits mit Abschluss des Hauptvertrags vorzunehmen und nicht erst im Streitfall. Für eine projektbegleitende Adjudikation ergibt sich dies naturgemäß.

Wenn die Parteien zusammen mit dem Vertrag noch keinen Adjudikator bestimmen, können sie eine dritte Person vereinbaren, die den Adjudikator im Streitfall bestimmt (Regelung der AO-Bau). Wenn der Adjudikator nicht im Hauptvertrag zwischen den Parteien festgelegt wurde, ist dieses Vorgehen zu empfehlen, da eine Einigung im Streitfall, besonders auf nur einen Adjudikator, schwierig sein kann. Bei dem Einsatz eines Gremiums wählen die Parteien gemeinsam zwei Adjudikatoren, die dann zusammen den Vorsitz des Gremiums benennen (siehe Regelungen der ICC und der DIS).

Sofern die Parteien sich nicht einigen können oder dies generell wünschen, können auch die Institutionen Adjudikatoren benennen. Die ICC fordert die Parteien in solchen Fällen ausdrücklich dazu auf, fachliche und/oder persönliche Anforderungen zu beschreiben, die die ICC bei der Auswahl des Adjudikators zu beachten hat.

Alle Adjudikationsordnungen enthalten Regelungen, wonach die Adjudikatoren im Falle der Befangenheit abgelehnt werden können. Die SL Bau und die AO-Bau sehen vor, dass der Adjudikator über eine Ablehnung in erster und einziger Instanz selbst entscheidet. Diese Regelung ist der Geschwindigkeit des summarischen Verfahrens geschuldet, die durch einen Ablehnungsantrag nicht reduziert werden soll. Die DIS sieht ebenso die Möglichkeit einer Ablehnung vor, administriert den Ablehnungsantrag aber selbst und gibt den Parteien das Ergebnis bekannt. Sofern in diesem Fall keine engen Fristen eingehalten werden können, ist zu empfehlen, dass der Adjudikator selbst über den Antrag wegen Befangenheit entscheidet.

Zum Thema Kündigungsmöglichkeiten (für projektbegleitende DAB) regeln die DIS und die ICC, dass die Parteien den Adjudikator jederzeit fristlos kündigen können.

---

212 Vgl. *Lembcke,* Kommentierung zum Diskussionsvorschlag einer Adjudikations-Ordnung für Baustreitigkeiten des Deutschen Baugerichtstags e.V. (AO-Bau / DBGT), S. 32.

Der Adjudikator kann jedoch gemäß der ICC nur unter Einhaltung einer Dreimonatsfrist, und gemäß der DIS nur aus wichtigem Grund unter Einhaltung einer Zweimonatsfrist kündigen. Da es für die Parteien schwerwiegende Nachteile haben kann, wenn ein Adjudikator während eines laufenden Verfahrens nicht mehr zur Verfügung steht, sollte die Kündigungsmöglichkeit weiter beschränkt werden. Zumindest während eines Verfahrens sollte der Adjudikator – soweit keine Unzumutbarkeit besteht – von seinem Kündigungsrecht kein Gebrauch machen dürfen.

Die Wahl des „richtigen" Adjudikators ist für den Erfolg des Verfahrens und die Akzeptanz der Entscheidung durch die Parteien wesentlich.[213] Sofern ein Einzeladjudikator eingesetzt wird, kann es sinnvoll sein, dass dieser für die Entscheidungsfindung auf eine ergänzende Fachexpertise zurückgreift. Die AO-Bau, welche ein Verfahren ausschließlich mit Einzeladjudikatoren vorsieht, und die SL Bau bestimmen, dass der Adjudikator eigenmächtig Sachverständige hinzuziehen darf. Die Entscheidung darüber, ob das Einbeziehen von weiteren Sachverständigen mit oder ohne Zustimmung erlaubt ist, sollte vom Streitgegenstand und von der Auswahl der Adjudikatoren abhängig sein. Wenn mit Vertragsbeginn beispielsweise ein Jurist als Einzeladjudikator bestimmt wurde und später ein Verfahren zur Beurteilung der Sichtbetonqualität eingeleitet wird, sollte der Adjudikator, sofern er dies für notwendig erachtet, berechtigt sein einen fachlichen Rat einzuholen.

Bezüglich der Ausbildung der Adjudikatoren erwähnt die SL Bau ausdrücklich, dass der Adjudikator bautechnisch, baubetrieblich und baurechtlich gebildet sein und soziale Kompetenz mitbringen sollte. Außerdem haben der DBV und die DGfB eine Ausbildungsordnung verfasst, die verschiedene fachliche Lehrinhalte einschließlich Rhetorik- und Mediationskenntnisse beinhaltet. Auch die DIS macht fachliche Vorgaben für den Adjudikator, indem sie empfiehlt, als Vorsitzenden eines Dreiergremiums einen Juristen einzusetzen.

Wegen der Vielseitigkeit von Baustreitigkeiten sollten die Adjudikatoren grundsätzlich so interdisziplinär wie möglich aufgestellt sein. Da die Entscheidung nicht vollstreckbar ist, beeinflusst ein hohes Fachwissen des Adjudikators die Bereitschaft der Parteien, die Entscheidung des Verfahrens anzuerkennen, positiv. So werden die Parteien im Zweifel eine nicht vollstreckbare Entscheidung eines fachkundigen Adjudikators eher akzeptieren, als die eines fachunkundigen Richters (in erster Instanz).

---

213 Vgl. Kapitel B.III.1. wonach die Adjudikation nicht dem RDG unterliegt und die Aufgabe des Adjudikators daher nicht nur von Juristen wahrgenommen werden kann.

Die Adjudikatoren schulden grundsätzlich nicht den Erfolg des Verfahrens, sondern Bemühen und Einhaltung der Verfahrensordnungen. Die Haftungsbeschränkung der DIS sieht vor, dass die Adjudikatoren für ihr Handeln im Verfahren nur bei Vorsatz haften.[214]

Die Empfehlung an die Parteien ist jedoch, die Haftungsregelung aus der AO-Bau und SL Bau aufzunehmen, wonach nur die Haftung für leichte Fahrlässigkeit ausgeschlossen wird.

d. Ablauf des Verfahrens

In jedem Adjudikationsverfahren sollen die Parteien umfassende und vollständige Antragsschriftsätze einreichen und die begehrte Rechtsfolge klar benennen. Die Adjudikatoren sind zur Amtsermittlung angehalten und arbeiten den Streitfall mit den Parteien auf. Zwischen den Parteien unstreitige Sachverhalte werden als wahr unterstellt. Insofern wird der Adjudikator nur für die Parteien tätig. Die Parteien bestimmen den Umfang des Verfahrens. In einer mündlichen Verhandlung sollen alle Beteiligten sämtliche Informationen offenlegen, damit das Verfahren zügig und zielgerichtet abgeschlossen werden kann. Nur so wird eine schnelle Entscheidung erzielt und es werden klare Verhältnisse für das Projekt und das Verhalten der Parteien geschaffen.

Verspätete Parteivorträge können die Verfahren extrem verzögern und müssen daher nicht berücksichtigt werden. Der Adjudikator sollte aber in jedem Fall neue Erläuterungen zur Anspruchsgrundlage und Ausführungen zur haftungsausfüllenden Kausalität erlauben. Alle weiteren Vorträge, die über diese Erläuterung hinausgehen, sollten zwar beachtet, aber nach Möglichkeit von dem laufenden Verfahren getrennt werden. Abweichende Themen sollten die Parteien in eigenständige Verfahren geben.

Der Termin der mündlichen Verhandlung ist sehr wichtig. *„Nur, wenn die Parteien den Eindruck haben hinreichend gewürdigt worden zu sein, werden sie die spätere Entscheidung des Adjudikators als gerecht und angemessen empfinden.“*[215]

Die in den Verfahrensordnungen vorgesehenen Dauern variieren zwischen zwei und drei Monaten bei der AO-Bau und den ICC-DB. Die SL Bau enthält keine starren Fristen, sondern lediglich die Regelung, dass die Entscheidung

---

214 Sollte die Adjudikationsordnung als AGB verwendet werden, ist fraglich, ob ein Ausschluss der groben Fahrlässigkeit gemäß § 309 Nr. 7 a) BGB überhaupt zulässig ist. Dies bleibt hier unbeantwortet.

215 *Franke* (Hrsg.), Kommentar zur Streitlösungsordnung für das Bauwesen, SL Bau, S. 106.

zwei Wochen nach der mündlichen Anhörung zu treffen ist und das Verfahren zügig abgewickelt werden soll.

Die vorgesehenen Dauern der DIS sind mit sechs Monaten für ein Schiedsgutachtenverfahren (ad-hoc Adjudikation) und mit fünf Monaten für ein Adjudikationsverfahren nach der DIS-AVO sehr lang. Es sind zwei Schriftsatzrunden und mögliche vorläufige Anordnungen des Adjudikators (wiederum gegen Sicherheit) vorgesehen. Dadurch werden die Verfahren überlastet. Das Ziel eines schnellen summarischen Verfahrens wird damit nicht erreicht.

Grundsätzliches Ziel aller Verfahren soll sein, dass eine Adjudikationsentscheidung gar nicht erforderlich wird, weil die Parteien sich (mit oder ohne Unterstützung des Adjudikators) gütlich einigen. Dazu kann der Adjudikator auch die Rolle eines Mediators einnehmen. Dies passiert entweder im Rahmen einer projektbegleitenden Adjudikation, außerhalb von offiziellen Verfahren oder indem die Parteien explizit eine Mediation in das Verfahren einbinden. Dieses separate Mediationsverfahren kann in Personalunion von dem bereits benannten Adjudikator durchgeführt werden. Der Adjudikator ist in einem späteren Verfahren nicht per se befangen, wenn er vorher als Mediator tätig war.[216] Allerdings muss er in der Mediation vertraulich arbeiten, das heißt er darf keine vertraulichen Informationen in einem späteren Adjudikationsverfahren gegen eine Partei verwenden. Wenn dies gewährleistet werden kann, ist es zu empfehlen keinen zusätzlichen Mediator auszuwählen, um der Schnelligkeit des Verfahrens nicht entgegenzuwirken.

e. Beendigung des Verfahrens und Rechtsfolgen

Wenn das Adjudikationsverfahren mit einer Entscheidung endet, ist gemäß der vorstehenden Ausführungen aufgrund der vertraglichen Vereinbarungen zu entscheiden, ob:

- die Entscheidung nach §§ 317 ff. BGB, also bei grober Unbilligkeit oder bei Verstoß gegen § 1059 ZPO unverbindlich ist oder
- die Entscheidung die vorläufige Festlegung des Vertragsinhalts ist, also auch ein unrichtiger Adjudikationsspruch befolgt werden muss.

Die Entscheidung ist grundsätzlich nicht vollstreckbar. Die Parteien können aber die Endgültigkeit der Entscheidung vereinbaren.

---

216 Vgl. *Lembcke,* Kommentierung zum Diskussionsvorschlag einer Adjudikations-Ordnung für Baustreitigkeiten des Deutschen Baugerichtstags e.V. (AO-Bau / DBGT), S. 12.

Die Diskussion um eine mögliche Vollstreckung von Adjudikationsentscheidungen ist nach Voit und Messerschmidt die *„derzeit umstrittenste Frage in der Literatur.“*[217] Gemäß Lembcke und Mahnken ist eine Vollstreckung der Adjudikationsentscheidung im Urkundenprozess möglich.[218] Diese Meinung ist jedoch nicht unstrittig.[219] Zudem dauert ein Urkundenprozess lange und ein Vollstreckungstitel wäre frühestens nach ein paar Monaten möglich. Deshalb ist die Eignung für eine schnelle, summarische Adjudikation fragwürdig. Als Lösung wäre eher, in Anlehnung an das englische „summary judgement“[220], ein neues gesetzliches Verfahren in Form einer Vollstreckbarerklärung durch ein staatliches Gericht denkbar.

Jedoch ist die Bedeutung der Vollstreckbarkeit kritisch zu hinterfragen. Die Parteien benötigen eine schnelle Entscheidung, die von beiden Seiten akzeptiert wird. Sobald das erreicht ist, können die Parteien (wie es die SL Bau vorsieht) einen vollstreckbaren Anwaltsvergleich nach § 796a Abs. 1 ZPO für eine sofortige Zwangsvollstreckung schließen.[221] Dazu bedarf es eines fachlich qualifizierten Adjudikators und einer qualitativ hochwertigen und nachvollziehbaren Begründung der Entscheidung. Auf dieser Grundlage kann die Verbindlichkeit der Entscheidung beurteilt werden. Zusätzlich wird die Überprüfung in einem eventuellen späteren Gerichtsverfahren erleichtert.

Um zu gewährleisten, dass die Adjudikationsentscheidung umgesetzt wird, bedarf es nicht zwingend einer Vollstreckung. Die Parteien können und sollten beispielsweise ein Zwangsgeld vereinbaren, welches gezahlt werden muss, wenn die Entscheidung des Adjudikators nicht eingehalten wird. Die Parteien haben sich freiwillig auf das Verfahren geeinigt, so sollten sie es auch konsequent umsetzen.

Die SL Bau sieht zusätzlich ein Leistungsverweigerungs- und/oder Kündigungsrecht vor, wenn eine Partei die Adjudikationsentscheidung nicht einhält.

---

217 Vgl. *Messerschmidt, Burkhard/ Voit, Wolfgang* (Hrsg.), *Boldt*, Privates Baurecht, T. Außergerichtliche Streitbeilegung, Rn. 107 ff.

218 Vgl. *Lembcke*, BauR 2009, 19, (19), siehe ebenso: *Harbst, Ragnar/ Mahnken, Volker*, SchiedsVZ 2005, 34. Dazu ist die schriftliche Entscheidung des Adjudikators als Urkunde im Sinne der §§ 415 ff. ZPO erforderlich; mit anschließendem Urkundenprozess nach den §§ 592 ff. ZPO und vollstreckbarem Vorbehaltsurteil.

219 Vgl. *Roquette, Andreas J./ Otto, Andreas* (Hrsg.), *Mahnken/ Aldinger*, Vertragsbuch privates Baurecht, D. IV. Rn. 8.

220 Vgl. Kapitel C. I. 3 zur Erläuterung des „summary judgement“.

221 Vgl. *Franke* (Hrsg.), Kommentar zur Streitlösungsordnung für das Bauwesen, SL Bau, S. 117 f.

Diese Rechte werden nicht auf Grundlage der Streitfrage ausgesprochen, sodass sich die Partei, die kündigt oder die Leistung verweigert, nicht schadenersatzpflichtig macht. Dies gilt selbst dann, wenn die Adjudikationsentscheidung später aufgehoben wird, weil sie unrichtig war. Die Einhaltung der Adjudikationsentscheidung ist Obliegenheit oder Vertragspflicht[222] und das Leistungsverweigerungs- oder Kündigungsrecht entsteht wegen der Obliegenheits- bzw. Pflichtverletzung.

Die Frage, ob ein Kündigungsrecht kontraproduktiv sei, weil das Verfahren gerade eine ungestörte Ausführung der Leistung ermöglichen soll, ist durchaus berechtigt. Die SL Bau sieht diese Möglichkeit jedoch erst nach der Festsetzung eines Zwangsgelds und einer zweimaligen Nachfristsetzung vor. Da sich die Parteien freiwillig auf ein Adjudikationsverfahren geeinigt haben, sollten sie sich in der Folge auch an die Adjudikationsentscheidung halten. Die Möglichkeit der Überprüfung durch ein (Schieds-) Gericht und die Hinterlegung einer Sicherheit der Gegenpartei gewähren ausreichenden Rechtsschutz. Unter diesen Umständen führt eine vorsätzliche Obliegenheits- bzw. Pflichtverletzung berechtigterweise zu einem Kündigungsrecht.

Der Adjudikator darf jede Handlung oder Unterlassung gegen eine Sicherheit fordern. In einigen Fällen wird es schwierig sein, die Sicherheitsleistung zu bestimmen. Sie sollte der Höhe nach dem prognostizierten Schaden entsprechen, der entstehen kann, wenn ein (Schieds-) Gericht zu einer anderen Entscheidung kommt, also auch Zinsen und Kosten der (schieds-) gerichtlichen Beseitigung beinhalten.

Wenn zur Überprüfung der Adjudikationsentscheidung ein Schiedsgericht angerufen werden soll, ist dies bestenfalls bereits im Hauptvertrag zu vereinbaren. Die Parteien sind ansonsten frei, das Verfahren vor einem ordentlichen Gericht einzuleiten.

Eine formelle Überprüfung durch die Institution (wie beispielsweise von der ICC angeboten) ist nicht ratsam. In den meisten Fällen würde dies die Verfahren nur verlängern. Die Einhaltung von Verfahrensgrundsätzen hat in einem summarischen Verfahren keine vorrangige Bedeutung. Dies gilt insbesondere, wenn die Adjudikation als Schiedsgutachten eingeordnet wird.

Für den Zeitpunkt der Überprüfung der Adjudikationsentscheidung durch ein (Schieds-) Gericht, nennt die SL Bau die Abnahme oder das Ende des Schuldverhältnisses. Dadurch soll erreicht werden, dass die Streitgegenstände

222 Dies wird in der Literatur strittig gesehen, kann vorliegend aber wegen der identischen Rechtsfolgen ungeklärt bleiben.

die Projektabwicklung nicht belasten. Unter Berücksichtigung der in Kapitel B dargestellten Verfahrensdauern vor den ordentlichen Gerichten[223], lässt sich festhalten, dass die Parteien durch diese Regelung nicht schlechter gestellt werden. Ein Urteil noch während der Bauzeit wird im Regelfall wohl ohnehin nicht erreicht werden. Alternativ könnte eine Regelung in Anlehnung an die FIDIC-Bedingungen vereinbart werden, wonach zumindest eine zwei- bis dreimonatige Bedenkzeit abgelaufen sein muss, bevor ein (Schieds-) Gericht angerufen werden darf.

Abschließend ist zu beachten, ob die Adjudikationsordnung vorsieht, dass nur die Partei eine Klage vor einem (Schieds-) Gericht erheben darf, die den Widerspruch eingelegt hat (zum Beispiel gemäß AO-Bau) oder bei einer Nichtanerkennung einer Partei später beide Parteien Klage erheben dürfen.

3. Ergebnis des Vergleichs

Einige Themen sind noch nicht abschließend geklärt, weshalb es derzeit als sinnhaft erachtet wird, eine schlanke Verfahrensordnung zu wählen und individuelle Anpassungen vorzunehmen. Dies gilt zum Beispiel für die Punkte: Einbindung Dritter in die Verfahren, Korrektur bzw. Revision der Entscheidungen und Vollstreckbarkeit der Entscheidungen.

Die von den Parteien gewählte Verfahrensordnung ist in jedem Fall bestmöglich projektspezifisch anzupassen. Diese Anpassung kann auch noch nachträglich erfolgen, wenn es der Einigung oder dem Verfahren dienlich ist. Dies steht der Meinung von Aldinger und Mahnken, wonach möglichst die von den Institutionen herausgegebenen Verfahrensordnungen und (in entsprechender Anwendung) die gesetzlichen Vorschriften der §§ 317–319 BGB Anwendung finden sollten,[224] ausdrücklich entgegen. Interessant ist, dass die international ausgerichtete Verfahrensordnung der ICC die Parteien zu diesen Anpassungen der vorhandenen Verfahrensordnungen explizit ermutigt.[225]

---

223 Vgl. Kapitel B.II.1.

224 Vgl. *Roquette, Andreas J./ Otto, Andreas* (Hrsg.), *Mahnken/ Aldinger*, Vertragsbuch privates Baurecht, D. IV. Rn. 10 f.

225 Vgl. *ICC International Centre for ADR*, Dispute Board Rules, S. 11.

E. Eignung der Adjudikation für Baustreitigkeiten

Aus den einleitenden Ausführungen zu den Ursachen für und dem Umgang mit Streitigkeiten ergeben sich wichtige Erkenntnisse für die Auswahl des passenden Streitbeilegungsverfahrens. Die vergleichende Untersuchung der Verfahrensordnung zeigt auf, welche Themen die Parteien bereits bei der Vertragsgestaltung beachten sollten. Vor diesem Hintergrund wird in den folgenden Kapiteln beschrieben, welches Verfahren und welche Verfahrensordnung sich für nationale Bauprojekte eignen und welche Punkte zu beachten sind, wenn eine Adjudikation durchgeführt werden soll.

Zunächst werden die Vor- und Nachteile der Adjudikation als ASB-Verfahren dargestellt. Es wird untersucht, welche Nachteile eine Adjudikation mit sich bringen kann und wie diese gegebenenfalls ausgeglichen werden können.

I. Nachteile und Kritik

1. Nur vorläufige Bindungswirkung

Wegen der nur vorläufig verbindlichen Entscheidung, erscheint die Adjudikation für endgültige Lösungen zunächst ungeeignet. Aus der Adjudikationsentscheidung kann nur aus einem Anwaltsvergleich im Sinne des § 779 BGB auf Erfüllung geklagt werden, um zu einem vollstreckbaren Titel zu gelangen. Eine Ausnahme besteht nur dann, wenn die Parteien die Adjudikationsentscheidung vertraglich (also freiwillig) als endgültig vereinbaren.

Deshalb könnte als Argument gegen die Adjudikation vorgebracht werden, dass die Parteien während des weiteren Bauablaufs die Unsicherheit über den finalen Ausgang des Verfahrens zu tragen haben. Bei einer späteren Lösung durch die ordentlichen Gerichte können wirtschaftliche Schäden entstehen, die bei früherer Klärung hätten vermieden werden können.

Zudem sind einige Fragen bezüglich der Bestandskraft von Adjudikationsentscheidungen unbeantwortet. Wenn eine Entscheidung verbindlich wird, kann die Streitigkeit nicht mehr Gegenstand eines späteren (Schieds-) Gerichtsverfahrens sein. Da die Adjudikation jedoch bestenfalls einzelne Teilbereiche behandelt und keine komplexen, multikausalen Streitigkeiten, ist die Umsetzung dieses Grundsatzes in der Praxis fragwürdig. Dies trifft beispielsweise zu, wenn der Adjudikator[226] über eine Abschlagszahlung oder die Höhe der Vergütung für Nachtragsleistungen entscheidet und es später zu einem (Schieds-) Gerichtsverfahren über die Schlusszahlung für die gesamte Leistung kommt. Muss die bestandskräftige Entscheidung des Adjudikators dann von dem (Schieds-) Gericht gewürdigt werden? Oder darf das (Schieds-) Gericht gegenteilig zu der Adjudikationsentscheidung entscheiden? Dies ist bisher nicht eindeutig geklärt; ebenso wenig, welche prozessualen Regeln ein Adjudikator einzuhalten hat.

Grundsätzlich ist auch eine unrichtige Adjudikationsentscheidung zunächst zu befolgen. Wenn in einem späteren (Schieds-) Gerichtsverfahren eine bestimmte Vergütung abweichend festgelegt wird, werden zum Beispiel keine Zinsen für die Zeit bis zur Aufhebung geschuldet, weil die Partei gemäß der Entscheidung gehandelt hat und alles andere eine Vertragsverletzung gewesen wäre.

Auch weitere Rechtsfolgen der vorläufigen Bindungswirkung sind derzeit noch unklar. Da der Adjudikator (berechtigterweise) dazu befugt ist, anordnende Entscheidungen zu erlassen, kann er dem Auftragnehmer beispielsweise eine technische Lösung für die Art der Ausführung vorgeben. Erweist sich diese später als mangelhaft, wird der Auftragnehmer zwar nicht von seiner Verpflichtung zur Nacherfüllung freigesprochen werden können. Jedoch haftet der Auftragnehmer nicht auf Schadenersatz, weil er die Adjudikationsentscheidung befolgt hat. Vielmehr hätte er sich gegenüber dem Auftraggeber durch die Nichtbeachtung der Entscheidung wegen Verletzung einer Vertragspflicht schadenersatzpflichtig gemacht.

Zudem ist die Beweislast für einen durch Beachtung der Adjudikationsentscheidung erzeugten Mangel fraglich. Es wird dem Auftragnehmer nicht zumutbar sein, vor der Abnahme die Mangelfreiheit nachzuweisen, obwohl er die Leistung auf Anordnung des Adjudikators ausgeführt hat.

Ein ähnliches Problem ergibt sich bezüglich der Bauzeit. Führt die Missachtung einer vorläufigen Entscheidung des Adjudikators zu einer Projektverzögerung, gerät die leistungspflichtige Partei auch dann in Verzug, wenn das (Schieds-) Gericht später ein Leistungsverweigerungsrecht bestätigt. Ist es der (vorläufig) leistungspflichtigen Partei zumutbar, Vertragsstrafen und Verzugsschadenersatz zu zahlen, obwohl durch ein ordentliches Gericht ein Leistungsverweigerungsrecht bestätigt wurde?

---

226 Mit „Adjudikator“ ist in den folgenden Ausführungen ein Einzeladjudikator oder ein Adjudikationsgremium gemeint, sofern nicht ausdrücklich der Begriff „Einzeladjudikator“ verwendet wird.

Diese Fragen bezüglich der Adjudikation sind derzeit noch ungeklärt. In der Praxis ist die Relevanz der Beantwortung dieser Fragen jedoch kritisch zu prüfen. Dazu wird auf die folgenden Ausführungen bezüglich der Vollstreckbarkeit verwiesen. Eine Akzeptanz des Verfahrens und vertragliche Regelungen der Parteien führen dazu, dass ein Großteil der genannten Fragen unbeantwortet bleiben kann.

Die Vollstreckbarkeit von Adjudikationsentscheidungen wurde bereits in Kapitel D[227] diskutiert. Voit schlussfolgert zu diesem Thema, dass die Diskussion irrelevant sei, da die Entscheidungseinhaltung Vertragspflicht ist und somit quasi *„selbstvollstreckend."*[228] Das gilt auch, wenn die Entscheidung falsch ist und/oder später revidiert wird. Daher ist es für die Parteien zunächst wichtiger, vertragliche Regelungen für den Fall einer Nichtbeachtung der Entscheidung aufzunehmen. Dies können Strafzahlungen und für die Gegenpartei das Recht auf Leistungsverweigerung und/oder Kündigung sein. Da sich die Parteien vorher schuldrechtlich auf dieses Verfahren mit den entsprechenden Sanktionen bei Nichtbeachtung geeinigt haben, sind die Rechtsfolgen nicht als unangemessen oder ungerechtfertigt zu sehen.

Außerdem kann das Thema der Einhaltung und Vollstreckbarkeit von Entscheidungen in der Praxis durch die Wahl des „richtigen" Adjudikators gelöst werden. Regelmäßig werden die Adjudikationsentscheidungen akzeptiert und nur in geringem Maße angefochten, weil ein Richter in einem möglichen späteren Verfahren der Sachnähe und dem Sachverstand des Adjudikators meist nichts entgegenzusetzen hat.[229]

Um einen effektiven Rechtsschutz zu gewähren und die Nachteile abzudecken, die bei einer eventuellen, späteren Korrektur der Entscheidung entstehen könnten, steht es dem Adjudikator zu, eine angemessene Sicherheit der begünstigten Partei zu verlangen. Für komplexere Themen, beispielsweise bei Streitigkeiten über die Bauzeit, wird die Höhe der Sicherheit regelmäßig schwer zu berechnen sein. Wenn der Adjudikator dem Auftragnehmer beispielsweise eine Bauzeitverlängerung zugesteht, müsste der Auftragnehmer den eventuellen Schaden bei einer Korrektur der Entscheidung absichern. Dazu müssen sämtliche Verzugsschäden des Auftraggebers für eine spätere Inbetriebnahme und/oder Nutzung

227 Vgl. Kapitel D.VI.2.e.

228 *Voit*, Bauzeitstreit in Rechtsprechung und Adjudikation, Vortrag auf dem 3. Kongress Konfliktmanagement in der Bau- und Immobilienwirtschaft: Prävention und Methodenvielfalt.

229 Vgl. *Kapellmann, Klaus D./ Vygen, Klaus* (Hrsg.), *Schröder/ Gerdes/ Teubner Oberheim*, Jahrbuch Baurecht 2009, S. 93.

des Gebäudes mit Mietminderungen usw. bedacht werden. Es ist fraglich, bis zu welcher Grenze dies möglich bzw. zumutbar ist.

2. Mehrparteienvereinbarung

Ein vielfach gehörtes Argument, warum die Adjudikation für Baustreitigkeiten ungeeignet sein soll, ist, dass viele Projektbeteiligte in eine Streitigkeit verwickelt sein können. In einem Adjudikationsverfahren sei es nicht möglich, Streitigkeiten mit mehr als zwei Parteien zu lösen. Dass diese Aussage nicht zutreffend ist, zeigen die bereits vorgestellten Adjudikationsordnungen der DIS und der ICC, die ausdrücklich Mehrparteienverfahren vorsehen. Auch LEMBCKE hat einen Entwurf des § 16 AO-Bau-E (Mehrparteienverfahren) entwickelt.[230] Die verfahrensrechtlichen Bestimmungen für eine Durchführung mit mehr als zwei Parteien sind folglich vorhanden.

Unstreitig ist jedoch, dass die Adjudikationsverfahren durch den Einbezug von weiteren Parteien komplexer und dadurch langwieriger werden. Deshalb sollten die Parteien prüfen, ob ein derartiges Verfahren tatsächlich erforderlich ist.

Ein typischerweise auftretendes Problem wäre, dass der Adjudikator einen Planungsfehler des vom Auftraggeber beauftragten Architekten bestätigt und dem Auftragnehmer daraus bestimmte Rechtsfolgen zugesteht. In einem späteren ordentlichen Gerichtsverfahren würde entschieden, dass der Mangel nicht auf einen Planungsfehler des Architekten, sondern auf die mangelhafte Ausführung des Auftragnehmers zurückzuführen ist. Dann müsste der Auftraggeber dem Auftragnehmer, trotz der gerichtlichen Entscheidung, eine zusätzliche Vergütung für die Mangelbeseitigung bezahlen (unterstellt, die Adjudikationsentscheidung ist zwischen den Parteien verbindlich geworden).

Die Lösung dieses Problems könnte neben einem Mehrparteienverfahren auch sein, jeweils einzelne Adjudikationsverfahren parallel oder hintereinander durchzuführen. Dazu ist der gleiche Adjudikator zu wählen, der in zwei Verfahren, einmal zwischen dem Auftraggeber und dem Auftragnehmer und einmal zwischen dem Auftraggeber und seinem Architekten, entscheidet.

Eine weitere Alternative in solchen Fällen, bei spezifischen technischen Fragen, ist die Entscheidung des fachkundigen Adjudikators zwischen den Parteien als endgültig zu vereinbaren. In einem späteren Gerichtsverfahren würde bezüglich der Klärung von technischen Fragen erneut mithilfe eines Sachverständigen

---

230 Vgl. *Lembcke*, Kommentierung zum Diskussionsvorschlag einer Adjudikations-Ordnung für Baustreitigkeiten des Deutschen Baugerichtstags e.V. (AO-Bau / DBGT), 44 ff.

entschieden werden. Insofern könnten die Parteien vereinbaren, dass die Tatsachenfeststellung des Adjudikators vor Gericht Bestand haben soll und das Gericht die Entscheidung zu berücksichtigen hat. Da in einem Gerichtsverfahren gerade nur die Parteivorträge geprüft werden und keine zwischen den Parteien unstreitigen Tatsachen, ist diese Alternative vorstellbar.

Wenn die Parteien die Durchführung eines Mehrparteienverfahrens wünschen, was sinnvoll sein kann, wenn der Auftragnehmer und der Architekt wie in dem genannten Beispiel als Gesamtschuldner gegenüber dem Auftraggeber haften, sollte möglichst bereits in den jeweiligen Hauptverträgen eine Streitverkündungsklausel aufgenommen werden.

Die tatsächliche Relevanz dieses Problems für die Baupraxis ist ungeklärt. Die Auswertung der Adjudikationsverfahren im Vereinigten Königreich gemäß dem HGCRA zeigt, dass in 93 % der Fälle eine Klage vom Auftragnehmer, Auftraggeber oder einem Nachunternehmer gegen eine der genannten Parteien erhoben wird. Nur in 7 % der Verfahren sind andere Berater, Fachingenieure oder Planer mit einbezogen.[231] Aus dieser Auswertung lässt sich zumindest eine Tendenz der involvierten Parteien, auch für Deutschland, ableiten.

Gerade für Streitigkeiten zwischen den Nachunternehmern, dem Auftragnehmer und dem Auftraggeber sind Mehrparteienverfahren meist nicht denkbar und somit nicht erforderlich. Der Leistungsumfang, die Vergütung und die Vertragsmodelle mit unterschiedlichen Werkerfolgen und Risikoübernahmen sind zu unterschiedlich geregelt, als dass ein Verfahren mit allen Parteien durchgeführt werden könnte.

Der vermeintliche Nachteil einer „fehlenden" Streitverkündung wird folglich durch die untergeordnete Relevanz und die aufgezeigten Alternativen relativiert.

3. Qualität der summarischen Prüfung

Die Adjudikationsverfahren werden immer wieder kritisiert, weil die Schnelligkeit des Verfahrens zu Lasten der Qualität falle und dies eine unangemessene Härte gegen die unterlegene Partei darstelle. Auch werde als Mindestverfahrensgrundsatz kein rechtliches Gehör gewährt.

Diese Behauptungen sind differenziert zu betrachten. Grundsätzlich müssen die rechtlichen und technischen Vorträge der Parteien gehört und zur Kenntnis genommen werden. Der Adjudikator hat sich mit den Schriftsätzen und

---

231 Vgl. *Trushell, Ian McE./ Milligan, J. L./ Cattanach, L.*, Research analysis of the progress of adjudication based on returned questionnaires from adjudicator nominating bodies (ANBs) and from a sample of adjudicators, Abb. 4.

Parteivorträgen auseinanderzusetzen und diese für die Entscheidung zu würdigen. Eine mögliche Einschränkung der Verfahrensrechte gegenüber einem staatlichen Gerichtsverfahren ist hinnehmbar, weil die Entscheidungen dafür sehr schnell erfolgen und später korrigierbar sind. Da die unterlegene Partei die Adjudikationsentscheidung nur bis zu einer späteren Revision zu beachten hat, können keine irreparablen Schäden entstehen. Vielmehr werden der Baufortschritt gesichert, ein Stillstand vermieden und neue Handlungsmöglichkeiten für die Parteien eröffnet. Die Adjudikationsentscheidung wird regelmäßig nur gegen eine Sicherheitsleistung vorläufig bindend, das heißt Zahlungsverpflichtungen sind gegen eine Sicherheit zu leisten und es werden Zinsregelungen für die Rückabwicklung zu Unrecht erhaltener Zahlungen oder zu Unrecht verneinter Vergütungsansprüche vereinbart.

Der EuGH bestätigt, dass durch außergerichtliche Streitbeilegungsverfahren regelmäßig ein effektiver gerichtlicher Rechtsschutz gewährleistet ist, wenn das jeweilige Verfahren „*nicht zu einer die Parteien bindenden Entscheidung führt, keine wesentliche Verzögerung für die Erhebung einer Klage bewirkt, die Verjährung der betroffenen Ansprüche hemmt und für die Parteien keine oder nur geringe Kosten mit sich bringt*“.[232] Dies ist für ein Adjudikationsverfahren vollumfänglich zutreffend.

Mit Verweis auf Kapitel B[233] stellt sich die Frage, ob sich die Situation der Parteien durch ein gerichtliches Verfahren im Vergleich zu einem ASB-Verfahren verbessert. Die Rechtsprechung klärt erst im Nachhinein die Tatsachen auf, also nicht auf primärer Ebene während der Projektabwicklung. Dadurch bergen Gerichtsverfahren die Gefahr, dass Kausalitäten nicht mehr vollständig geklärt werden können, selbst wenn die Sachverhaltsaufklärung sehr umfassend betrieben wird. Es ist kritisch zu hinterfragen, ob eine späte, detaillierte Aufklärung des Sachverhalts, Jahre nach Abschluss des Bauvorhabens, für die Parteien hilfreich ist. Eine Entscheidung, die die Kausalitäten möglicherweise genauer zuordnet, aber erst sehr viel später erfolgt, ist nicht „besser“ als eine weniger genaue und zeitnahe Entscheidung. Die Qualität eines Verfahrens bestimmt sich eben auch an der Geschwindigkeit und nicht nur daran, ob die Entscheidung juristisch „richtig“ ist.

Ein weiterer Kritikpunkt an den summarischen Verfahren ist die fehlende Ausbildung für die Tätigkeit eines Adjudikators. Schulze-Hagen bemängelt beispielsweise, dass „*Deutschland nicht über vergleichbare Erfahrungen – und*

232 *EuGH,* 18.03.2010 – Rs. C-317/08; Rs. C-318/08; Rs. C-319/08; Rs. C-320/08 (Leitsatz).

233 Vgl. Kapitel B.II zur Erläuterung der aktuellen Defizite staatlicher Gerichte.

vermutlich auch nicht über Personalressourcen – betreffend unabhängiger Dritter wie dem englischen professional engineer verfügt".[234] Die Adjudikationsverfahren nach dem HGCRA werden zu 30 % durch einen „Quantity Surveyor"[235] und nur zu 30 % von Anwälten durchgeführt.[236]

Den Beruf des „Quantity Surveyor" oder „Engineer" gibt es in Deutschland offensichtlich nicht. Daher besteht die Befürchtung, man würde keine interdisziplinär ausgebildeten Adjudikatoren finden. Auch wenn diesbezüglich noch Nachholbedarf im Vergleich zu dem Vereinigten Königreich oder anderen Ländern bestehen sollte, kann und sollte dies durch entsprechende Ausbildungsangebote geändert werden. Auf die Regelungen zur Ausbildung für Adjudikatoren gemäß SL Bau und die Empfehlungen des DBGT wurde bereits hingewiesen.[237] Auch die DGA-Bau unterstützt, prüft, untersucht und empfiehlt verschiedene Institutionen und deren Ausbildungsangebote, um mit einer guten Ausbildung den interdisziplinären Anforderungen an einen Streitlöser gerecht zu werden.[238]

Zusammenfassend ist festzuhalten, dass die Bereitschaft der Parteien, ein summarisches Verfahren durchzuführen, gegeben sein muss. Wenn eine zu hohe Richtigkeitsgewähr an die Adjudikation gestellt wird und dieses Verfahren, einschließlich der Verfahrensordnung, zu juristisch wird, sollte von der Wahl einer Adjudikation Abstand genommen werden. Die passendere Wahl ist dann beispielsweise ein Schiedsgerichtsverfahren, welches gerade keine summarische Prüfung darstellt.

---

234 *Schulze-Hagen*, Thesenpapiere der Referenten des Arbeitskreises VII – Außergerichtliche Streitbeilegung, verfügbar auf www.baugerichtstag.de (zuletzt besucht am 28.06.2017).

235 Bei der Berufsgruppe des „quantity surveyor" handelt es sich um interdisziplinär ausgebildete Bauspezialisten, die mit den Themen Konstruktion, Kosten, Wirtschaftlichkeit, Risikomanagement und Vertragswesen (u.a.) vertraut sind.

236 Vgl. *Trushell, Ian McE./ Milligan, J. L./ Cattanach, L.*, Research analysis of the progress of adjudication based on returned questionnaires from adjudicator nominating bodies (ANBs) and from a sample of adjudicators, Tab. 3. Die weiteren Berufsgruppen sind im Wesentlichen Bauingenieure, Architekten und Bauberater/-überwacher.

237 Vgl. Kapitel D.III.3 zu den Vorschlägen gemäß SL Bau und Kapitel C.III.6 zu der Empfehlung des DBGT bezüglich der Ausbildung der Adjudikatoren.

238 Vgl. *Deutsche Gesellschaft für Außergerichtliche Streitbeilegung im Bauwesen e.V.* (Hrsg.), Schriftenreihe der DGA-Bau Nr. 1, Beitrag Diederichs, S. 10 ff.

4. Vertraulichkeit erzeugt Paralleljustiz

Die Befürchtung, dass die Anwendung von ASB-Verfahren zu einer Art Paralleljustiz führe, fasst Vorwerk eindeutig zusammen: *„Eine ‚effektive' obligatorische private Schlichtung öffnet der Billigkeit und damit der Beliebigkeit im Recht Tür und Tor. Adjudikation und Mediation finden unter Ausschluss der Öffentlichkeit statt. Das Wissen um das, ‚was am Bau Recht ist', geht verloren; es entsteht ein Raum der Rechtsunsicherheit.“*[239]

Dies sei bei der Durchführung von Adjudikationsverfahren problematisch, da diese vertraulich durchgeführt werden. Die Entscheidungen seien zudem nicht gerichtsfest, das heißt die Parteien können sich darauf nicht gegenüber einem Gericht berufen. Somit würden die ASB-Verfahren zu einer parallelen Justizwelt führen.

Dieses Argument kann jedoch nicht neu sein. Auch die in der ZPO geregelten Schiedsgerichtsverfahren finden unter Ausschluss der Öffentlichkeit statt. Ohne inhaltlich weiter auf dieses behauptete Gegenargument einzugehen, lässt sich festhalten, dass diesem leicht Abhilfe geschaffen werden kann. Verschiedene Institutionen haben bereits Maßnahmen entwickelt, um der grundsätzlichen Nichtveröffentlichung der Entscheidungen entgegenzuwirken. Die DIS behält sich beispielsweise vor, statistische Daten über die ASB-Verfahren (anonymisiert) herauszugeben. Gemeinsam mit dem Beck Verlag ist die DIS seit 2003 Herausgeber der Zeitschrift für Schiedsverfahren (SchiedsVZ). Darin werden im Wesentlichen die Rechtsprechung zum Schiedsverfahrensrecht und ergangene Schiedssprüche vorgestellt. Derartige Veröffentlichungen können und werden sicherlich um die Inhalte anderer ASB-Verfahren erweitert werden.

Auch die DGA-Bau setzt sich für die Veröffentlichung anonymisierter Entscheidungen ein.[240]

Somit ist die Sorge, dass das „Rechtswissen am Bau“ verloren geht, unbegründet. Eine Beliebigkeit im Recht ist darüber hinaus, wie mit dem bereits zitierten EuGH-Urteil bestätigt, durch die Möglichkeit der gerichtlichen Überprüfung nicht zu befürchten.

---

239 *Vorwerk,* Arbeitskreis VII – Außergerichtliche Streitbeilegung, verfügbar auf www.baugerichtstag.de (zuletzt besucht am 28.06.2017).

240 Vgl. *Deutsche Gesellschaft für Außergerichtliche Streitbeilegung im Bauwesen e.V.* (Hrsg.), Schriftenreihe der DGA-Bau Nr. 1, Beitrag Diederichs, S. 29.

5. Ungeeignet für komplexe Themen

Die Komplexität von Baustreitigkeiten wird immer wieder als Argument gegen die Anwendung der Adjudikation vorgetragen. ASB-Verfahren, und insbesondere die Adjudikation, seien wegen der nur summarischen Prüfung für derartige Streitigkeiten nicht geeignet. Dies gelte insbesondere für Bauzeitthemen.

Die Herausforderung, einen passenden Umgang mit diesen Themen, gerade bezüglich der Bauzeitthemen, zu finden, ist nicht zu leugnen. Die Adjudikationsentscheidung ist zwar nur vorläufig bindend, aber endgültig getroffen. Wenn der Adjudikator dem Auftragnehmer die Bauzeitverlängerung zugesteht und der Auftragnehmer seine Leistung entsprechend später fertigstellt, ein späteres (Schieds-) Gericht die Adjudikationsentscheidung aber revidiert, müsste der Auftragnehmer die ursprüngliche Vertragsfrist wieder einräumen (herausgeben), sodass dem Auftragnehmer eine Pflichtverletzung anzulasten wäre. Ein Verschulden an der Fristüberschreitung trifft den Auftragnehmer jedoch nicht, weil er entsprechend der Adjudikationsentscheidung gehandelt hat. Der Auftragnehmer läuft nachträglich gegebenenfalls in Vertragsstrafen und Schadenersatz (wegen Pflichtverletzung) und haftet nur für die unterlassene Beschleunigung nicht. Eine andere Auslegung ist mit der vorläufigen Bindungswirkung eines Adjudikationsverfahrens nicht vereinbar. Die Zumutbarkeit für den Auftragnehmer in diesem Fall ist sehr fraglich.

Lembcke schlägt deshalb vor, dass der Auftragnehmer in solchen Fällen verschuldensunabhängig in Höhe der Hälfte des entstandenen Schadens haften soll; bzw. solle dies für alle ehemals obsiegenden und im (Schieds-) Gericht unterliegenden Parteien bei allen faktisch endgültigen Entscheidungen des Adjudikators gelten.[241]

Das Problem verringert sich, wenn die Parteien Bauzeitstreitigkeiten möglichst zeitnah in kleinen Paketen in ein Adjudikationsverfahren geben. Wenn beispielsweise die Übergabe der Baugrube verspätet erfolgt ist, sollte sofort darüber entschieden werden, wie viele Tage Bauzeitverlängerung der Auftragnehmer wegen des verschobenen Ausführungsbeginns seiner Leistung mindestens gewährt bekommt. In den allermeisten Fällen wirkt sich ein verschobener Beginn jedenfalls 1:1 auf den Fertigstellungstermin aus, weil die Leistung naturgemäß auf dem kritischen Weg liegt.

---

241 Vgl. *Lembcke,* Kommentierung zum Diskussionsvorschlag einer Adjudikations-Ordnung für Baustreitigkeiten des Deutschen Baugerichtstags e.V. (AO-Bau / DBGT), S. 39.

Wenn diese zeitnahe Einbringung der Streitigkeit in eine Adjudikation befolgt wird, können die entsprechenden Maßnahmen schnell umgesetzt werden: Der Streit wird gelöst, eine (strittige) Leistungsverweigerung des Auftragnehmers wird verhindert oder eine notwendige Beschleunigung kann rechtzeitig gegen die entsprechende Vergütung angeordnet werden.

Sofern die Bereitschaft der Parteien vorhanden ist, nicht jedes Thema bis ins Detail zu klären, bietet es sich ebenso an, bestimmte Punkte zusammenzufassen. Verschiedene Ursachen aus dem Risikobereich einer Partei, die sich gemeinsam störend auf den Bauablauf ausgewirkt haben, können in ein Paket zusammengefasst und in einem Adjudikationsverfahren gemeinsam gelöst werden. Gerade für Bauzeitthemen ist die Adjudikation eine geeignete Lösungsmöglichkeit, wenn das Verfahren zeitnah begonnen wird. Die benötigte Zeit zur Ausführung der Bauleistung ist, wie bereits dargestellt, ein Schlüsselthema, welches die wirtschaftliche Situation beider Parteien unmittelbar beeinflusst. Deshalb darf die Bauzeit nicht unnötig verlängert werden und Streitigkeiten über die Ausführungsdauer müssen so schnell wie möglich beigelegt werden.

Voit befürwortet diese Einschätzung. Der Einsatz einer Adjudikation zur Aufklärung eines Bauzeitthemas sei „*zwingend*"[242], weil dieses Verfahren zumindest besser ist als alle anderen Lösungen. Die Rechtsprechung biete derzeit keine Option. Erst durch die Einführung einer Bauverfügung könne sich dies ändern. Wenn in einem Adjudikationsverfahren entschieden wird, dass eine Partei zum Beispiel für eine eingetretene Verzögerung verantwortlich ist, werde diese Partei versuchen, die weiteren Kosten zu reduzieren. Für die Wirtschaftlichkeit des Projekts ist dies positiv anzusehen. Die andere (vorläufig nicht verantwortliche) Partei könne diese Situation zwar ausnutzen; dies sei jedoch durch die entsprechenden vertraglichen Regelungen auszuschließen. Auch von den ordentlichen Gerichten gibt es insgesamt wenig Rechtsprechung zum Thema Bauzeit. Diese ist laut Voit ohnehin „*zum Scheitern verurteilt*", denn wie sollen nachträglich ohne vernünftige Dokumentation multikausale Konflikte gelöst werden?[243]

Es bleibt festzuhalten, dass die Adjudikation auch für die Beilegung von Bauzeitthemen zielführend und sinnvoll Anwendung finden kann. Zudem sind die Parteien frei in der Festlegung der Verfahrensdauern. So können die Fristen zur

---

242 *Voit,* Bauzeitstreit in Rechtsprechung und Adjudikation, Vortrag auf dem 3. Kongress Konfliktmanagement in der Bau- und Immobilienwirtschaft: Prävention und Methodenvielfalt.

243 Vgl. *Voit,* Bauzeitstreit in Rechtsprechung und Adjudikation, Vortrag auf dem 3. Kongress Konfliktmanagement in der Bau- und Immobilienwirtschaft: Prävention und Methodenvielfalt.

Erstellung und Prüfung von Schriftsätzen zum Thema Bauzeit einvernehmlich verlängert werden. Möglicherweise reduziert sich dann der Vorteil der Geschwindigkeit einer Adjudikation. Im Gegenzug erhalten die Parteien jedoch noch immer eine vergleichsweise schnelle Entscheidung. Zusätzlich existiert der Vorteil, dass die Parteien einen fachlich geeigneten Adjudikator wählen und somit die Entscheidung leichter akzeptieren können.

Abschließend bleibt festzuhalten, dass auch komplexe Streitigkeiten in ein Adjudikationsverfahren eingebracht werden können. Auch Bauzeitthemen sind geeignet mithilfe einer Adjudikation gelöst zu werden. Dabei ist die Relevanz dieses Themas nicht sehr hoch einzustufen. Die Auswertung der DAB-Verfahren unter dem HGCRA hat ergeben, dass im Vereinigten Königreich 61 % der Verfahren Vergütungsstreitigkeiten zum Inhalt haben.[244] Gemäß SCHRÖDER kommt es auch in Deutschland, einer Umfrage unter Richtern zufolge, in der Baubranche überproportional häufig zu Streitigkeiten über die Vergütung.[245] Dies wird von HAGHSHENO bestätigt.[246]

Somit muss die Adjudikation nicht vorrangig Bauzeitstreitigkeiten beilegen, kann dies aber in jedem Fall gewährleisten.

II. Vorteile und Mehrwert

Die aufgezeigten Nachteile einer Adjudikation sind teilweise nachvollziehbar und größtenteils durch eine sachgerechte Vertragsgestaltung oder das Ergreifen zusätzlicher Maßnahmen zu verringern oder zu eliminieren. Diesen Kritikpunkten stehen signifikante Vorteile gegenüber, die im Folgenden aufgezeigt werden.

1. Schnell und zeitnah

Der große Vorteil der Adjudikation ist die Schnelligkeit des Verfahrens. Dieser bringt verschiedene Synergien mit sich.

---

244 Vgl. *Trushell, Ian McE./ Milligan, J. L./ Cattanach, L.*, Research analysis of the progress of adjudication based on returned questionnaires from adjudicator nominating bodies (ANBs) and from a sample of adjudicators, Tab. 6. Vergütungsstreitigkeiten beinhalten die Feststellung einer angemessenen Vergütung für die ausgeführten Leistungen und Prüfungen und Feststellungen zu Abschlags- und Schlusszahlungen.

245 Vgl. *Deutsche Gesellschaft für Außergerichtliche Streitbeilegung im Bauwesen e.V.* (Hrsg.), Schriftenreihe der DGA-Bau Nr. 1, Beitrag Schröder, S. 2 und ebenso Beitrag Hofbauer, Thomas S. 8.

246 Vgl. *Deutsche Gesellschaft für Außergerichtliche Streitbeilegung im Bauwesen e.V.* (Hrsg.), Schriftenreihe der DGA-Bau Nr. 2, Beitrag Haghsheno, S. 6.

Das Wichtigste auf der Baustelle ist die Förderung des Projekts, um Stillstände und die damit verbundenen Kosten zu vermeiden. In den allermeisten Fällen von Baustreitigkeiten gibt es nicht „die eine richtige“ Expertenlösung. Das Baugeschehen fordert daher den Versuch einer schnellen Einigung. Durch die Schnelligkeit des Adjudikationsverfahrens erhöht sich der Druck der Parteien eine Einigung herbeizuführen und die Beteiligten arbeiten konzentriert und konstruktiv zusammen. Eine Adjudikationsentscheidung kann zeitnah umgesetzt werden. Möglicherweise notwendige Korrekturen können im Nachgang vorgenommen werden, ohne die Bauausführung zu belasten oder zu unterbrechen.

Die Geschwindigkeit des Verfahrens bringt folgende Vorteile mit sich:

- Sicherung von Vergütungsansprüchen der Auftragnehmer

Wie bereits erläutert, stellen Vergütungsstreitigkeiten prozentual den Großteil der Streitinhalte dar.[247]

Gralla und Sundermeier stellen anhand einer Umfrage unter Baubeteiligten fest, dass Vergütungs- und Nachtragsfragen als mit Abstand wichtigstes Konfliktfeld angesehen werden und zwar in der folgenden Reihenfolge: Probleme infolge unklarer bzw. unvollkommener Leistungsbeschreibung, Nachträge aus Behinderungen bzw. Bauablaufstörungen und Streitfälle wegen Leistungsmodifikationen.[248]

Gerade bei Streitigkeiten über Vergütungsfragen aller Art, dem Grunde und der Höhe nach, ist die Adjudikation als ASB-Verfahren sehr gut geeignet. Die DAB-Verfahren unter dem HGCRA haben gezeigt, dass systembedingt in circa 67 % der Fälle der Antragsteller das Adjudikationsverfahren gewinnt.[249] Somit kann der Cashflow der Auftragnehmer gesichert werden, damit eine zu geringe Liquidität nicht existenzbedrohend wird.

- Verbesserung des Klimas zwischen den Parteien

Eine schnelle Adjudikationsentscheidung sorgt dafür, dass die Streitigkeit nicht mehr zwischen den Parteien steht und diese unbelasteter miteinander umgehen

247 Vgl. *Deutsche Gesellschaft für Außergerichtliche Streitbeilegung im Bauwesen e.V.* (Hrsg.), Schriftenreihe der DGA-Bau Nr. 1, Beitrag Schröder, S. 2 Beitrag Hofbauer, Thomas S. 8. Vgl. ebenso *Deutsche Gesellschaft für Außergerichtliche Streitbeilegung im Bauwesen e.V.* (Hrsg.), Schriftenreihe der DGA-Bau Nr. 2, Beitrag Haghsheno, S. 6.

248 Vgl. Kapitel B.I.3 zu den Hauptursachen für Baustreitigkeiten aus *Gralla/Sundermeier*, BauR 2007, 1961, (1962).

249 Vgl. *Trushell, Ian McE./ Milligan, J. L./ Cattanach, L.*, Research analysis of the progress of adjudication based on returned questionnaires from adjudicator nominating bodies (ANBs) and from a sample of adjudicators, Tab. 5.

können. Der Vorteil der Adjudikation besteht darin, dass das Verfahren zukunftsorientiert ausgerichtet werden kann, indem Maßnahmen für ein „neues" Miteinander für die Projektabwicklung geschaffen werden. So müssen die Parteien das Bauvorhaben nicht parallel zu einem laufenden Prozess abwickeln, der die Stimmung unterschwellig immer beeinflussen wird.

Im Vergleich dazu bieten die ordentlichen Gerichte nur eine Vergangenheitsbewältigung an. Nach Eröffnung eines Verfahrens werden zudem jedwede weitere Streitigkeiten nur noch unter dem Aspekt der Klage gesehen. Das verursacht emotionales Verhalten, welches das eigentliche Ziel, nämlich die Förderung des weiteren Projektfortschritts, ausblendet. Eine Kooperation der Parteien ist nicht mehr gegeben.

- Sicherung der Ressourcen für die Ausführung

Die Durchführung eines Adjudikationsverfahrens bewirkt nur eine minimale Störung des Projekts. Der Tatsachenvortrag wird zeitnah geführt und nicht erst Monate oder Jahre nach Abschluss des Bauvorhabens. So können die Parteien im Anschluss den weiteren Bauablauf effizient planen. Die Ressourcen, die regelmäßig für ein späteres, dann entfallendes, Gerichtsverfahren verwendet werden müssten, stehen den Parteien nach Abschluss der Adjudikation für die Abwicklung des Bauvorhabens zur Verfügung. Während der Ausführung können die Beteiligten somit ihr Fachwissen für die Herstellung des Werkerfolgs einbringen und sind nicht in einem Gerichtsverfahren gebunden.

2. Lösung für faktische Baustreitigkeiten

Die Adjudikationsverfahren sind nicht nur schnell, sondern auch zeitnah und baustellennah. Das bedeutet, dass zum einen das Wissen über die Tatsachen noch vorhanden ist und zum anderen diese vor Ort besichtigt werden können. Da die meisten Baustreitigkeiten faktisch geprägt sind, ist das enorm wichtig. Eine nachträgliche Feststellung dieser Fakten, die nach Projektablauf „überbaut" worden sind, ist nur begrenzt möglich.[250]

Um Ursache und Wirkung der multikausalen Baustreitigkeiten voneinander abzugrenzen und die Komplexität überhaupt justitiabel zu halten, sind eine zeitnahe Aufnahme des Sachverhalts und eine vorläufige Entscheidung erforderlich. Bei Verfahren vor den staatlichen Gerichten, die versuchen die Sachverhalte rückblickend aufzuklären, geht das regelmäßig zu Lasten der Auftragnehmer, weil diese in der Regel die Beweislast tragen.

---

250 Vgl. *Roquette*, BauR 2008, 1779, (1779).

Für die faktisch geprägten Baustreitigkeiten sind die Adjudikationsverfahren daher besser geeignet als die aktuellen gesetzlichen Prozesse. In den meisten staatlichen Gerichtsverfahren muss Beweis erhoben werden. Dieser entscheidet dann inhaltlich das Verfahren und bringt somit zeitnah das Ende des Prozesses mit sich. Wenn das Sachverständigengutachten für das Gerichtsverfahren nämlich erst einmal verfasst ist, werden die Verfahren im Anschluss regelmäßig zügig abgeschlossen.[251]

Dies bestätigt auch RISSE. Wenn erst einmal der Sachverhalt geklärt ist, *„ist die rechtskonforme Lösung meist sehr einfach.“*[252] Oder anders ausgedrückt: In der Realität lösen sich viele Rechtsfragen ganz von selbst, wenn es nur gelingt, sich (in einer Adjudikation) über die Fakten zu einigen.

Auch die sogenannten Nullsummenspiele, die faktische Streitigkeiten oft mit sich bringen, das heißt Konflikte, die vermeintlich nur mit ja oder nein bzw. richtig oder falsch entschieden werden können, eignen sich für eine Adjudikation besser, als für eine Lösung vor dem staatlichen Gericht. Oft kann sich nämlich während der Streitlösung herausstellen, dass es doch mehrere Möglichkeiten für eine Lösung gibt und nicht nur „eine richtige“, die zwingend einen Gewinner und einen Verlierer hervorruft. Der Richter darf die Lösungsmöglichkeiten, im Gegensatz zu dem Adjudikator, nicht erweitern, sondern entscheidet sich letztlich für einen der beiden Parteivorträge.

Zusammenfassend lässt sich festhalten, dass der Adjudikator so rechtzeitig wie möglich in eine Streitigkeit einbezogen werden sollte, um mit den Projektbeteiligten vor Ort das Problem zu lösen. Ein Dritter, der zeitlich und inhaltlich weit weg vom Geschehen ist, kann den Streit nie besser oder fairer lösen.

3. Fokussierung baubetrieblicher Themen

Schon durch die Benennung der Adjudikatoren ist es möglich, dem Verfahren, abhängig vom Streitgegenstand, einen bestimmten fachlichen Schwerpunkt zu verleihen. Die Adjudikationsverfahren im Vereinigten Königreich werden zum Beispiel nur in 30 % der Fälle von einem Juristen begleitet.[253]

---

251 Vgl. *Kapellmann, Klaus D./ Vygen, Klaus* (Hrsg.), *Schröder/ Gerdes/ Teubner Oberheim*, Jahrbuch Baurecht 2009, S. 87.

252 *Deutsche Gesellschaft für Außergerichtliche Streitbeilegung im Bauwesen e.V.* (Hrsg.), Schriftenreihe der DGA-Bau Nr. 1, Beitrag Risse, S. 2.

253 Vgl. *Trushell, Ian McE./ Milligan, J. L./ Cattanach, L.,* Research analysis of the progress of adjudication based on returned questionnaires from adjudicator nominating bodies (ANBs) and from a sample of adjudicators, Tab. 3.

Dies zeigt, dass nicht der juristisch korrekte Verfahrensgang entscheidend ist, sondern das Ergebnis. Für die Parteien steht die Höhe ihrer Forderung nach Vergütung oder Bauzeit im Mittelpunkt. Die juristische Grundlage, also die anspruchsbegründende Kausalität, hat dafür eine untergeordnete Bedeutung. In einem Adjudikationsverfahren muss der Sachverhalt nicht so detailliert aufgearbeitet werden, als wenn damit ein Gerichtsverfahren durchlaufen werden müsste.

Besonders ersichtlich wird dies bei komplexen Streitigkeiten, wie beispielsweise einem gestörten Bauablauf. Nachträglich ist der Nachweis der Kausalitäten nahezu unmöglich: Wann hat welche Behinderung aufgrund welcher Anspruchsgrundlage welche Ansprüche ausgelöst? Für einen „gerichtsfesten" Bauzeitnachtrag müsste der Sachverhalt akribisch, bis ins letzte Detail aufgearbeitet werden. Dieser Aufwand steht zum einen nur sehr selten im Verhältnis zu dem Streitwert. Zum anderen ermöglicht eine juristische Ausarbeitung noch keine baubetriebliche Umsetzung.

Selbst wenn in einem jahrelangen Verfahren die Verteilung der Kausalitäten und Haftung erfolgt ist, bedarf es anschließend einer Umsetzung dieser Erkenntnisse bezüglich der Forderungen der Parteien. Sollte das Verfahren nicht durch einen Vergleich beendet werden, muss festgelegt werden, wie die Vergütungs- und Entschädigungsansprüche des Auftragnehmers berechnet werden und wie der Bauzeitenplan fortzuschreiben ist. Für die Unternehmer ist die Berechnung ihrer Forderungen von zentraler Bedeutung. Die Unterstützung durch einen Anwalt allein, zur Klärung der Anspruchsgrundlagen, hilft in der Sache nicht weiter. Dies kann mit der Durchführung eines Adjudikationsverfahrens, welches sich auf die haftungsausfüllende Kausalität fokussiert, wirkungsvoll vermieden werden.

4. Förderung der Kooperation

Schon die vertragliche Vereinbarung von außergerichtlichen Streitbeilegungsverfahren kann den Einigungswillen der Parteien fördern, weil es zu selbstbestimmtem Handeln der Parteien verhilft. Die Parteien akzeptieren, dass es Konflikte geben wird. Mit diesen soll offen und konstruktiv umgegangen werden, da es stets um Streitigkeiten über Tatsachen geht, die ein partnerschaftliches Miteinander der Parteien nicht belasten sollten. Dies fördert eine Fehlerkultur, in der die Parteien stets versuchen, eine einvernehmliche Lösung mithilfe des von ihnen vereinbarten Verfahrens zu finden. Sofern eine Adjudikation vertraglich vereinbart wurde, wird jede Partei auch daran festhalten. Anderenfalls wäre dies mit einem Gesichtsverlust oder dem Eingeständnis verbunden, dass die Verfahrenswahl doch nicht die richtige war.

Das Verfahren der Adjudikation wird nicht ausschließlich durch einen Dritten fremdgesteuert, sondern kann auch von den Parteien mitbestimmt und vorangetrieben werden. Zum einen soll stets auf eine gütliche Einigung hingewirkt werden und zum anderen haben die Parteien die Möglichkeit, das Verfahren zur Streitbeilegung durch die Gestaltung der Verfahrensordnung individuell anzupassen. Gerade in einer projektbegleitenden Adjudikation, aber auch bei einem ad-hoc eingeleiteten Verfahren, können und sollten die Adjudikatoren auch als Mediator agieren, um nicht nur vergangene Streitigkeiten zu lösen, sondern zum Beispiel auch Umgangsformen im Projekt zu finden oder nachträglich erforderliche Vertragsanpassungen vorzunehmen. So können Missstände im Projekt frühzeitig aufgedeckt und für die weitere Abwicklung neue Regelungen oder Vereinbarungen aufgestellt werden, um ein erneutes Auftreten der gleichen Streitigkeit zu vermeiden.

Dies kann am Beispiel von Stundenlohnzetteln verdeutlicht werden. Bereits bei Streitigkeiten über den ersten Regiezettel, können die Parteien eine eventuelle vertragliche Regelungslücke durch eine nachträgliche, ergänzende Vereinbarung schließen. Bei allen weiteren Streitigkeiten über Stundenlohnarbeiten wird dann das neu abgestimmte Verfahren angewendet, anstatt zu warten, bis am Ende des Projekts eine Vielzahl von Stundenzetteln im Wert von mehreren Tausend Euro strittig ist.

Gerichtliche Verfahren, in denen aufgrund von festgeschriebenen Rechtsnormen entschieden wird, sind für die Förderung der Kooperation zwischen den Parteien nicht geeignet. Es werden ausschließlich die Positionen der Parteien beleuchtet und untersucht, ob diese juristisch durchsetzbar sind. Nicht justitiable Themen werden nicht untersucht, zum Beispiel welche Partei sich mit besonderem Engagement für den Projektfortschritt eingesetzt hat und dafür unter Umständen einen Ausgleich erhalten sollte. Insgesamt werden bei gerichtlichen Verfahren auch nach dem Austausch mehrerer hundert Seiten Schriftsätze oft Vergleiche angestrebt. Das liegt daran, dass versucht wird, ausschließlich auf der juristischen Ebene zu entscheiden. Die baubetriebswirtschaftlichen Probleme werden im Regelfall nicht oder nur am Rande behandelt. Dabei ist gerade der Anspruch der Höhe nach und eine faire Entscheidung, bezüglich der haftungsausfüllenden Kausalität, für die Akzeptanz der Entscheidung durch die Parteien entscheidend. Eine gerichtliche Entscheidung, die die Anspruchsgrundlagen detailliert darlegt und darüber hinaus auf Basis von Rechtsgrundlagen lediglich einen Vergleich vorschlägt, trägt nicht zu einer kooperativen Zusammenarbeit der Parteien bei.

Dagegen entspricht die Vereinbarung eines Adjudikationsverfahrens auf Grundlage der von den Parteien vereinbarten vertraglichen Regelungen, dem grundsätzlichen Willen nach Selbstbestimmung.

Die bereits zu Beginn genannten multikausalen Störungen und Streitgegenstände lassen sich nicht voneinander trennen, treten oft gleichzeitig ein und wirken sich dann gemeinsam auf den Bauablauf aus.[254] Außerdem versuchen die Parteien oft, die Konsequenzen, die sich aus Unklarheiten eines lückenhaften Vertrags ergeben, während der Projektausführung durch ihre (teilweise überhöhten) Forderungen wieder auszugleichen. Für beide Fälle eignet sich die Adjudikation, um ein kooperatives Verhalten der Parteien wiederherzustellen. Denn im Vergleich zu einem staatlichen Prozess werden die Interessen der Parteien berücksichtigt. Dies führt dazu, dass durch sachbezogenes Verhandeln und Erweiterung der Lösungsmöglichkeiten, nach Möglichkeit eine Entscheidung getroffen werden kann, die beiden Parteien dienlich ist. Auf dieser Grundlage können die Parteien dann eine kooperative Bauabwicklung fortsetzen.

5. Auswahl eines fachkundigen Dritten

Ein weiterer Vorteil eines Adjudikationsverfahrens ist die Fachkunde der Streitlöser. Bei staatlichen Prozessen entscheiden nicht spezialisierte Richter über bautechnische und baubetriebliche Probleme. Durch das Hinzuziehen von Sachverständigen verzögern sich die Verfahren wesentlich. Dieser Problematik kann durch die Wahl und Beauftragung des „richtigen" Adjudikators, der über den Streit zu entscheiden hat, entgegengewirkt werden.[255]

Die Parteien können bereits im Hauptvertrag einen Adjudikator benennen, der über möglichst umfangreiches Fachwissen verschiedener Disziplinen verfügt. In diesem Fall haben die Parteien sich vorher durch die Wahl und Ergänzung einer Verfahrensordnung darauf zu verständigen, ob der Adjudikator, mit oder ohne Zustimmung der Parteien, weitere Sachverständige zur Unterstützung bei der Entscheidungsfindung hinzuziehen darf oder nicht.

254 Vgl. Kapitel B.I.3 und 4 zu den Hauptursachen für Baustreitigkeiten und die Streitgegenstände.

255 Vgl. Kapitel D.VI.2.c bezüglich der Auswahl des Adjudikators und den Anforderungen an den Adjudikator.

Bei der Durchführung eines ad-hoc eingeleiteten Verfahrens kann direkt ein Adjudikator mit dem notwendigen spezialisierten Fachwissen für den vorliegenden Streitgegenstand ausgewählt werden.

Bei großen Projekten mit komplexen Streitigkeiten ist über eine Adjudikation mit einem (Dreier-) Gremium nachzudenken. Dadurch erhöht sich die fachliche Kompetenz. Allerdings entstehen den Parteien auch deutlich höhere Kosten. Gemäß Drewsen und Quensell lohnt sich ein Dreiergremium erst ab einem Streitwert von etwa 300.000 €.[256]

Doch auch ein gewissenhaft ausgewählter oder von einer Institution benannter Einzeladjudikator hat bereits in „erster Instanz“ eine höhere Fachkompetenz als ein nicht spezialisierter Richter. Dieser Vorteil ist nicht zu unterschätzen, da er zum einen zu der Geschwindigkeit des Verfahrens und zum anderen zu der Akzeptanz durch die Parteien beiträgt.

III. Abwägung der Vor- und Nachteile

Die Auseinandersetzung mit den Kritikpunkten und Vorteilen der Adjudikation hat erkenntlich gemacht, dass bezüglich dieses relativ neuen Verfahrens noch einige Unsicherheiten existieren. Bei der Frage für oder gegen die Durchführung einer Adjudikation ist zu entscheiden, ob die vermeintlichen Nachteile sich bei der Wahl eines staatlichen Gerichtsverfahrens reduzieren würden oder ob es vielmehr andere schwerwiegende Nachteile gibt, die regelmäßig nicht gesehen werden, weil sich die Parteien an diese bereits gewöhnt haben. Eine klare Entscheidung, wie in einem Streitfall während der Bauausführung weiter vorzugehen ist, werden die Parteien von einem ordentlichen Gericht nicht erhalten.

Die Unsicherheiten, die das Adjudikationsverfahren als neues Streitbeilegungsverfahren mit sich bringt, liegen vor allem im Bereich der vorläufigen Bindungswirkung. Dies liegt darin begründet, dass es ein derartiges Modell zur Streitbeilegung im deutschen Rechtssystem bisher nicht gibt, wie die Diskussion über die Einordnung der Adjudikation gezeigt hat. Somit sind einige Rechtsfolgen bei der Rückabwicklung im Falle der Revision einer Adjudikationsentscheidung unklar. Auch die Bestimmung der Sicherheiten, die regelmäßig gestellt werden sollten, damit die andere Partei sich an eine nur vorläufig verbindliche Entscheidung binden kann, ist schwierig.

Durch individuelle Vertragsklauseln sind diese Unsicherheiten jedoch weitestgehend lösbar. Die Parteien sollten die Möglichkeiten nutzen, für sie und das

---

256 Vgl. *Drewsen, G.-F./ Quensell, Wolf,* Einführungsvortrag zur Streitvermeidung und Streitbeilegung.

jeweilige Projekt passende Lösungen zu entwickeln und diese zur Schließung der derzeit noch bestehenden Regelungslücken zu vereinbaren. Diese Freiheit sollte als Chance begriffen werden und nicht als Ablehnungsgrund für ein Adjudikationsverfahren.

Verfahren mit mehreren Parteien sind nicht zwingend notwendig, aber möglich. Auch komplexe Streitthemen eignen sich unter den richtigen Voraussetzungen für die Beilegung in einem Adjudikationsverfahren.

Viel maßgeblicher als die Reduzierung der genannten Nachteile sind jedoch die Vorteile des Verfahrens. Die Adjudikation ist schnell und kompetent. Das ist das Hauptargument für Baustreitigkeiten. Es wird schnell und zeitnah eine fachgerechte Lösung für faktische Probleme geschaffen. Nur die unmittelbare Lösung einzelner Konfliktsituationen kann eine Anhäufung und Verwirrung der komplexen Probleme zwischen den Parteien vermeiden. Das „Claimgebirge“[257] bei beiden Parteien darf gar nicht erst entstehen. Die nachträgliche Aufklärung und Zuweisung der Kausalitäten von Ursachen, die sich parallel, konkurrierend und überholend letztlich auf die gleichen Vorgänge auswirken, ist unmöglich.

Nach Abwägung der Vor- und Nachteile müssen die Parteien selbst entscheiden, ob sie sich durch einige Neuerungen und Unsicherheiten von der Anwendung der Adjudikation abhalten lassen wollen. Natürlich kann die unbefriedigende Situation vor den ordentlichen Gerichten so lange hingenommen werden, bis ein Verfahren entwickelt ist, welches den Parteien perfekt erscheint. Die Alternative, nämlich ein Verfahren auszuprobieren, das viele Vorteile bietet, ist jedoch empfehlenswert. Wichtig ist nur, die vermeintlichen Schwachpunkte des Verfahrens zu kennen und diesen mit den richtigen Maßnahmen gegenzusteuern. Anderenfalls wird die Möglichkeit vertan, die Vergütungsansprüche der Unternehmer zu sichern und der Baustelle eine schnelle Lösung zu bieten. Es soll gar nicht bestritten werden, dass eine detaillierte Sachverhaltsermittlung der ordentlichen Gerichte zu juristisch belastbareren Aussagen bezüglich der Forderungen der Parteien führt. Doch selbst wenn die Adjudikationsentscheidungen nicht immer (juristisch) korrekt sind, helfen sie den Parteien und dem Bauvorhaben mehr, wenn sie während der Projektausführung getroffen werden, als erst Jahre später.[258]

257 Der Begriff „Claimgebirge“ bezeichnet den Umstand, dass sich die wechselseitigen, teilweise stark überzogenen Forderungen beider Parteien anstauen und so zu einem nicht mehr nachvollziehbaren Gewirr aus verschiedenen Ansprüchen und Kausalitäten anwachsen.

258 Vgl. *Deutsche Gesellschaft für Außergerichtliche Streitbeilegung im Bauwesen e.V.* (Hrsg.), Schriftenreihe der DGA-Bau Nr. 1, Beitrag Risse, S. 7.

Im Ergebnis ist festzuhalten, dass es zahlreiche Situationen und Baustreitigkeiten gibt, in denen die Durchführung einer Adjudikation als sehr sinnvoll anzusehen ist. Besonders bei Vergütungsstreitigkeiten, aber auch für komplexere Themen der Bauzeit mit multikausalen Auswirkungen auf den Bauablauf, bietet die Adjudikation große Vorteile.

F. Entwicklung einer bedarfsoptimierten Adjudikationsordnung

Die Darstellung der Adjudikation als Streitbeilegungsverfahren mit den wesentlichen Vor- und Nachteilen hat gezeigt, dass dieses Verfahren für die Lösung von Baustreitigkeiten gut geeignet ist. In der Folge wird untersucht, welche Verfahrensordnung für nationale Bauprojekte verwendet werden sollte und welche individuellen Anpassungen notwendig oder sinnvoll sind.

I. Wahl des Adjudikationsverfahrens

Zunächst sollten die Parteien bezüglich des Zeitpunkts und der Dauer des Verfahrens festlegen, ob eine projektbegleitende Adjudikation eingerichtet wird oder ein ad-hoc eingeleitetes Verfahren ausreichend ist. Aufgrund der großen Vorteile eines dauerhaft eingesetzten DAB, sehen die international ausgerichteten Verfahrensregeln der ICC und der FIDIC (zukünftig[259]) ausschließlich diese Möglichkeit vor. Die derzeit vorhandenen nationalen Verfahrensordnungen AO-Bau und SL Bau sind für die Anwendung von ad-hoc Verfahren konzipiert. Lediglich die DIS sieht Regelungen zu beiden Varianten vor; allerdings in zwei verschiedenen Verfahrensordnungen.

Nach Festlegung der Art des Verfahrens kann die geeignete Verfahrensordnung gewählt werden.

1. Einsatzzeitpunkt und -dauer

Das oft genannte Urteil über ad-hoc Verfahren, dass diese zu langsam seien und deshalb der Einsatz einer projektbegleitenden Adjudikation zu wählen ist, greift zu kurz. Um eine fundierte und für das Projekt passende Auswahl zu treffen, sind weitere Faktoren zu berücksichtigen.

Die projektbegleitende Adjudikation hat sich aus der Funktion des „Engineer" weiterentwickelt. Die Idee vieler Standardverträge ist es, dass der „Engineer" in erster Instanz direkt auf der Baustelle über Streitigkeiten und Missverständnisse zwischen den Parteien entscheidet. Erst wenn diese Vorprüfung zur

---

259 Vgl. *Hök,* Dispute-Adjudication in Deutschland, https://www.dr-hoek.de/beitrag.asp?t=Dispute-Adjudication-in-Deutschland (zuletzt besucht am 28.06.2017). Wie in Kapitel C.I.4 erläutert, werden die ad-hoc verfahren im yellow und silver book zukünftig durch projektbegleitende DAB ersetzt.

Unzufriedenheit einer der Parteien ausfällt, entsteht eine Streitigkeit, die vor dem DAB ausgetragen werden kann und soll. So wird keine Partei von einer Streitigkeit überrascht. Besonders empfehlenswert ist diese Art der Adjudikation bei einem nicht klar definierten Leistungsumfang, einer Vielzahl von technischen Risiken, umfangreichen Mitwirkungsverpflichtungen des Auftraggebers und komplexen Bauvorhaben. Bei einer projektbegleitenden Adjudikation können regelmäßige Treffen und Baustellenbesuche mit den Parteien und dem Adjudikator stattfinden, um über den Projektstand zu berichten. Dabei werden bereits aufkommende Probleme erkannt und können direkt gelöst werden, bevor diese eskalieren. Die Regelungen der ICC-DB sehen derartige „site visits" dreimal im Jahr vor. Daran ist bereits zu erkennen, dass diese Form der Adjudikation für Großprojekte mit langen Ausführungsdauern gedacht ist.

Der Adjudikator wird bei einer projektbegleitenden Adjudikation also regelmäßig auch als Mediator tätig werden. Dadurch können die Parteien davon abgehalten werden, überzogene Forderungen in eine Adjudikation einzubringen oder Verfahren lediglich aus emotionalen Gründen einzuleiten. Unter Umständen kann auch die Einigungsbereitschaft der Parteien erhöht werden, weil die Wahrscheinlichkeit, dass eine Partei das DAB anruft, höher ist, als wenn erst ad-hoc ein Adjudikator gefunden werden muss. Ist jedoch baubegleitend ein Adjudikator vorhanden, kann jede Partei ohne großen Aufwand ein Verfahren einleiten. So merkt die Gegenpartei, dass ein Verfahren jederzeit möglich ist und der Vertragspartner von dieser Möglichkeit Gebrauch macht. Alleine dieses Wissen kann zu einem kooperativen und vertragsgerechten Verhalten führen.

Diese Vorteile müssen sich die Parteien jedoch „erkaufen", da monatliche Vergütungssätze für die Bereitschaft der Adjudikatoren, zuzüglich zu deren Vergütung für die eigentliche Leistungserbringung, zu zahlen sind. Deshalb lohnt sich eine projektbegleitende Adjudikation aus wirtschaftlichen Gesichtspunkten erst ab einer bestimmten Projektgröße, die nach Einschätzung von SCHRÖDER ab etwa 10 bis 40 Mio. € beginnt.[260]

Folglich ist zu prüfen, für welche Projekte auch ein ad-hoc eingeleitetes Verfahren ausreichend ist. Dies ist regelmäßig der Fall, wenn der Leistungsumfang durch den Auftraggeber in Form eines Leistungsverzeichnisses oder einer Leistungsbeschreibung relativ detailliert vorgegeben wird, wenige technische oder sonstige Risiken bestehen und der Auftraggeber nach Vertragsabschluss wenig Planungsleistungen oder andere Mitwirkungen zu erbringen hat.

---

260 Vgl. *Deutsche Gesellschaft für Außergerichtliche Streitbeilegung im Bauwesen e.V.* (Hrsg.), Schriftenreihe der DGA-Bau Nr. 1, Beitrag Schröder, S. 11.

Dies trifft auf die überwiegende Mehrheit der nationalen Bauprojekte zu. Der Vorteil, dass der Adjudikator auch als Mediator tätig werden kann, geht in einem ad-hoc Verfahren nicht vollständig verloren. Alle Verfahrensordnungen sind auf eine gütliche Einigung ausgerichtet. So können die Parteien einen Adjudikator auch ad-hoc anrufen, um Missverständnisse oder Meinungsverschiedenheiten mit seiner Hilfe, gegebenenfalls auch in Form einer Empfehlung, gütlich im Einvernehmen beizulegen.

Doch auch bei der Frage, ob die Adjudikation projektbegleitend oder ad-hoc ausgeführt werden sollte, können individuelle Alternativen gefunden werden. Bei der Wahl einer projektbegleitenden Adjudikation ist es zum einen möglich, deren Dauer auf bestimmte Bauabschnitte, die technisch oder in sonstiger Hinsicht anspruchsvoll sind, zu begrenzen. Zum anderen muss nicht für alle Vertragsverhältnisse im Projekt eine projektbegleitende Adjudikation gewählt werden, sondern es kann auf bestimmte Verträge ein ad-hoc Verfahren angewendet werden.

Diese Überlegungen zur individuellen Änderung lassen sich auch auf ad-hoc Verfahren übertragen, um diese an die Projektbedürfnisse anzupassen. Um die Schnelligkeit von ad-hoc Adjudikationen zu sichern, ist es ratsam, dass sich die Parteien bereits vertraglich auf einen Adjudikator einigen. Dies wird in den Regelungen der AO-Bau und SL Bau ebenso empfohlen. Gerade für die anfängliche Zeit im Projekt können die Parteien zusätzlich sehr kurze Fristen für eine Verfahrenseinleitung vereinbaren. Dazu versichert der benannte Adjudikator, dass er beispielsweise innerhalb von ein bis zwei Wochen für ein Verfahren zur Verfügung steht.

Meist ist in den ersten Monaten der Ausführung ein Großteil der geschuldeten Mitwirkungen des Auftraggebers erforderlich, damit der Auftragnehmer seine Leistungen vertragsgerecht erbringen kann. Das Grundstück muss in dem vereinbarten Zustand übergeben werden, eventuelle Vorleistungen anderer vom Auftraggeber beauftragter Dritter sind zu erbringen und die Planungsleistungen des Auftraggebers oder die Freigaben, der vom Auftragnehmer erstellten Planung, haben zu erfolgen. Wenn in dieser Zeit einige schnelle und grundlegende Entscheidungen eines Adjudikators dazu beitragen, dass die Parteien eine vernünftige Regelung für Streitigkeiten im Projekt und einen kooperativen Umgang miteinander entwickeln, stellt dies einen enormen Mehrwert dar. Sollten im Laufe des Projekts weitere Streitigkeiten auftreten, kann der Adjudikator, der dann bereits über Projektwissen verfügt, auch diese Streitigkeiten beilegen. Auf diese Weise werden die Vorteile einer projektbegleitenden Adjudikation ein

Stück weit auf ad-hoc eingerichtete Verfahren übertragen. Ein derart modifiziertes ad-hoc Verfahren wird für eine Vielzahl der Bauvorhaben ausreichend sein.

2. Auswahl der Verfahrensordnung

Egal für welches Verfahren sich die Parteien entscheiden, das Verfahren wird akzeptiert, wenn die Parteien damit einverstanden sind. Daher sind die folgenden Empfehlungen nicht als zwingend einzuhaltende Vorschriften zu verstehen. Vielmehr werden die Vorteile verschiedener Regelungen aufgezeigt und begründet. Auf dieser Grundlage können die Anwender der Verfahrensordnungen ihren (potentiellen) Vertragspartner entsprechend sachgerecht über das Verfahren informieren.

Die bisherigen Diskussionen und Erläuterungen haben gezeigt, dass ein ASB-Verfahren besonders geeignet ist, wenn es keiner starren Verfahrensordnung folgt, sondern individuell von den Parteien mitgestaltet werden kann. Dabei muss kein Streitlöser während der gesamten Projektdauer zur Verfügung stehen. Ein modifiziertes ad-hoc Verfahren ist ausreichend. Das Verfahren sollte nach Möglichkeit mit einem vollstreckbaren Anwaltsvergleich gemäß § 796a ZPO enden, wenn die Parteien anwaltlich vertreten sind.

Diese grundsätzlichen Einschätzungen begründen als Auswahl einer geeigneten Verfahrensordnung die SL Bau. Diese enthält allgemeine Verfahrensbedingungen, die auf alle ASB-Verfahren angewendet werden können und zusätzlich spezielle Regelungen für die Durchführung einer Adjudikation. Die Gestaltung der SL Bau lässt individuelle Anpassungen der Parteien zu.

Darüber hinaus erscheint die SL Bau wenig reglementiert und aufgrund der Zusammenarbeit zwischen dem DBV und der DGfB sehr praxisnah. Eine juristisch formalisierte Verfahrensordnung, die keine ausgeprägte Sachverhaltsermittlung durch den Adjudikator vorsieht, wäre nicht geeignet. Ein wichtiger Schwerpunkt wird auf die Ausbildung und Auswahl des Adjudikators gelegt. Dies ist für die Akzeptanz der Entscheidung und damit für den Erfolg des Verfahrens von erheblicher Bedeutung. Die folgenden drei Punkte, in denen sich die SL Bau von den anderen Verfahrensordnungen abgrenzt, werden zudem überwiegend als vorteilhaft angesehen:

- Bei Nichtbeachtung der Entscheidung erfolgt die Pflicht zur Zahlung von Zwangsgeld und für die Gegenpartei das Recht auf Leistungsverweigerung oder Kündigung (§ 26 Abs. 2 SL Bau).

Um einen eventuellen Nachteil aus der mangelnden Möglichkeit oder zumindest unklaren Situation bezüglich der Vollstreckbarkeit auszugleichen, sollten die Parteien vertragliche Regelungen für den Fall einer Nichtbeachtung der Adjudikationsentscheidung aufnehmen. Die SL Bau bietet bereits eine Auswahl an Maßnahmen an. Wenn die zweifache Festsetzung eines Zwangsgeldes noch immer nicht zur Beachtung der Adjudikationsentscheidung führt, darf die Leistung verweigert oder der Vertrag gekündigt werden. Dies gilt ausdrücklich auch für die Fälle, in denen die Entscheidung fehlerhaft ist und später (schieds-) gerichtlich revidiert wird. Die eingeräumten Rechte der (zunächst) begünstigten Partei sind somit endgültig bindend.

Wegen einer eventuellen AGB-Problematik müssen die Parteien die außerordentliche Kündigungsmöglichkeit als individualvertragliche Regelung in ihren Vertrag aufnehmen.

- Eine Überprüfung durch ein (Schieds-) Gericht erfolgt erst nach Abnahme oder Beendigung des Schuldverhältnisses (§ 28 Abs. 1 SL Bau).

Hat eine Partei der Entscheidung des Adjudikators widersprochen, kann diese nicht unmittelbar überprüft werden. Dieser Ausschluss eines zeitlich begrenzten Klageverzichts kann grundsätzlich wirksam vereinbart werden. Eine Entscheidung von einem ordentlichen Gericht würden die Parteien ebenso wenig vor der Abnahme erhalten. Daher werden die Parteien durch diese Regelung nicht schlechter gestellt. Die Überprüfung der Verbindlichkeit der Adjudikationsentscheidung ist von diesem Klageverzicht ausgenommen. Diese kann jederzeit (schieds-) gerichtlich überprüft werden.

Die Regelung der SL Bau beabsichtigt die Streitigkeiten von der Bauabwicklung fern zu halten. Die Parteien sollen ihre Ressourcen für die Ausführung und nicht für die Beilegung von Streitigkeiten einsetzen. Ein zusätzlicher Vorteil kann sich durch diese zeitliche Verlagerung ergeben. Ähnlich wie die von der FIDIC vorgesehene Bedenkzeit[261], kann die Zeit des Klageverzichts dazu führen, dass die Parteien auf ein (Schieds-) Gerichtsverfahren verzichten, weil sie erkennen, dass dieses ihnen keinen größeren Erfolg auf Durchsetzung der Forderungen in Aussicht stellt.

Zusätzlich ist zu vereinbaren, ob die Überprüfung vor einem Schiedsgericht oder einem ordentlichen Gericht erfolgen soll.[262]

---

261 Vgl. Kapitel C. I. 4 wonach die Bedenkzeit in den FIDIC-Verträgen als geeignetes Instrument angesehen wird, um die Anrufung des Schiedsgerichts zu vermeiden.

262 Zu beachten ist, dass nur die Partei klagen darf, die innerhalb der Monatsfrist widersprochen hat. Vgl. dazu Kapitel D. III. 6.

- Es muss eine hohe Wahrscheinlichkeit für oder gegen den Anspruch bestehen (§ 25 Abs. 2 SL Bau).

Unstreitig ist, dass die Entscheidung des Adjudikators, im Gegensatz zu § 319 Abs. 1 S. 1 BGB, nicht nur dann überprüft werden kann, wenn diese offenbar unbillig oder unrichtig ist. Hinsichtlich der vorläufigen Bindungswirkung sieht die SL Bau dieses Kriterium jedoch nicht als relevant an. Vielmehr muss eine hohe Wahrscheinlichkeit für oder gegen den Anspruch bestehen. Ist diese Voraussetzung nicht erfüllt, ist die Entscheidung des Adjudikators von Beginn an unwirksam. Dies kann jederzeit (schieds-) gerichtlich festgestellt werden.

Diese Forderung der SL Bau wird in der Literatur, unter anderem von LEMBCKE, kritisiert. Eine Beurteilung der Wahrscheinlichkeit sei gerade in einem summarischen Verfahren nicht möglich. Dafür müsse eine derart detaillierte Sachverhaltsermittlung, ähnlich wie bei einem ordentlichen Gerichtsverfahren, erfolgen, dass die Adjudikation nach der SL Bau nur unwesentliche Geschwindigkeitsvorteile bringe und keine effiziente Streitbeilegung gewährleiste.[263] Die SL Bau setze mit dieser Regelung die Richtigkeitsgewähr so hoch an, dass der Adjudikator nicht mehr gemäß der gesetzlichen Zweifelsregelung in § 317 Abs. 1 BGB nach billigem Ermessen entscheiden dürfe. Insgesamt sei die Adjudikation nach der SL Bau daher nur als *„gewöhnliches Schiedsgutachtenverfahren zu begreifen, das […] vollständig gerichtlich aufhebbar ist“*.[264]

Diese Meinung ist umstritten. Es ist nicht nachvollziehbar, dass ein Adjudikator für die Entscheidung, ob ein Anspruch mit hoher Wahrscheinlichkeit gegeben ist oder nicht, eine, einem Gerichtsverfahren ähnliche, Sachverhaltsermittlung betreiben muss.

MIERNIK erläutert die Regelung der SL Bau unter Verweis auf die ZPO. Ein Anspruch muss nicht zur vollen Überzeugung des Adjudikators mit an Sicherheit grenzender Wahrscheinlichkeit begründet und die gegen den Anspruch sprechenden Tatsachen müssen nicht ausgeschlossen sein. Ausreichend, aber auch notwendig, ist eine hohe Wahrscheinlichkeit für das Bestehen des Anspruchs. Insoweit kann auf die Literatur und Rechtsprechung der §§ 920 und 294 ZPO (Glaubhaftmachung) zurückgegriffen werden. Es muss etwas mehr für

---

263 Vgl. *Lembcke*, Kommentierung der Streitlösungsordnung für das Bauwesen (SL-Bau) der Deutschen Gesellschaft für Baurecht e.V. (DGfB) und des Deutschen Beton und Bautechnik-Vereins e.V. (DBV), III. § 24 1.a.cc.

264 Vgl. *Lembcke*, Kommentierung der Streitlösungsordnung für das Bauwesen (SL-Bau) der Deutschen Gesellschaft für Baurecht e.V. (DGfB) und des Deutschen Beton und Bautechnik-Vereins e.V. (DBV), IV. § 25 2.c.aa.

eine Berechtigung der Forderung sprechen als dagegen. Summarisch heißt nicht oberflächlich.[265]

Diesen Erläuterungen kann gefolgt werden. Auch bei einer Entscheidung nach billigem Ermessen sollten die Parteien darauf vertrauen dürfen, dass der Adjudikator nur dann einen Anspruch bejaht, wenn er das Vorliegen der Voraussetzungen für wahrscheinlicher hält als ein Nichtbestehen des Anspruchs.

In dieser besonderen Voraussetzung für die Wirksamkeit einer Adjudikationsentscheidung nach der SL Bau wird insgesamt keine problematische Regelung gesehen. Vor allem stellt dies keine derart schwerwiegende Abweichung von einem summarischen Adjudikationsverfahren dar, dass das Verfahren vollständig verändert und nicht mehr als solches effizient eingesetzt werden könnte.

Um diesbezügliche Unsicherheiten auszuräumen, bleibt es den Parteien freigestellt, individualvertragliche Regelungen bezüglich der Ermessensmaßstäbe des Adjudikators zu ergänzen.

Diese aufgezeigten Vorteile und Besonderheiten unterstützen die Wahl der SL Bau als Adjudikationsordnung. Systembedingt und/oder der Natur des Verfahrens geschuldet, existieren daneben einige Nachteile. Durch das frühzeitige Ergreifen von geeigneten Maßnahmen und eine gute Vertragsgestaltung, lassen sich diese jedoch weitestgehend eliminieren. Dies wird im folgenden Abschnitt erläutert.

II. Individuelle Anpassung der Verfahrensordnung

Wie bereits erwähnt, ist es nicht sinnvoll, eine Adjudikationsordnung gegen den Willen einer Partei zu vereinbaren. Es sprechen gute Gründe für die Auswahl der SL Bau. Wenn die folgenden Punkte zusätzlich beachtet werden, haben die Parteien eine vernünftige Basis zur Abwicklung eines Adjudikationsverfahrens geschaffen.

Doch auch wenn eine andere Verfahrensordnung als die SL Bau gewählt wird, können die folgenden Punkte sinngemäß angewendet werden. Es bleibt den Parteien zu prüfen, ob die genannten Themen inhaltlich ausreichend geregelt sind oder noch Anpassungen vorgenommen werden sollten.

Das Ergebnis der vergleichenden Untersuchung in Kapitel D ist nämlich nicht, dass die anderen Verfahrensordnungen, neben der SL Bau, nicht geeignet sind. Deshalb werden die folgenden Empfehlungen durch die vorteilhaften Regelungen anderer Verfahrensordnungen ergänzt. Jedoch wird die SL Bau wegen

---

265 Vgl. *Franke* (Hrsg.), Kommentar zur Streitlösungsordnung für das Bauwesen, SL Bau, S. 109.

ihres Aufbaus als Grundlage für eine vertragliche Regelung als sehr gut geeignet angesehen. Dies gilt insbesondere für die Möglichkeit, mithilfe der Verfahrensordnung, ein umfassendes Konfliktmanagement aufzubauen, worauf im folgenden Abschnitt noch näher eingegangen wird.

Dazu ist grundsätzlich das Verständnis der Parteien wichtig, dass es immer zu Streitigkeiten kommen kann. Streitigkeiten sollten kein Tabuthema sein und nicht dazu führen, dass die Parteien ihre Kompetenz in Frage stellen. Vielmehr sollten die Parteien eigenverantwortlich nach Lösungen zur Streitbeilegung suchen und diese konstruktiv im beiderseitigen Einvernehmen anwenden.

Dazu ist die Vereinbarung einer Klausel zur Streitbeilegung im Hauptvertrag ein erster Schritt. Natürlich können die Parteien sich auch nachträglich über die Anwendung einer Adjudikation verständigen. Dabei ist jedoch zu bedenken, dass der Streit die Beziehung der Parteien bereits belastet und eine derartige nachträgliche Vereinbarung regelmäßig erschwert.

Als Vordruck für eine Adjudikationsvereinbarung kann der Mustervertrag verwendet werden, der im Text der SL Bau als Anlage ergänzt ist.[266] Die Vorlage enthält lediglich wenige Punkte, die ohnehin selbstredend vereinbart werden müssen und die deshalb lediglich kurz benannt werden: Die Parteienbezeichnung, die Wahl der Verfahrensordnung, den Anwendungsbereich, für welche Streitigkeiten, Themen oder Bauabschnitte die Vereinbarung gelten soll, die Erklärung der Parteien und des Adjudikators zur Übernahme der Pflichten gemäß der vereinbarten Verfahrensordnung, eventuelle (Vertretungs-) Vollmachten und Regelungen zur Vergütung des Adjudikators.

Zusätzlich ist die Vereinbarung mit projektspezifischen Inhalten zu ergänzen. In welchem Dokument die Anpassungen vorgenommen werden, bleibt grundsätzlich den Parteien überlassen. Aus AGB-rechtlichen Gesichtspunkten wird empfohlen, die Änderungen zur Verfahrensordnung im Hauptvertrag als individualvertragliche Regelungen aufzunehmen.

1. Auswahl des Adjudikators

Die Auswahl des Adjudikators trägt wesentlich zur Akzeptanz und zum Erfolg des Verfahrens bei. Daher wird dieser wichtige Punkt an erster Stelle genannt. Die Parteien sollten vereinbaren, wer den Adjudikator wann bestimmt und wer als Adjudikator in Frage kommt.

---

266 Vgl. *Deutsche Gesellschaft für Baurecht e. V., Deutscher Beton- und Bautechnik-Verein E. V.,* Streitlösungsordnung für das Bauwesen (SL Bau), 48 ff.

Die Auswahl des Adjudikators erfolgt durch die Parteien oder durch eine Institution. Bei der Benennung des Adjudikators durch die Parteien kann am besten der Wille der Parteien beachtet werden. Durch die Wahl des Adjudikators steuern und beeinflussen die Parteien die Streitlösung eigenverantwortlich. Dies stellt einen großen Vorteil dar, weil die Parteien den selbst gewählten Adjudikator später viel eher akzeptieren werden. Die Bestimmung eines Adjudikators durch nur eine Partei ist zwingend zu vermeiden.

Können sich die Parteien nicht auf einen Adjudikator einigen und/oder entscheiden sich dazu, eine Institution mit der Benennung eines Adjudikators zu beauftragen, sollte es idealerweise die Institution sein, deren Verfahrensordnung gewählt wurde. Natürlich können auch andere Einrichtungen und Vereine, wie beispielsweise die Industrie- und Handelskammern, angefragt werden.

Unter dem HGCRA werden im Vereinigten Königreich in über 90 % der Fälle die Adjudikatoren von einer Institution bestimmt.[267] Die Zufriedenheit der Parteien mit den Verfahren ist (trotzdem) sehr hoch. Dies zeigt, dass eine Bestimmung, die nicht durch die Parteien erfolgt, nicht zu deren Nachteil gereichen muss. In Anlehnung an die ICC-Regeln können die Parteien der Institution fachliche Vorgaben aufgeben, die bei der Auswahl des Adjudikators zu beachten sind. Wenn die Parteien also keinen geeigneten Adjudikator finden, sollte auf jeden Fall die Hilfe Dritter in Anspruch genommen werden. Bei Anwendung der SL Bau wird also der DBV angerufen, der dann aus den von ihm gelisteten Streitlösern einen passenden Adjudikator vorschlägt.

Der Adjudikator muss sachkundig sein, ansonsten wird keine Anerkenntnis seiner Entscheidung erfolgen. Daher ist es wichtig, bestimmte Qualifikationsanforderungen an den Adjudikator, abhängig vom jeweiligen Streitgegenstand, zu stellen. Die Tätigkeit als Adjudikator stellt eine interdisziplinäre Aufgabe dar, für die nicht viele ausgebildet sind. Das umfangreiche Wissen auf mehreren Fachgebieten ist jedoch zwingende Voraussetzung, um den jeweils vorliegenden Streitgegenstand überhaupt vollumfänglich zu greifen. Anderenfalls wird nie eine sachgerechte Lösung gefunden werden können.

Um ein möglichst breites Wissen zu gewährleisten, bietet sich ein Verfahren mit einem Gremium aus Adjudikatoren an. Mit der richtigen Zusammensetzung des Gremiums kann erreicht werden, dass Entscheidungen sachgerecht getroffen werden. Durch den Einsatz von (beispielsweise) zwei Ingenieuren oder

267 Vgl. *Trushell, Ian McE./ Milligan, J. L./ Cattanach, L.*, Research analysis of the progress of adjudication based on returned questionnaires from adjudicator nominating bodies (ANBs) and from a sample of adjudicators, Tab. 4.

Sachverständigen wird das Einholen von Sachgutachten entbehrlich. Der vorsitzende Jurist eines Gremiums kann das Verfahren leiten und das Ergebnis in einer juristisch belastbaren Form (bestenfalls als Anwaltsvergleich) dokumentieren. Dabei profitieren die Adjudikatoren von dem jeweiligen Fachwissen der übrigen Mitglieder. Die involvierten Ingenieure oder Sachverständige können beispielsweise die abstrakte Problemlösung der Juristen erlernen. Gerade bei multikausalen Streitigkeiten kann dies ein entscheidender Vorteil sein. Ein Gremium wird sich jedoch regelmäßig nur für Projekte mit langen Ausführungsdauern eignen, in denen verschiedenes Spezialwissen erforderlich ist. Bei Offshore-Wind-Projekten haben sich beispielsweise Dreier-DAB durchgesetzt. Bei diesen Projekten ist detailliertes Fachwissen erforderlich, von geologischem und bodenmechanischem Wissen für die Gründung der Anlagen bis hin zu statischen Lastenrechnungen der Turbinen, die Fähigkeiten im Maschinen- und Anlagenbau erfordern. Wenn die Parteien sich auf ein Gremium einigen, sollten sie vereinbaren, dass Kündigungsrechte der Adjudikatoren während eines Verfahrens, sofern zulässig, ausgeschlossen werden.

Für kleinere Projekte bzw. geringere Streitwerte, bei denen die Streitigkeiten im Wesentlichen aus dem gleichen Bereich kommen (zum Beispiel nur Rohbau- oder Ausbauleistungen, nur Entsorgungstätigkeiten usw.), ist ein Einzeladjudikator, der mit oder ohne Zustimmung der Parteien befugt ist, einen fachkundigen Dritten für seine Entscheidungsfindung hinzuzuziehen, ausreichend.

Wichtig ist, dass die Parteien berechtigt sind, einen Adjudikator wegen Befangenheit abzulehnen. Gemäß der SL Bau entscheidet der Adjudikator selbst über eingereichte Ablehnungsanträge wegen Befangenheit. Damit soll sichergestellt werden, dass sich das Verfahren nicht verzögert. Dies bedeutet jedoch, dass ein befangener Adjudikator, der selbst diese Befangenheit nicht festgestellt hat, eine vorläufig verbindliche Entscheidung treffen kann, die aber von Beginn an unwirksam ist. Diese Unwirksamkeit kann jedoch erst später in einem (Schieds-) Gerichtsverfahren festgestellt werden. Um dieses Problem zu minimieren, schlägt LEMBCKE einen Vorschlag zur Ergänzung der Verfahrensordnung vor:

Wenn der Adjudikator das Ablehnungsbegehren für unbegründet hält, soll der Benenner des Adjudikators endgültig über die Ablehnung entscheiden.[268] Dies soll für den Fall gelten, dass der Adjudikator durch eine Institution benannt wurde. Wenn die Parteien selbst einen Adjudikator auswählen, benötigen sie

268 Vgl. *Lembcke,* Kommentierung zum Diskussionsvorschlag einer Adjudikations-Ordnung für Baustreitigkeiten des Deutschen Baugerichtstags e.V. (AO-Bau / DBGT), S. 30.

diese zweite Instanz in der Regel nicht. Die Parteien sollten in diesem Fall eigenverantwortlich, vor der endgültigen Auswahl eines Adjudikators, das Vorliegen einer möglicherweise bestehenden Befangenheit prüfen und erkennen.

Abschließend soll erwähnt werden, dass auch der Zeitpunkt der Benennung des Adjudikators von Bedeutung sein kann.

Bei einem ad-hoc eingeleiteten Verfahren bleibt es den Parteien überlassen, erst im Streitfall einen Streitlöser zu benennen. Das kann dazu führen, dass die Beziehung zwischen den Parteien durch den Streit derart belastet ist, dass kein Einvernehmen über einen Adjudikator erzielt wird. Eine Auswahl aus sachlichen Gründen kann im Streitfall durch ein Taktieren der Parteien unmöglich werden. Vor allem bei Vergütungsstreitigkeiten wird die Bereitschaft des Auftraggebers, der „auf dem Geld sitzt", erfahrungsgemäß sinken, weil dieser einen Gerichtsprozess lediglich abwarten müsste. Der große Vorteil einer Auswahl erst im Streitfall ist, dass ein Adjudikator mit den, dem Streitgegenstand angepassten Fachkenntnissen benannt werden kann. Besonders bei sehr komplexen und vielseitigen Projekten, die Spezialwissen erfordern, ist die ad-hoc Benennung deshalb vorteilhaft. Der Nachteil ist, dass die Schnelligkeit eines Adjudikationsverfahrens gemindert wird, weil die Benennung im Streitfall Wochen oder Monate dauert.

Deshalb lautet die Empfehlung der SL Bau, den Adjudikator bereits vertraglich zu vereinbaren. Den Parteien wird es zu diesem frühen Zeitpunkt meist leichter fallen eine einvernehmliche Auswahl vorzunehmen. Darüber hinaus können die Parteien vereinbaren, dass dieser vertraglich vereinbarte Adjudikator für alle Projektstreitigkeiten, die in einem Adjudikationsverfahren gelöst werden sollen, angerufen wird. Dadurch wird ausgeschlossen, dass es zu nicht gleichlautenden Entscheidungen verschiedener Adjudikatoren kommt.

Wenn die Wahl eines Adjudikators zu Projektbeginn nicht möglich oder erwünscht ist, weil zum Beispiel nicht absehbar ist, auf welchem Gebiet die Streitigkeiten eintreten, sollten die Parteien zumindest vertraglich vereinbaren, wie sie sich im Streitfall einigen wollen. Beispielsweise können sie regeln, dass im Streitfall eine bestimmte Institution oder ein bestimmter unabhängiger Dritter einen Adjudikator benennen soll. Alternativ fügen die Parteien dem Hauptvertrag eine Liste mit verschiedenen Fachleuten bei, von denen später im Streitfall, je nach Streitgegenstand, der passende Streitlöser gewählt wird.

Die Auswahl der Adjudikatoren sollte bei der Vereinbarung des Streitbeilegungsverfahrens einen großen Stellenwert einnehmen. Ein sachkundiger Adjudikator wird von den Parteien wahrscheinlich stets akzeptiert werden und keine Entscheidung treffen, die in einem (schieds-) gerichtlichen Verfahren grundlegend anders entschieden wird.

2. Rechte und Pflichten des Adjudikators

Die Rechte und Pflichten des Adjudikators werden in den Grundzügen durch die gewählte Verfahrensordnung bestimmt. Allerdings sind zu einigen Themen nur Empfehlungen enthalten und andere Fragen sind nicht abschließend geregelt. Deshalb sollten die Parteien sich, möglichst vor Vertragsabschluss, darüber vereinbaren, welche Rechte der Adjudikator bei der Durchführung des Verfahrens haben soll.

Gemäß der Verfahrensordnung der SL Bau hat der Adjudikator einen großen Freiraum zur Durchführung einer eigenen Ermittlung.[269] Die Vorteile der freien Amtsermittlung wurden bereits ausführlich erläutert. Der Adjudikator sollte diese umfangreich nutzen. Besonders wichtig ist die Durchführung einer mündlichen Verhandlung, um den Parteien ausreichend Gehör zu schenken. Zusätzlich sollten die Parteien eine Regelung aufnehmen, wonach der Adjudikator, zumindest bei faktischen Streitthemen und auf Antrag einer Partei, zu einem Baustellenbesuch verpflichtet werden kann.[270]

Grundsätzlich darf der Adjudikator trotz allem nur über beantragte Forderungen entscheiden. Da der Adjudikator jedoch auch Tatsachen feststellen soll, muss ihm die Möglichkeit eingeräumt werden, umfassend die aus den festgestellten Tatsachen resultierenden Konsequenzen anzuordnen. Dies bedeutet beispielsweise nicht nur das Vorliegen eines vom Auftragnehmer verursachten Mangels zu bestätigen, sondern ebenso über die zeitlichen und finanziellen Auswirkungen zu entscheiden und eventuell eine Beschleunigung oder sonstige Maßnahmen anzuordnen. Bezüglich der Fälligkeit einer Zahlung entscheidet der Adjudikator nicht nur feststellend, sondern ordnet zugleich an, dass eine Partei die Zahlung zu leisten hat.

In einigen Fällen ist es denkbar, dass auch eine feststellende Entscheidung ausreichend ist. Derartige Entscheidungen müssen vom Adjudikator gut begründet werden. Den Parteien wird dann bewusst, dass eine spätere Gerichtsentscheidung auch nicht anders ausgehen wird. Aufbauend auf der Adjudikationsentscheidung versuchen die Parteien dann, eine Lösung zu finden. Für den Fall, dass eine einvernehmliche Lösung der Parteien auf Grundlage einer feststellenden

---

269 Falls die Verfahrensordnung der DIS gewählt wird, ist zu beachten, dass diese kaum vom Grundsatz des Sachverhaltsvortrags durch die Parteien abrückt. In diesem Fall wird empfohlen, die Grundlagen zur Ermittlung durch den Adjudikator individualvertraglich anzupassen.

270 Vgl. dazu die Erläuterung der in den FIDIC-Verträgen vorgesehenen „site visits" in Kapitel C.I.4.

Entscheidung nicht herbeigeführt werden kann, schlägt Stubbe eine ergänzende Regelung vor: „*Die von einer feststellenden Entscheidung begünstigte Partei kann innerhalb von [Anzahl] Wochen nach Zugang der Entscheidung beantragen, eine der Feststellung entsprechende Anordnung zu treffen. Für solche Anordnungen gelten dieselben Regelungen wie für ursprüngliche Anordnungsentscheidungen.*“[271]

Im Rahmen der Durchführung eines Verfahrens und der getroffenen Entscheidungen haftet der Adjudikator auch für grobe Fahrlässigkeit. Dies ist in der SL Bau und AO-Bau bereits so vorgesehen und ist unverändert beizubehalten. Bei den DIS-Verfahrensordnungen ist eine Haftung nur bei Vorsatz vorgesehen. Dies sollte vertraglich geändert werden.

Der Adjudikator ist befugt, die Beachtung seiner Entscheidung von der Stellung einer Sicherheit abhängig zu machen. Die Höhe ist unter Umständen, besonders für Bauzeitstreitigkeiten, schwer zu bestimmen. Sie sollte sich nach dem erwarteten Schaden bemessen, der der verpflichteten Partei entstehen kann, wenn die Adjudikationsentscheidung durch ein (Schieds-) Gericht revidiert wird. Die Festlegung obliegt dem Adjudikator nach billigem Ermessen. Den Auftragnehmern wird empfohlen, die Freiheiten bezüglich der Sicherheitsleistungen individualvertraglich einzuschränken. Besonders wenn der Auftraggeber zu Zahlungen von Abschlagsrechnungen verpflichtet wird, sollte von einer Sicherheit abgesehen werden. Dies ist insbesondere der Fall, wenn die Zahlungsverweigerung des Auftraggebers als offenkundig missbräuchlich erscheint und er im Adjudikationsverfahren keinen Grund vorgetragen hat, der einer ernsthaften Prüfung bedurft hätte. Der Auftraggeber könnte sonst alle Zahlungen in einem Adjudikationsverfahren eskalieren lassen, um so sämtliche Abschlagsrechnungen gegen Sicherheit zahlen zu können.[272] Erschwert wird diese Situation zusätzlich, wenn der Auftragnehmer Schwierigkeiten hat, überhaupt eine Sicherheit zu stellen. Es ist zwingend zu vermeiden, dass die Auftragnehmer eine Adjudikation dann nicht nutzen, um den Auftraggeber zu einer schnellen Zahlung zu bringen. Dies wird ebenso von Lembcke bestätigt. Demnach soll der Adjudikator insbesondere von der Anordnung einer Sicherheit absehen, wenn ein hohes Insolvenzrisiko des Unternehmers besteht.[273]

Auch bezüglich der Absicherung von Bauzeitverlängerungsansprüchen ist die Forderung einer Sicherheitsleistung differenziert zu betrachten. Grundsätzlich

---

271 Vgl. *Stubbe, Christian/ Schramke, Hein-Jürgen,* BauR 2011, 1715, (1718).

272 Vgl. *Stubbe, Christian/ Schramke, Hein-Jürgen,* BauR 2011, 1715, (1718).

273 Vgl. *Lembcke,* Kommentierung zum Diskussionsvorschlag einer Adjudikations-Ordnung für Baustreitigkeiten des Deutschen Baugerichtstags e.V. (AO-Bau / DBGT), S. 37.

müsste der Auftragnehmer nämlich für sämtliche Verzugsschäden des Auftraggebers, die aus einer verspäteten Fertigstellung resultieren, eine Sicherheit stellen. Die Frage der Zumutbarkeit wurde bereits gestellt. STUBBE argumentiert, dass dieses Vorgehen keinesfalls verfolgt werden sollte. Der Auftragnehmer muss für den Zuspruch von Bauzeit keine Sicherheit leisten. „*Dazu wäre er auch nicht verpflichtet gewesen, wenn er von der Einleitung eines Adjudikationsverfahrens abgesehen hätte. Die erfolgreiche Durchführung eines Adjudikationsverfahrens kann nicht dazu führen, dass der Auftragnehmer eine Sicherheit zu leisten hat, die er bei einem Verzicht auf dieses Verfahren nicht hätte leisten müssen.*“[274] Weiterhin schlägt STUBBE deshalb vor, dass sich die Parteien in solchen Situationen einvernehmlich über Beschleunigungsmaßnahmen vereinbaren sollen. Für die Durchführung dieser Maßnahmen erhält der Auftragnehmer vorläufig eine Vergütung (gegebenenfalls gegen Sicherheitsleistung). Diese Zahlung ist vom Auftragnehmer zurückzuerstatten, wenn sich in einem späteren (Schieds-) Gerichtsverfahren herausstellt, dass die Adjudikationsentscheidung fehlerhaft war.

Diese Regelung wird als sehr praxisnah und förderlich für den Baufortschritt angesehen. Keine Partei soll durch die Anwendung des Adjudikationsverfahrens schlechter gestellt werden, als wenn sie auf das Verfahren verzichtet hätte. Daher lautet die Empfehlung, eine derartige Regelung zusammen mit den genannten Einschränkungen bezüglich der Sicherheitsleistungen, in den Vertrag aufzunehmen.

3. Wirksamkeit und Verbindlichkeit der Entscheidung

Wie bei der Auswahl der Verfahrensordnung bereits erläutert wurde, wird vor allem von LEMBCKE die Voraussetzung der Wirksamkeit einer Adjudikationsentscheidung nach der SL Bau kritisiert. Der Adjudikator muss seine Entscheidung über einen gewährten oder abgelehnten Anspruch für wahrscheinlicher halten als den umgekehrten Fall. Ist die Entscheidung nicht mit hoher Wahrscheinlichkeit richtig, ist sie von Beginn an unwirksam. Die Überprüfung dieser Wirksamkeit ist jederzeit (schieds-) gerichtlich möglich.

Das Gleiche gilt jedoch für Entscheidungen, die nach der AO-Bau getroffen werden. Diese sind jederzeit (schieds-) gerichtlich überprüfbar, wenn sie offenbar unbillig oder unrichtig sind und damit von Beginn an unwirksam. In beiden Fällen besteht also die Möglichkeit, eine Beachtung der Entscheidung dadurch zu umgehen, dass sich die Parteien auf die Unwirksamkeit der Entscheidung berufen. Dies kann einem Erfolg des Adjudikationsverfahrens entgegenstehen,

274 Vgl. *Stubbe, Christian/ Schramke, Hein-Jürgen,* BauR 2011, 1715, (1724).

denn *„die Qualität eines Verfahrens mit vorläufiger Bindungswirkung beruht darauf, dass diese Bindungswirkung zunächst tatsächlich eintritt"*.[275] Deshalb ist es auch notwendig und richtig, die Nichtbeachtung einer Entscheidung als vorsätzliche Vertragspflichtverletzung mit Konsequenzen zu belegen. Dies wurde in der SL Bau mit dem Zwangsgeld, dem Leistungsverweigerungs- und Kündigungsrecht konsequent erfüllt.

Ein weiteres Problem bei von Beginn an unwirksamen Entscheidungen sind fehlende Regelungen zu den Rechtsfolgen, wie beispielsweise eine Rückabwicklung von zunächst zugesprochenen Ansprüchen aussehen kann. Über die Sicherheitsleistung der (zunächst) begünstigten Partei, ist eine Einhaltung einer unwirksamen Entscheidung in jedem Fall nicht abgedeckt. Dieses Risiko liegt bei der Partei, die die Entscheidung (trotzdem) befolgt.

Aus den genannten Gründen wird empfohlen, die Regelungen der DIS bezüglich der Wirksamkeit von Entscheidungen aufzunehmen. Wenn keine Partei binnen eines Monats eine Nichtanerkennungserklärung abgibt, wird die Adjudikationsentscheidung gemäß § 23.2 DIS-AVO auch dann endgültig und bindend, wenn sie offenbar unbillig oder unrichtig ist, das rechtliche Gehör verletzt wurde oder andere Verfahrensverstöße beinhaltet sind. Damit ist die Bindungswirkung stärker als bei einem Schiedsgutachten, dessen Bindung nach § 319 BGB bei offenbarer Unrichtigkeit oder Unbilligkeit entfällt.

Mit Vereinbarung der DIS-Verfahrensordnung würden somit auch Entscheidungen verbindlich werden, die derart elementare Fehler enthalten, dass sie sogar zur Aufhebung eines Schiedsspruchs gemäß § 1059 Abs. 2 ZPO führen würden. Dies ist zu weitgehend. *„Ist eine Entscheidung derart fehlerhaft zustande gekommen oder begründet, so sollte es nicht mehr vorwerfbar und vertraglich sanktioniert sein, wenn eine Partei einer solchen Entscheidung die Anerkennung versagt."*[276] Deshalb ist unter § 22 Abs. 3 DIS-AVO eine ergänzende Klausel vorgesehen. Demnach stellt die Nichtbeachtung einer Entscheidung ausnahmsweise keine vorsätzliche und schwere Vertragsverletzung dar, wenn das Verfahren an einem Fehler leidet, der in einem entsprechenden Schiedsverfahren zur Aufhebung eines Schiedsspruchs (§ 1059 Abs. 2 Nr. 2 ZPO) führen würde. Für die Wirksamkeit von Entscheidungen sollte folglich § 1059 Abs. 2 ZPO als Maßstab genommen werden, um eine ausufernde Diskussion über die Verbindlichkeit von Entscheidungen während der Ausführung zu unterbinden, aber dennoch gravierende Verletzungen (zum Beispiel des rechtlichen Gehörs) zu vermeiden.

---

275 *Stubbe,* SchiedsVZ 2010, 130, (133).

276 Vgl. *Stubbe,* SchiedsVZ 2010, 130, (134).

Dass mangels Einreichung einer Nichtanerkennungserklärung auch offenbar unbillige oder unrichtige Entscheidungen endgültig und verbindlich werden, ist den Parteien zumutbar.[277] Auch werden offenbar unbillige oder unrichtige Entscheidungen durch eine Nichtanerkennungserklärung einer Partei nicht von Beginn an unwirksam. Denn durch die Einreichung eines Widerspruchs können in einem späteren (Schieds-) Gerichtsverfahren die Entscheidungen des Adjudikators vollumfänglich korrigiert werden[278], ohne dass es auf die Offenkundigkeit des Fehlers ankäme. Deshalb kann es der unterliegenden Partei zugemutet werden, auch fehlerhafte Entscheidungen zunächst zu befolgen, ohne dass es dabei auf eine (behauptete) Offenkundigkeit ankäme.

Diese Regelung der DIS sollte somit in jedem Fall als Ergänzung zu der gewählten Verfahrensordnung aufgenommen werden. Wenn die Parteien sich auf die Anwendung der SL Bau geeinigt haben, ist die Regelung auf die Richtigkeitsgewähr der SL Bau anzupassen. Wird kein Widerspruch gegen die Entscheidung des Adjudikators eingereicht, ist eine anfängliche Unwirksamkeit nicht nur bei offenbarer Unbilligkeit oder Unrichtigkeit ausgeschlossen, sondern auch, wenn die Voraussetzung der hohen Wahrscheinlichkeit für oder gegen den Anspruch, nicht erfüllt ist.

Zusammenfassend sollte die gewählte Verfahrensordnung mit den individuellen Ergänzungen Folgendes regeln: Die Entscheidung des Adjudikators wird verbindlich, wenn keine Partei Widerspruch einreicht. Eine Unwirksamkeit der Entscheidung von Beginn an ist nur im Falle der Verletzung von § 1059 ZPO gegeben. Bei offenbarer Unbilligkeit oder Unrichtigkeit oder, wenn die Voraussetzung der hohen Wahrscheinlichkeit für oder gegen einen Anspruch nicht gegeben ist, ist die Entscheidung zunächst zu beachten und kann vollumfänglich überprüft werden.

4. Prüfungskriterien und Nachweisführung

Der Versuch der rechtlichen Einordnung des Adjudikationsverfahrens hat ergeben, dass diese Einordnung strittig ist und zumindest keine Aussagen über die Ermessensmaßstäbe des Adjudikators abgeleitet werden können. Die Frage, ob der Adjudikator nach freiem oder beliebigem Ermessen entscheiden darf oder muss, sollten die Parteien individualvertraglich beantworten.

---

277 Zudem sind die §§ 317–319 BGB dispositives Recht und dürfen abgeändert werden.

278 Es ist zu beachten, dass nur diejenige Partei Klage vor einem (Schieds-) Gericht erheben darf, die gemäß § 28 Abs. 1 SL Bau Widerspruch gegen die Entscheidung des Adjudikators eingelegt hat.

Der Adjudikator entscheidet jedenfalls nachvollziehbar auf Basis des Hauptvertrags zwischen den Parteien. Zusätzlich ist es ratsam, dass die Parteien vertraglich Kriterien für die Beurteilung durch den Adjudikator festlegen. So kann beispielsweise definiert werden, welche juristischen oder baubetrieblichen Anforderungen eingehalten werden sollen, um bestimmte Anspruchsgrundlagen und anspruchsbegründende Kausalitäten nachzuweisen. In vielen Bereichen, die sich aus multikausalen Störungen ergeben, sind die rechtlichen Anforderungen des Strengbeweises nach § 286 ZPO für den Unternehmer nahezu unmöglich zu erfüllen.

Deshalb sollten die Parteien sich bei Vertragsabschluss auf Minimalanforderungen einigen, die der Auftragnehmer nachzuweisen hat, um bestimmte Ansprüche durchzusetzen. Dies gilt insbesondere bei Bauablaufstörungen. Diese führen nicht zwingend zu einer Unterbrechung der Leistungen, sondern oftmals „lediglich" zu Produktivitätsverlusten. Die aktuelle Rechtsprechung enthält für die vom Auftragnehmer zu erbringende Nachweisführung keine eindeutigen Vorgaben. Gemäß Rechtsprechung des BGH muss der Sachverhalt *„konkret ablaufbezogen"* dargestellt werden.[279] Was genau darunter zu verstehen ist bzw. wie die Auftragnehmer diese Anforderung zu erfüllen haben, wurde von den Gerichten bisher nicht definiert. Deshalb sollten die Parteien dies in ihrem Vertrag nachholen.

Für den Auftragnehmer ist es jedenfalls unmöglich, im Strengbeweis nachzuweisen, welche Störungen zu welchen Anteilen seine Arbeiten behindert haben und wie viel Minderung dies im Vergleich zu einem nur hypothetisch zu ermittelnden Sollzustand darstellt. Auch die Beweiserleichterungen des § 287 ZPO bringen keine Abhilfe. Deshalb sollten sich die Parteien vertraglich auf ein Nachweissystem einigen, welches der Auftraggeber als Glaubhaftmachung der Störungen und der hindernden Auswirkungen während der Ausführung anerkennt. So kann beispielsweise vereinbart werden, dass die Parteien im Falle einer Störung, die sich produktivitätsmindernd auswirkt, gemeinsam einen kleinen Abschnitt der Arbeiten auf der Baustelle beobachten. Die Schlussfolgerungen dürfen dann auf die weiteren Bereiche, die ebenfalls von der Störung betroffen sind, übertragen werden. Auch für das Vorliegen konkurrierender Störungen ist die Nachweistiefe gegenüber dem § 287 ZPO zu reduzieren. Es sollte gefordert werden, aber auch ausreichend sein, dass der Auftragnehmer anhand eines nachvollziehbaren Ablaufplans die unterschiedlichen Störungen und ihre Auswirkungen auf den geplanten Bauablauf darstellt. In Summe sollte nicht zu viel

---

279 *BGH*, Urteil vom 21.03.2002 – VII ZR 224/00.

Aufklärungsarbeit in die Anspruchsgrundlage gesteckt werden. Vielmehr sind die tatsächlichen Auswirkungen auf den Bauablauf zu ermitteln.

Der Sachverhalt ist durch den Auftragnehmer anhand einer übersichtlichen Baudokumentation nachzuweisen. An diesen Nachweis der haftungsbegründenden Kausalität ist jedoch ebenso wenig die juristische Anforderung eines Strengbeweises zu stellen.

Dennoch ist es wichtig, dass die Unternehmer die Bedeutung einer ordnungsgemäßen Dokumentation erkennen und vertraglich dazu verpflichtet werden, sich ausreichend mit diesem wichtigen Thema zu beschäftigen. Das gilt umso mehr, wenn während der Bauausführung ad-hoc, binnen kurzer Fristen, ein neutraler Dritter über eine Streitigkeit entscheiden soll. Dazu ist es erforderlich, dass sich dieser Dritte innerhalb kürzester Zeit einen Überblick über das Projekt verschaffen kann. Die Parteien müssen in der Lage sein, ihre Forderungen zu begründen und das geht nur mit einer hinreichenden Dokumentation.

Bei der Abwicklung von FIDIC-Verträgen wurde dieses Prinzip erfolgreich angewendet. Die Parteien sollen eine professionelle Vertragsadministration installieren und alle Prozesse steuern. Eine gute Dokumentation dieses Vorgehens verhindert Missverständnisse, Zweifel und nachfolgende Schwierigkeiten.[280]

Deshalb sollten die Parteien, die eine Adjudikation vereinbaren wollen, einige Regelungen bezüglich der Erstellung von Berichten, Aufmaßen und Leistungsmeldungen sowie der Fortschreibung von Terminplänen, in Anlehnung an die FIDIC-Vertragsbedingungen, in ihre Verträge aufnehmen. Dafür ist die Mitwirkung beider Parteien erforderlich. Der Auftragnehmer erstellt zu den vereinbarten Zeitpunkten die für das jeweilige Projekt notwendigen Dokumente und Übersichten und übergibt diese an den Auftraggeber. Innerhalb einer vereinbarten Frist hat der Auftraggeber diese Unterlagen zu prüfen und eventuelle Beanstandungen an den Auftragnehmer zu übermitteln. Hat der Auftragnehmer binnen (beispielsweise) fünf bis zehn Arbeitstagen keine Anmerkungen des Auftraggebers erhalten, muss und darf er davon ausgehen, dass der Auftraggeber der Dokumentation des Bauablaufs zustimmt. Verwendet der Auftragnehmer diese Unterlagen im Fall einer späteren Streitigkeit, um den Sachverhalt nachzuweisen, darf der Auftraggeber die grundsätzliche Richtigkeit dieser Unterlagen nicht mehr in Frage stellen. Unabhängig davon, ob der Auftraggeber die Berichte und Unterlagen des Auftragnehmers gegengezeichnet hat oder nicht, wäre es unangemessen, wenn dieser die Darstellungen des Auftragnehmers im Nachhinein als unrichtig ablehnt.

---

280 *Grutters*, Dispute avoidance using FIDIC contracts, online webinar.

Um diesem Phänomen vorzubeugen, kann eine gemeinsame Dokumentation von Auftragnehmer und Auftraggeber hilfreich sein. Dazu erstellt der Auftragnehmer ein übersichtliches Bautagebuch mit allen Störungen, ausgeführten Zusatzleistungen, Anordnungen des Auftraggebers und sonstigen besonderen Vorkommnissen. Dies wird mindestens einmal pro Woche von beiden Parteien unterschrieben. Zwar stellt dies einen (geringfügigen) Mehraufwand dar, aber es wird eine gemeinsame Ausgangsbasis geschaffen, die im Streitfall sehr hilfreich ist. Zudem sind die Parteien von Beginn an zu mehr Kooperation verpflichtet.[281] Damit dies gelingt, müssen beide Parteien bestimmte Mitwirkungen erfüllen, die jedoch ohnehin zu deren originären Aufgaben zählen sollten. Dem Auftragnehmer ist es durchaus zumutbar, dieser Dokumentationspflicht nachzukommen. Er darf sich nicht darauf berufen, für eine Dokumentation nicht ausreichend Ressourcen zur Verfügung zu haben. Der Auftraggeber wird die Verantwortung zur Beurteilung des tatsächlichen Bauablaufs übernehmen müssen. Der von ihm geschuldeten Obliegenheit oder Vertragspflicht, an der Projektabwicklung mitzuwirken, muss der Auftraggeber derart nachkommen, dass er beurteilen kann, ob eine Störung vorliegt, zusätzliche Arbeiten ausgeführt werden oder sonstige vom Auftragnehmer dokumentierte Vorkommnisse tatsächlich eingetreten sind. In der Folge sollte es selbstverständlich sein, dass der Auftraggeber das Bautagebuch gegenzeichnet und später zu seinen eigenen Beobachtungen steht. Eine nachträgliche pauschale Ablehnung der so erstellten und gegengezeichneten Dokumentation, widerspricht der Kooperationsverpflichtung der am Bau Beteiligten. Der Auftragnehmer wird die Behauptungen des Auftraggebers im Nachhinein häufig nicht mehr widerlegen können.

Eine übersichtliche, projektbegleitende Dokumentation ist für die Durchführung einer Adjudikation unverzichtbar. Es stellt zudem einen geringeren Aufwand dar, diese während des Projekts zu führen, als kurz vor einem Adjudikations- oder Gerichtsverfahren nachträglich mögliche Nachweise für den tatsächlichen Bauablauf zu suchen. Da die Baustreitigkeiten oft Tatsachenstreitigkeiten sind, lässt sich allgemein sagen: „Je besser die Dokumentation, desto geringer die Konfliktwahrscheinlichkeit."

281 Vgl. *Franke* (Hrsg.), Kommentar zur Streitlösungsordnung für das Bauwesen, SL Bau, S. 32.

5. Dauer und Fristen

Bei Vorliegen einer Streitigkeit ist ein Adjudikationsverfahren stets so früh wie möglich einzuleiten. Die Parteien sollen die streitigen Themen lösen und nicht mit sich „herumtragen".

Dabei sollte vermieden werden, dass die Gegenpartei von der antragstellenden Partei mit umfangreichen Schriftsätzen konfrontiert wird, für die sie nur eine kurze Frist zur Erwiderung hat. Die Regelung der AO-Bau (§ 1 Abs. 4 AO-Bau), wonach vor der Einleitung eines ad-hoc Verfahrens eine Streitanzeige an die Gegenpartei zu stellen ist, sollte deshalb mindestens übernommen werden. Die Streitanzeige beinhaltet die Anzeige über die beabsichtige Einleitung des Verfahrens und dem Inhalt, zusammen mit der Aufforderung, dem Begehren nachzukommen. Erst nach einer vereinbarten Frist darf das Adjudikationsverfahren eingeleitet werden. Zu empfehlen ist darüber hinaus die Aufnahme einer noch weitergehenden Regelung.[282] Anstelle der Streitanzeige verpflichten sich die Parteien zwingend, einem späteren Adjudikationsverfahren eine Verhandlungsrunde zwischen den oberen Managementebenen der Parteien mit entscheidungsbefugten Vertretern vorzuschalten. In einem potentiellen späteren Adjudikationsverfahren dürfen dann nur die Inhalte geltend gemacht werden, die in der Verhandlung vorgetragen wurden.[283]

Durch diese Maßnahme wird gleichzeitig erreicht, dass die Verfahren kurz gehalten werden. Der Adjudikator wird vertraglich befugt, die Schriftsätze der Parteien auf die in der Verhandlung vorgetragenen Punkte zu kürzen. Diese können in einem separaten Verfahren geltend gemacht werden. Das Gleiche gilt für nachträgliche Parteivorträge. Gemäß SL Bau steht es dem Adjudikator frei, diese zu würdigen. Der Adjudikator sollte abwägen, inwieweit eine Berücksichtigung erforderlich ist, um rechtliches Gehör zu gewährleisten und eine für beide Parteien akzeptable Entscheidung herbeizuführen oder inwieweit er nachträgliche Vorträge mit Verweis auf ein separates Verfahren ablehnt.

Das Gleiche gilt für die Beachtung einer Aufrechnung und für Zurückbehaltungsrechte. Die Parteien sollen diese nur in ein Adjudikationsverfahren einbringen können, wenn sie eng mit den Ansprüchen verbunden sind und zum Zeitpunkt der Erwiderung geltend gemacht werden.

---

282 In Kapitel G wird der Aufbau eines Streitlösungsmodells für Baustreitigkeiten näher erläutert.

283 Vgl. *Deutsche Gesellschaft für Außergerichtliche Streitbeilegung im Bauwesen e.V.* (Hrsg.), Schriftenreihe der DGA-Bau Nr. 1, Beitrag Risse, S. 6 f.

Bezüglich der Möglichkeit der Rücknahme des Antrags, sollte die Verfahrensordnung der SL Bau, aus bereits zuvor genannten Gründen[284], in Anlehnung an die DIS-Regelungen (§ 26 Abs. 3 DIS-AVO) geändert werden. Demnach bedarf die Rücknahme der Einleitung eines Adjudikationsverfahrens der Zustimmung des Antragsgegners. Nur mit dieser Zustimmung kann das Verfahren beendet werden.

Grundsätzlich sieht die SL Bau weder für die Einreichung des Antragsschriftsatzes, noch für die Erwiderung der Gegenpartei starre Fristen vor. Die Festlegung dieser Fristen obliegt dem Adjudikator.[285] Gemäß § 3 SL Bau besteht jedoch der Verfahrensgrundsatz der Beschleunigung, wonach der Adjudikator auf ein zügiges und zielgerichtetes Verfahren hinzuwirken hat. Die Fristen sollen kurz, aber angemessen gewählt werden.

Die Parteien können vertraglich eine Höchstdauer für das Verfahren festlegen. Eine Dauer von 28 Tagen in Anlehnung an die Adjudikation unter dem HGCRA wird aus Gründen der Richtigkeitsgewähr als zu kurz angesehen. Die von der DIS vorgesehenen fünf bzw. sechs Monate sind jedoch deutlich zu lang, weil dadurch der entscheidende Vorteil der Adjudikation, nämlich die Schnelligkeit, weitestgehend eliminiert wird. Abhängig von der Komplexität des Projekts sollte das Verfahren eine Regeldauer von 60 Tagen nicht überschreiten. Sollte dies erforderlich werden, können die Parteien jederzeit über eine einvernehmliche Fristverlängerung entscheiden. Dies kann für besondere technische Untersuchungen vorteilhaft sein. Reduziert sich der Sachverhalt während des Verfahrens beispielsweise auf eine technische Streitfrage, können die Parteien das Verfahren einvernehmlich verlängern, um eine bestimmte Messung oder Laborprobe zu erstellen und das Ergebnis abzuwarten.

Eine Höchstdauer sollte folglich vereinbart werden, jedoch nicht als starre Frist. Denn die Adjudikation versteht sich gerade als selbstbestimmtes Streitbeilegungsinstrument, welches die Parteien wesentlich mitgestalten. Diese Freiheit soll den Parteien durch eine zu starre Fristenregelung nicht genommen werden.

---

284 Vgl. zu der Begründung Kapitel D.VI.2.b.

285 Lediglich für die mündliche Verhandlung wird geregelt, dass diese binnen einer Woche nach Einreichung der Erwiderung stattzufinden hat (§ 24 Abs. 4 SL Bau) und binnen weiterer zwei Wochen die Entscheidung des Adjudikators getroffen werden muss (§ 25 Abs. 1 SL Bau).

6. Einbeziehung Dritter

Eine Einbeziehung Dritter in ein Adjudikationsverfahren ist zum einen im Zuge einer Streitverkündung und zum anderen als Zeuge oder Sachverständiger vorstellbar.

Dass eine Adjudikation auch als Mehrparteienverfahren ausgeführt werden kann, wurde bereits dargestellt.[286] Das Erfordernis ist jedoch kritisch zu überprüfen, weil derartige Verfahren naturgemäß länger dauern. Ebenso sind die genannten Alternativen zur Durchführung separater Verfahren zu prüfen. Vorsorglich kann eine Streitverkündungsklausel in alle im Projekt bestehenden Verträge aufgenommen werden. Dazu unterbreitet die SOBau der ARGE Baurecht einen Formulierungsvorschlag für den Hauptvertrag zwischen dem Auftraggeber und dem Auftragnehmer: „*Einbeziehung Dritter: 1. Der Auftragnehmer wird, soweit dies sachgerecht und er hierzu tatsächlich und rechtlich in der Lage ist, seine Nachunternehmer verpflichten, sich dieser Vereinbarung zu unterwerfen. Für den Fall der Streitverkündung sind sie zu verpflichten, dem Verfahren mit allen Interventionswirkungen nach § 68 ZPO beizutreten. Der Nachunternehmer soll diese Verpflichtung auch seinen Nachunternehmern mit der Verpflichtung zur Weitergabe auferlegen. 2. Der Auftraggeber wird die sonstigen Baubeteiligten, soweit dies sachgerecht und tatsächlich und rechtlich möglich ist, in diese Vereinbarung einbeziehen. Er soll jedem der sonstigen Baubeteiligten auferlegen, deren Nachunternehmer gem. Ziff. 1 in diese Vereinbarung einzubeziehen. 3. Soweit für die Einbeziehung Dritter die Zustimmung der jeweils anderen Partei dieser Vereinbarung erforderlich ist, wird diese hiermit erteilt.*“[287]

Die von den Parteien gewählte Verfahrensordnung muss Regelungen für ein Mehrparteienverfahren enthalten. Die SL Bau ist dafür, zum Beispiel mit den Regelungen der DIS, zu ergänzen.

Zusätzlich zu einem möglichen Mehrparteienverfahren ist vertraglich zu vereinbaren, ob auch Sachverständige oder Zeugen dem Verfahren beitreten dürfen. Gemäß § 24 Abs. 3 SL Bau darf der Adjudikator, nach Anhörung der Parteien, fachkundige Dritte hinzuziehen. Die Gefahr, dass Verfahren dadurch komplexer und länger werden, ist durchaus gegeben. Deshalb sollte das Recht des Adjudikators, ohne Zustimmung der Parteien, weitere Dritte hinzuzuziehen,

---

286 Vgl. dazu die Ausführungen in Kapitel E.I.2.

287 *Arbeitsgemeinschaft für Bau und Immobilienrecht im Deutschen Anwaltverein (DAV) e.V.*, Schlichtungs- und Schiedsgerichtsvereinbarung, http://arge-baurecht.com/fileadmin/user_upload/inhaltsseiten/service-fuer-mandanten/schlichterordnung/Schlichtungs-und-Schiedsgerichtsvereinbarung.pdf (zuletzt besucht am 28.06.2017).

eingeschränkt werden. Folgender Vorschlag wird als praxisgerecht angesehen: Der Adjudikator darf ohne Zustimmung der Parteien während eines Verfahrens einen Sachverständigen aus anderen Fachgebieten hinzuziehen, ohne dass sich das Verfahren dadurch verlängert. Er muss also trotzdem innerhalb der vereinbarten Höchstdauer eine Entscheidung treffen. Ein Jurist darf sich somit eine technische Meinung einholen und umgekehrt. Für die Hinzuziehung weiterer Sachverständiger oder Meinungen Dritter aus dem gleichen Fachgebiet, ist die Zustimmung beider Parteien erforderlich.

Zusätzlich sollten die Parteien vereinbaren, dass sämtliche Befragungen unter Beteiligung beider Parteien stattfinden, unabhängig davon, ob der Dritte mit oder ohne Zustimmung der Parteien dem Verfahren beigetreten ist.

Die Einbeziehung Dritter in ein Adjudikationsverfahren kann sowohl unter einer Streitverkündung, als auch zur Unterstützung des Adjudikators vorteilhaft sein. Die Parteien sollten die Entscheidungsgewalt darüber jedoch nicht alleine dem Adjudikator überlassen und daher die genannten Änderungen in ihre vertraglichen Vereinbarungen aufnehmen.

7. Kommunikationsregeln

Die Adjudikation als ASB-Verfahren ist dadurch geprägt, dass die Parteien den Streit weitestgehend selbstbestimmt lösen und deshalb wesentlich über die Rahmenbedingungen des Verfahrens mitentscheiden sollen. Es geht gerade nicht darum, dass ein neutraler Dritter unabhängig von den Parteien eine Entscheidung trifft. Die Parteien sollen zusammen mit dem Adjudikator jederzeit auf eine gütliche Einigung hinwirken. Der Streitgegenstand soll erläutert und zwischen allen Beteiligten diskutiert werden.

Gerade dafür ist die persönliche Teilnahme der Parteien sehr wichtig. Der Gegenpartei wird mit einer persönlichen Teilnahme signalisiert, dass die Streitlösung wichtig und die andere Partei zum Gespräch bereit ist. Deshalb wird empfohlen, die Regelung unter § 2 Abs. 4 SL Bau, wonach die Parteien persönlich teilnehmen sollten, sich aber auch vertreten lassen können, einzuschränken. Wenn die Parteien sich entscheiden, sich vertreten zu lassen, muss der Vertreter (zum Beispiel ein Anwalt, externer Berater oder Vertragsmanager) ausreichendes Wissen über das Projekt und den Streitgegenstand besitzen und eine vollumfängliche Verfahrensvollmacht erhalten. Darüber hinaus haben die Parteien persönlich teilzunehmen. Weitere Vertreter dürfen lediglich zusätzlich als Berater zu einem Verfahren hinzugezogen werden. Eine persönliche Teilnahme wird den Unternehmern jedoch bereits deshalb empfohlen, weil die Parteien meist näher am Geschehen sind und damit in der Position, Verantwortung zu übernehmen.

Gemäß SL Bau hat grundsätzlich eine mündliche Verhandlung stattzufinden. Diese Regelung ist zwingend beizubehalten. Interessanterweise wird bei den Adjudikationsverfahren unter dem HGCRA nur in 10 % der Fälle eine vollständige mündliche Verhandlung durchgeführt und 62 % der Verfahren werden alleine aufgrund der Aktenlage entschieden.[288] Dazu ist anzumerken, dass die meisten der im Vereinigten Königreich (und Wales) verwendeten Bauverträge, ähnlich wie die FIDIC-Bedingungen, wesentlich höhere Dokumentationsanforderungen enthalten.[289] Nur deshalb ist eine derartige Erledigungsart überhaupt möglich.

Für ein Adjudikationsverfahren nach deutschem Recht, indem den Parteien rechtliches Gehör zu gewähren ist, soll von der Durchführung einer mündlichen Verhandlung nicht abgesehen werden. Der Adjudikator kann in diesem Rahmen die Anträge beider Parteien zusammenfassend vorstellen. So erhalten die Parteien die Bestätigung, dass sie Beachtung finden und ihre Sicht der Streitigkeit bei der Entscheidungsfindung Berücksichtigung findet.

Für die Kommunikation während eines Adjudikationsverfahrens haben sich die Parteien auf einheitliche Regeln zu verständigen. Das oberste Prinzip aus dem Grundsatz der Gleichbehandlung lautet, dass sämtliche Kommunikation stets an alle Verfahrensbeteiligen zugleich verteilt wird.

Für die Zustellung von Schriftsätzen, Anträgen, Zustimmungen oder sonstigem Schriftverkehr sollten die Parteien eine digitale Arbeitsweise vereinbaren. Entweder gelten Unterlagen, die per E-Mail versendet werden, als schriftlich zugegangen oder es wird eine Dokumentenplattform genutzt. So haben alle Beteiligten einen Überblick über die Unterlagen und es ist gewährleistet, dass jeder die gleichen Unterlagen vorliegen hat. Auf eine Zustellung aller Schriftsätze im Original sollte aus Zeit- und Kostengründen verzichtet werden. Ein schneller Abschluss des Adjudikationsverfahrens setzt eine schnelle Kommunikation voraus.

Auch deshalb sollte der Adjudikator den Schwerpunkt auf mündliche Erläuterungen legen. Bereits vor der Durchführung einer mündlichen Anhörung, kann er, anstatt weitere schriftliche Stellungnahmen der Parteien zu fordern, Gespräche mit den Parteien durchführen. Meist werden die Parteien in einer schriftlichen Ausführung extremere Stellungen beziehen und aggressivere Forderungen

---

288 Vgl. *Trushell, Ian McE./ Milligan, J. L./ Cattanach, L.*, Research analysis of the progress of adjudication based on returned questionnaires from adjudicator nominating bodies (ANBs) and from a sample of adjudicators, Tab. 7. Die weiteren Erledigungsarten sind: Gespräch mit beiden Parteien (20 %), Telefonkonferenz (7 %) und Baustellenbesuche (1 %).

289 Vgl. Kapitel C. I. 1 und C. I. 4. bezüglich der Vertragspflichten der Parteien.

formulieren als in einem persönlichen Gespräch. In einer Telefonkonferenz mit allen Beteiligten lassen sich Rückfragen des Adjudikators wesentlich effizienter klären, als mit einer erneuten Schriftsatzrunde beider Parteien.

Für die Durchführung der mündlichen Anhörung selbst, können die Parteien, ähnlich wie bei einer Mediation, die Einhaltung bestimmter Gesprächsregeln vereinbaren. Dazu gehören eigentlich selbstverständliche Punkte wie eine konstruktive Grundhaltung, das gegenseitige Anhören und Aussprechen lassen, usw. Der Adjudikator sollte vor Beginn der mündlichen Anhörung auf diese Regeln hinweisen und deren Umsetzung strikt befolgen. Um eine Akzeptanz sämtlicher Kommunikationsregeln durch beide Parteien zu erreichen, sind diese im Einvernehmen und bereits mit Vertragsabschluss zu vereinbaren.

III. Übersicht zur Auswahl und Anpassung des Verfahrens

Die Wahl der SL Bau als Verfahrensordnung, zusammen mit den genannten individuellen Anpassungen, stellt eine gute vertragliche Grundlage für die Durchführung eines ad-hoc Adjudikationsverfahrens dar. Die SL Bau ist nicht zu stark formalisiert und kann für mehrere ASB-Verfahren angewendet werden. Neben den generellen Vereinbarungen, die bereits mit Verwendung der Mustervereinbarung geregelt werden, ist die Aufnahme einiger Änderungen und Ergänzungen empfehlenswert. Diese wurden in den vorherigen Abschnitten ausführlich erläutert und betreffen die folgenden Themen:

Auswahl, Rechte und Pflichten des Adjudikators, Wirksamkeit und Verbindlichkeit der Entscheidung, Prüfungskriterien und Nachweisführung, Dauer und Fristen, Einbeziehung Dritter und Kommunikationsregeln.

Durch die Umsetzung der Änderungen und Ergänzungen vereinbaren die Parteien eine Verfahrensordnung mit umfassenden Regelungen und haben eine gute Grundlage für die Durchführung eines Adjudikationsverfahrens geschaffen.

G. Aufbau eines Konfliktmanagementsystems

Die Wahl der richtigen Verfahrensordnung zur Durchführung einer Adjudikation und die notwendigen Anpassungen sind den vorstehenden Ausführungen[290] zu entnehmen. Damit ist eine Möglichkeit aufgezeigt worden, ein Adjudikationsverfahren erfolgreich anzuwenden. Wegen der bereits erläuterten möglichen Nachteile eines Adjudikationsverfahrens, ist es jedoch ratsam, darüber hinaus auch andere Methoden und Maßnahmen anzuwenden, um Streitigkeiten erfolgreich beizulegen.

Auf der Suche nach dem Problemlösungsverfahren, welches sich am besten eignet, müssen zunächst die Ursachen für die Streitigkeiten geklärt werden. Diese lassen sich aus den Ausführungen in Kapitel B[291] entnehmen und sind als Basis für die Bestimmung eines Verfahrens für eine ganzheitliche und nachhaltige Lösung geeignet. Wegen der Vielzahl an Streitigkeiten und der Vielzahl an Verfahrenslösungen wird die Anwendung eines Streitlösungsmodells empfohlen. Durch die Ergänzung weiterer Maßnahmen und Methoden wird auf Grundlage dieses Modells ein umfassendes Konfliktmanagementsystem aufgebaut. Dieses fängt bei der Erstellung von Verträgen an, sichert eine kooperative Abwicklung der Baumaßnahmen und sorgt bei Streitigkeiten für eine interessengerechte und nachhaltige Lösung. Diese Aspekte werden im Folgenden erläutert.

I. Entwicklung eines Streitlösungsmodells

Ein Adjudikationsverfahren stellt eine gute Möglichkeit dar, Baustreitigkeiten sachgerecht und schnell zu lösen. Die SL Bau ist eine geeignete Verfahrensordnung und kann durch individualvertragliche Änderungen und Ergänzungen an das jeweilige Projekt und die Bedürfnisse der Parteien angepasst werden.

Zusätzlich ist es vorteilhaft, ein Konfliktmanagementsystem zu entwickeln, das aus einer präventiven Vertragsgestaltung und der Anwendung weiterer ASB-Verfahren, neben der Adjudikation, besteht. Dies ist ratsam, da durch die unterschiedlichen Phasen der Projektabwicklung und die unterschiedlichen Streitthemen einige ASB-Verfahren besser geeignet sind als andere. Die zur

290 Vgl. dazu die Kapitel E und F.

291 Vgl. Kapitel B.I.3.

Wahl stehenden Verfahren wurden bereits in Kapitel B vorgestellt.[292] Aus dieser Vielfalt sollten die Parteien das jeweils passende Verfahren auswählen. Ein kooperatives Risikomanagement vervollständigt das Konfliktmanagementsystem.

Um das passende Streitbeilegungsverfahren zu wählen, müssen die Parteien ihre Anforderungen an das Verfahren definieren. Bedeutende Faktoren sind die Richtigkeitsgewähr des Verfahrens und die Geschwindigkeit. Immer wenn die Schnelligkeit wichtiger angesehen wird, als ein zu hundert Prozent juristisch belastbares Ergebnis, sollten die Parteien sich auf die Durchführung eines ASB-Verfahrens verständigen. Auch für rein faktische oder technische Streitigkeiten sind außergerichtliche Verfahren deutlich besser geeignet. Vor dem ordentlichen Gericht würden ebenso Sachverständige hinzugezogen werden. Dies können die Parteien selbst, ohne den Umweg zu einem staatlichen Gericht, in einem alternativen Verfahren erledigen.

Nur rein rechtliche Entscheidungen, die, auch wenn sie von einem juristisch ausgebildeten Adjudikator getroffen werden, von den Parteien (mangels Vollstreckbarkeit) nicht akzeptiert werden, sollten vor einem ordentlichen Gericht gelöst werden. Wenn die Chance besteht, dass ein ASB-Verfahren die Anforderungen der Parteien besser erfüllt als ein staatliches Gerichtsverfahren, was in den allermeisten Fällen zutreffend sein dürfte, dann sollte dieses Verfahren auch gewählt werden.

Abschließend wird darauf hingewiesen, dass die Anwendung der bereits vorgestellten Konfliktmanagementordnung der DIS grundsätzlich nicht empfohlen wird. Demnach müssten die Parteien einen neutralen Dritten beauftragen, der die Parteien unmittelbar nach Eskalation eines Streits berät, welche außergerichtliche Streitbeilegung als geeignet angesehen wird. Diese Wahl sollten die Parteien selbstbestimmt und eigenverantwortlich treffen.

1. Überblick und Verfahrensauswahl

Für die Auswahl des passenden ASB-Verfahrens eignet sich zur Übersicht die in Abbildung 6 dargestellte Zuordnung der verschiedenen Verfahren zu den aufgezeigten Eskalationsstufen und Konfliktthemen. Demnach ist das jeweils geeignete Verfahren davon abhängig, um welchen Inhalt die Parteien streiten und wie weit die Beziehung der Parteien bereits belastet ist bzw. wie weit der Streit bereits eskaliert ist.

292 Vgl. Kapitel B.III für die Erläuterung der Adjudikation und Kapitel B.IV für weitere Verfahren.

Abb. 6: Nomogramm zur Verfahrensauswahl in Abhängigkeit von der Eskalationsstufe und dem Konfliktthema[293]

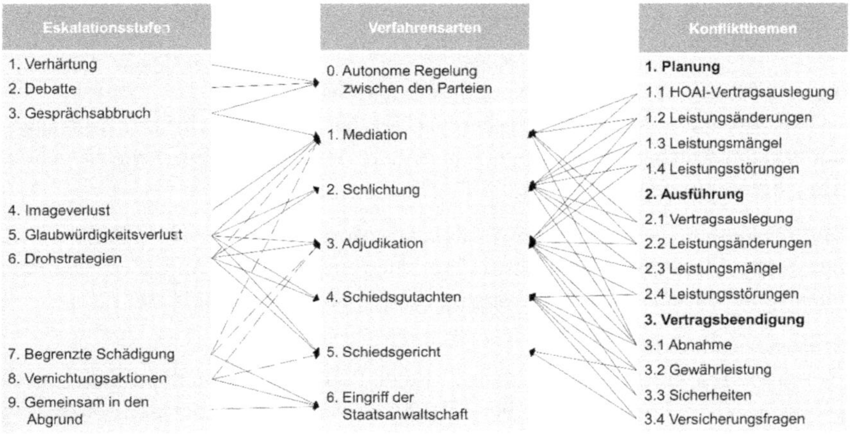

Die Eskalationsstufen in Abbildung 6 erläutert GRIEGER wie folgt:[294]

Stufe 1: Verhärtung
Es entstehen Meinungsverschiedenheiten, die auf operativer Ebene durch die Bauleitung und/oder Bauüberwachung beider Parteien diskutiert werden. Die Streitigkeiten können durch Gespräche, zum Beispiel im Rahmen von Baubesprechungen, gelöst werden.

Stufe 2: Debatte (und Polarisation)
Die Parteien werfen sich gegenseitig Verzögerungen vor und beachten nicht die Auswirkungen ihres Handelns auf den Bauablauf. Die Kommunikation ist erschwert, aber auf Ebene der Bau- und Projektleitung noch steuerbar.

---

293 Vgl. *Deutsche Gesellschaft für Außergerichtliche Streitbeilegung im Bauwesen e.V.* (Hrsg.), Schriftenreihe der DGA-Bau Nr. 1, Beitrag Diederichs, S. 8 einschließlich Erweiterung des Nomogramms in Anlehnung an *Kuffer, Johann/ Wirth, Axel* (Hrsg.), *Grieger*, Bau- und Architektenrecht, 8. B. I. Rn. 7. Die Eskalationsstufen werden aus der Konflikteskalation nach Friedrich Glasl abgeleitet.

294 Vgl. zur Beschreibung der Eskalationsstufen *Kuffer, Johann/ Wirth, Axel* (Hrsg.), *Grieger*, Bau- und Architektenrecht, 8. B. I. Rn. 7.

Stufe 3: Taten und Worte (Gesprächsabbruch)
Die Positionen der Parteien verhärten sich. Die mündliche Kommunikation wird nicht mehr als hilfreich empfunden und durch umfangreichen Schriftverkehr abgelöst.

Stufe 4: Sorge um Image und Koalition (Imageverlust)
Es existiert keine Verständigungsbereitschaft der Parteien mehr. Der Auftraggeber und der Auftragnehmer versuchen, andere Beteiligte auf ihre Seite zu ziehen, um Unterstützung zu erfahren.

Stufe 5: Gesichtsverlust (Glaubwürdigkeitsverlust)
Die Kommunikation besteht aus öffentlichen und direkten Angriffen. Die Parteien schieben sich die Verantwortung für den Streit gegenseitig zu.

Stufe 6: Drohstrategien
Es werden Drohungen ausgesprochen. Beide Parteien können nicht mehr nachgeben, sondern kündigen an, die Leistung zu verweigern oder den Vertrag zu kündigen.

Stufe 7: Begrenzte Vernichtungsschläge (Begrenzte Schädigung)
Beide Parteien denken nur noch an das eigene Überleben. Die Gegenpartei soll geschädigt werden. Die Interessen des Projekts werden nicht mehr beachtet.

Stufe 8: Zersplitterung (Vernichtungsaktionen)
Der jeweiligen Gegenpartei soll intensiver Schaden zugefügt werden. Durch unsachliche Forderungen oder eine Verweigerungshaltung soll der andere vernichtet werden.

Stufe 9: Gemeinsam in den Abgrund
Es herrscht totale Konfrontation und es gibt keinen Weg zurück. Die Parteien sehen keinen Ausweg mehr, den Projekterfolg zu retten.

Aus dem Nomogramm in Abbildung 6 lässt sich erkennen, wie nach Ansicht der DGA-Bau das jeweils passende Streitbeilegungsverfahren anhand der Eskalationsstufe und des Konfliktthemas gewählt werden kann. Auffällig ist, dass demnach keiner der angeführten, typischen Baukonflikte geeignet ist, vor einem staatlichen Gericht gelöst zu werden. Für sämtliche aufgeführte Konfliktthemen werden jedoch jeweils passende ASB-Verfahren empfohlen. Die Anwendung von außergerichtlichen Verfahren ist dabei für alle Themen aber nur bis einschließlich der Eskalationsstufe 6 (Drohstrategien) vorgesehen.

Grieger erweitert den Anwendungsbereich der ASB-Verfahren gegenüber der Darstellung der DGA-Bau.[295] Demnach ist eine Mediation auch noch in den Stufen 6 (Drohstrategien) und 7 (Begrenzte Vernichtungsschläge/Begrenzte Schädigung) möglich. Die Adjudikation kann bis einschließlich Stufe 8 (Zersplitterung/Vernichtungsaktionen) erfolgreich angewendet werden. Diese Ausweitung des Anwendungsbereichs für außergerichtliche Streitbeilegungsverfahren wird unterstützt. Der Erfolg in den höheren Eskalationsstufen hängt im Wesentlichen von dem Einigungswillen der Parteien ab. Dazu muss der in der Mediation oder Adjudikation eingesetzte Dritte eine sachgerechte Kommunikation zwischen den Parteien herstellen. Durch Anwendung verschiedener Maßnahmen, zum Beispiel dem sachbezogenem Verhandeln nach dem Harvard-Konzept, kann dies gelingen.

Neben der Auswahl des passenden Streitbeilegungsverfahrens anhand des vorstehenden Nomogramms in Abbildung 6, ist auch die unterschiedliche Bindungswirkung der verschiedenen Verfahren zu beachten. Wenn die Auswahl des Streitbeilegungsverfahren aufgrund des Nomogramms getroffen wurde, sollte hinterfragt werden, ob das so bestimmte Verfahren die für die jeweils vorliegende Streitigkeit und die Projektbeteiligten passende Bindungswirkung aufweist.

Die möglichen Verfahren unterscheiden sich nach der Bindungswirkung der Entscheidung wie folgt: bindend wie beim deutschen Schiedsgutachten und Schiedsgericht, nicht bindend wie beim (Sachverständigen-) Gutachten und der Mediation oder vorläufig bindend wie beim Adjudikationsverfahren. In Abbildung 7 werden die Verfahren demgemäß dargestellt.

---

295 Vgl. *Kuffer, Johann/ Wirth, Axel* (Hrsg.), *Grieger*, Bau- und Architektenrecht, 8. B. I. Rn. 7. Dieser erweiterte Anwendungsbereich der ASB-Verfahren ist in Abbildung 6 mit gestrichelten Pfeilen dargestellt.

Abb. 7: Entscheidungs- und konsensorientierte ADR-Verfahren[296]

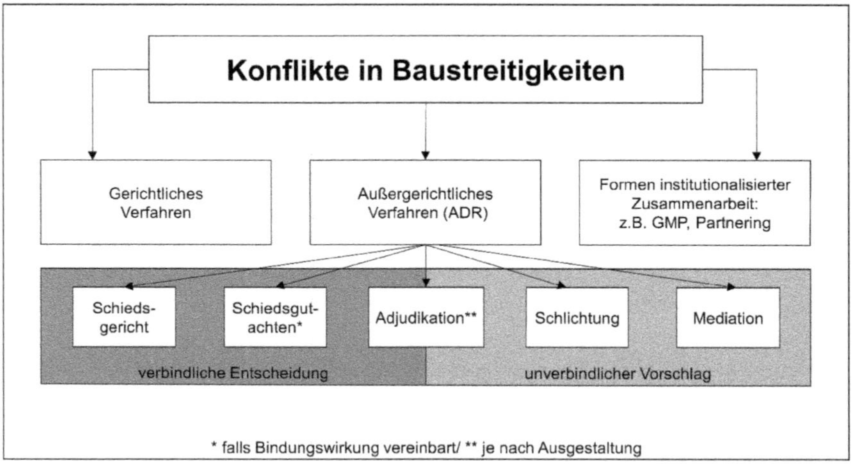

Das Schiedsgerichtsverfahren ist durch die Regelungen der ZPO stark formalisiert. Die endgültige Bindungswirkung einer Schiedsgerichtsentscheidung ist ungeeignet, um zeitnahe Entscheidungen herbeizuführen. Schiedsgerichte bringen regelmäßig keine deutlich schnelleren oder kostengünstigeren Verfahrensabschlüsse als die ordentlichen Gerichte. Ein nennenswerter Vorteil ist einzig die höhere Fachkompetenz der Schiedsrichter im Vergleich zu den Richtern in den staatlichen Verfahren.

Schiedsgutachten eignen sich meist nur bedingt für die Beilegung von komplexen Baustreitigkeiten. Der Gutachter agiert wie ein Sachverständiger und entscheidet regelmäßig nur über Tatsachen. Die Erstellung eines Gutachtens zur Lösung von interessengesteuerten Baustreitigkeiten erscheint unflexibel und nicht zielführend. Anstatt einer dringend erforderlichen Lösung mit Handlungsanweisungen, erhalten die Parteien lediglich eine Teilantwort in Form einer Sachverhaltsermittlung und Bewertung. Auch wenn die Parteien vereinbaren, dass diese Stellungnahme des Gutachters verbindlich wird, werden dadurch alleine die Streitigkeiten häufig noch nicht geklärt, weil die Umsetzung des Schiedsgutachtens unklar bleibt.

Die Schlichtung als Streitbeilegungsverfahren mit unverbindlichem Abschluss unterscheidet sich als konsensorientiertes Verfahren nicht wesentlich

296 Vgl. *Roquette, Andreas J./ Otto, Andreas* (Hrsg.), *Roquette*, Vertragsbuch privates Baurecht, D. I. Rn. 3.

von der Mediation. Beiden Verfahren ist gemein, dass der Vereinbarungswille der Parteien im Vordergrund steht. Vielmehr ist dieser sogar erforderlich, um ein Mediations- oder Schlichtungsverfahren überhaupt erfolgreich durchzuführen.

Nach Einschätzung von Stubbe sind generell weder bindende noch nicht bindende Verfahren als Regelinstrument für Baustreitigkeiten geeignet. Lediglich die Zwischenlösung einer vorläufig bindenden Entscheidung, die in einem schnellen und kostengünstigen Verfahren zu klaren Festlegungen führt, sei sachgemäß.[297] Vorläufige Bindungswirkung bedeutet, dass die Parteien die Entscheidung zu befolgen haben, bis gegebenenfalls in einem nachfolgenden (Schieds-) Gerichtsverfahren eine abändernde Entscheidung ergeht.

Dies erscheint für komplexe Streitigkeiten, die eine schnelle Lösung benötigen, nachvollziehbar und folgerichtig. Bindende Verfahren können den Parteien wegen der längeren Verfahrensdauern keine zeitnahen Lösungen bieten. Die isolierte Anwendung von unverbindlichen Verfahren alleine ist für Baustreitigkeiten ungeeignet, da die Parteien Entscheidungen für die faktisch geprägten Streitigkeiten auf der Baustelle benötigen. Lediglich als vorgeschaltete oder begleitende Maßnahme können unverbindliche Streitbeilegungsverfahren hilfreich sein. Eine Mediation kann beispielsweise zu einem selbstbestimmten Lösungsprozess der Parteien beitragen. Die von den Parteien benötigten zeitnahen Entscheidungen liefern diese unverbindlichen Verfahren nicht zwangsläufig. Dagegen ist die Adjudikation als vorläufig bindendes Verfahren geeignet, eine schnelle Lösung herbeizuführen, die die Parteien (vorläufig) zum Handeln während der Bauausführung verpflichtet.

Durch das Übertragen dieser Überlegungen auf die zuvor genannte Verfahrensauswahl mithilfe des Nomogramms in Abbildung 6, lässt sich erkennen, dass nahezu alle Eskalationsstufen eines Konflikts mit einer Kombination aus Mediation und Adjudikation abgedeckt werden können; nämlich die Stufen 3 (Taten und Worte/Gesprächsabbruch) bis 8 (Zersplitterung/Vernichtungsaktionen). Die Stufen 1 (Verhärtung) und 2 (Debatte) erfordern in der Regel kein separates Streitbeilegungsverfahren. Konflikte in diesem Stadium können von den Parteien ohne Hilfe eines Dritten beigelegt werden. Ab der Stufe 5 (Gesichtsverlust/Glaubwürdigkeitsverlust) beginnt der Anwendungsbereich der Adjudikation. In der höchsten Eskalationsstufe 9 (Gemeinsam in den Abgrund) führen außergerichtliche Verfahren nicht mehr zum Erfolg. Zur Lösung des Streits ist ein ordentliches Gericht anzurufen.

297 Vgl. *Stubbe*, Arbeitskreis VII – Außergerichtliche Streitbeilegung (Punkt 4), verfügbar auf www.baugerichtstag.de (zuletzt besucht am 28.06.2017).

Die Mediation und Adjudikation in kombinierter Anwendung können nahezu sämtliche Streitthemen inhaltlich abdecken. Besonders durch die freie Wahl des neutralen Dritten kann, je nach Schwerpunkt des Konflikts, ein fachkundiger Streitlöser gewählt werden. Grundsätzlich eignet sich die Mediation eher im Planungsbereich. Bei diesen Streitigkeiten stehen die Auslegung von Willenserklärungen und die Intention der Parteien im Mittelpunkt. Häufig ist zu klären, auf welcher Grundlage die Pläne zu erstellen gewesen sind, und ob die vorgelegte Planung diesen Anforderungen entspricht. Dabei kann das bloße Entwickeln eines gemeinsamen Verständnisses ausreichen, um die Streitigkeiten beizulegen. Für die eher faktisch geprägten Konflikte während der Bauausführung bedarf es der neutralen Feststellung eines Dritten. Dafür sind Adjudikationsverfahren sehr gut geeignet. Der Adjudikator kann im Anschluss an die Sachverhaltsermittlung eine anordnende Entscheidung treffen. Damit erhalten die Parteien konkrete Handlungsanweisungen für die Ausführung.

2. Eskalationssystem zur Streitbeilegung

Die Verfahrensordnungen für die Durchführung einer Adjudikation wurden bereits vorgestellt. Durch einige Ergänzungen und Anpassungen lässt sich eine gute vertragliche Basis zur Vereinbarung einer Adjudikation schaffen. Im Folgenden wird dargestellt, wie durch die ergänzende Anwendung einer Mediation, die Streitbeilegung zwischen den Parteien zusätzlich verbessert werden kann. Die Parteien sollten nämlich nicht nur ein bestimmtes Verfahren einheitlich für alle Projekte, Themen und Eskalationsstufen anwenden. Vielmehr ist diesbezüglich differenziert zu unterscheiden, welches Verfahren zur Streitbeilegung bei dem jeweiligen Konflikt geeignet ist. Für diese Entscheidung wird die Entwicklung eines Eskalationssystems empfohlen.

Eine mögliche Grundlage für verschiedene Stadien eines Konflikts bietet Prütting wie folgt:[298]

1. **Verhandeln**: ohne Verfahrensregeln und ohne neutralen Dritten
2. **Vermitteln**: mit Drittem, der nicht entscheidungsbefugt ist
3. **Schlichten**: mit Drittem, der (teilweise) entscheidungsbefugt ist, indem er aktiv an der Lösung mitarbeitet
4. **Richten**: ein Dritter entscheidet nach administrativen, feststehenden Verfahrensordnungen

---

298 Vgl. *Prütting, Hanns/ Krafka, Alexander* (Hrsg.), Außergerichtliche Streitschlichtung, 1. II. Rn. 3ff.

In diese Abstufung lässt sich die Adjudikation nicht einordnen, da das deutsche Rechtssystem eine Streitbeilegung mit vorläufig bindender Entscheidung bisher nicht vorsieht. Zwischen der dritten und vierten Phase, dem Schlichten und dem Richten, ist eine neue Kategorie für die Adjudikation einzufügen. Das Richten entspricht der Eskalationsstufe 9 (Gemeinsam in den Abgrund) der Abbildung 6. Derartige Streitigkeiten werden von den staatlichen Gerichten erledigt und in der Folge nicht weiter berücksichtigt.

Interessant ist jedoch eine differenziertere Betrachtung der ersten drei Phasen, dem Verhandeln, Vermitteln und Schlichten, als Vorstufe eines Adjudikationsverfahrens. Die Mediation ist in der zweiten Stufe, dem Vermitteln, einzuordnen. Jedoch sollten auch weitere Maßnahmen zur Streitbeilegung in diesen Stufen 1–3 angewendet werden, um in Kombination mit der Adjudikation ein umfangreiches Konfliktmanagement zu bieten.

Diederichs und Grieger bezeichnen diese Verfahren als „*autonome Regelungen zwischen den Parteien*“ (gemäß Abbildung 6). Roquette wählt die Bezeichnung „*Formen institutionalisierter Zusammenarbeit*“ und nennt als Beispiel partnerschaftliche Vertragsmodelle (gemäß Abbildung 7). Derartige Verfahren werden bei der Suche nach einer Streitlösung oftmals nicht ausreichend beachtet.

Dabei handelt es sich bei diesen Maßnahmen um geeignete Methoden, um mit wenig Aufwand eine Streitlösung zu erreichen.[299] Die Parteien sollten vertraglich vereinbaren, dass bei jeder Streiteskalation in der ersten Stufe derartige Verfahren angewendet werden, um zu einer selbstbestimmten Lösung zu gelangen.

Unter Berücksichtigung aller Verfahren, die sich gemäß den vorstehenden Erläuterungen als geeignet herausgestellt haben, könnte das Eskalationssystem für Streitigkeiten, unter Beachtung der zuvor genannten Eskalationsstufen, wie in der folgenden Abbildung 8 dargestellt aussehen:

299 Vgl. dazu in Kapitel B.IV.6 die Methode des sachbezogenen Verhandelns auf Grundlage des Harvard-Konzepts.

Abb. 8: Streitlösungsmodell für Baustreitigkeiten

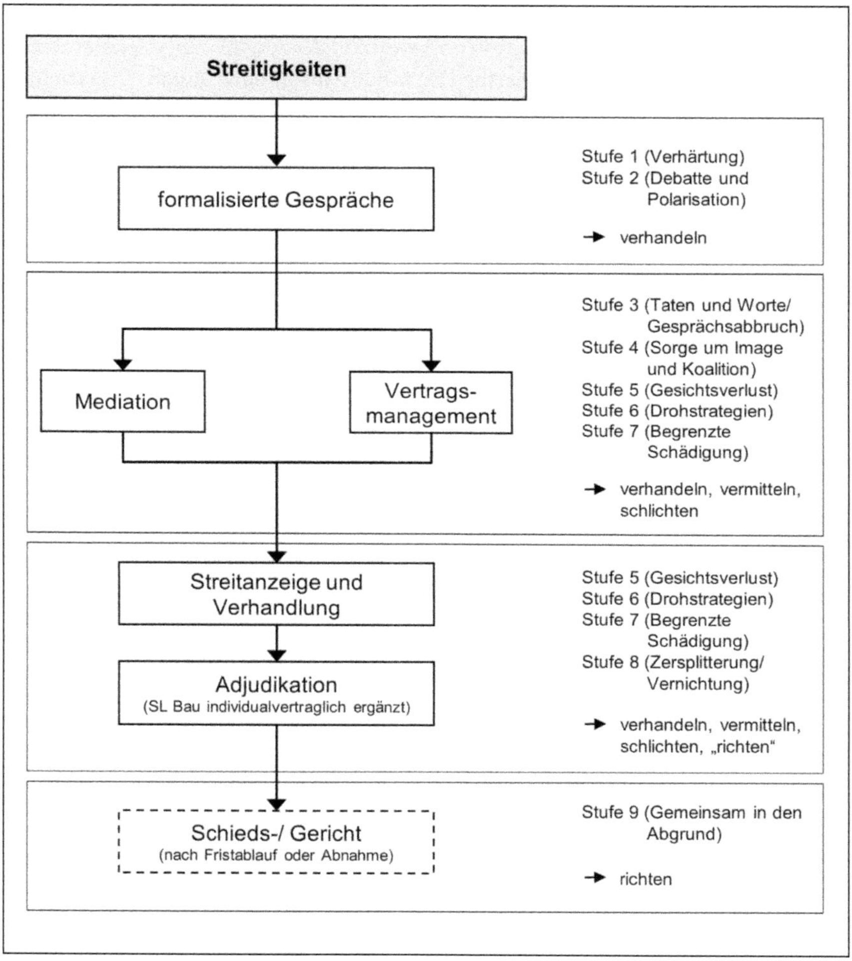

Für die ersten beiden Ebenen wird nicht empfohlen, bereits im Vorfeld bestimmte Verfahren zu vereinbaren, an die die Parteien sich später strikt zu halten haben. Besser ist, lediglich die Absicht, die Streitigkeiten nach diesem Eskalationsmodell beizulegen, vertraglich zu vereinbaren. Eine vertragliche Regelung könnte beispielsweise vorsehen, dass es in jeder Phase bestimmte Beteiligte der jeweiligen Parteien gibt, die versuchen, nach gewissen vereinbarten Regelungen eine Konfliktlösung herbeizuführen.

Die erste Ebene der Streitbeilegung bildet eine verfahrensmäßige Konfliktbewältigung, zum Beispiel in Form von formalisierten Gesprächen. Diese sollten vor Ort auf der Baustelle zwischen den Beteiligten stattfinden. Dabei helfen vertraglich vereinbarte Kommunikationsregeln. Diese müssen nicht umfangreich sein. Oft hilft es bereits, den Umgang und die Teilnehmer von Besprechungen festzulegen. Dazu gehört eine ordentliche Vorbereitung. Es sollte kein Treffen zwischen den Parteien stattfinden, ohne dass beide Parteien die Agenda kennen und die notwendigen Unterlagen und Ausarbeitungen zur Diskussion mitbringen. Besprechungen sollten zeitlich begrenzt werden, da lange Dauern meist zu Ineffizienz führen. Abhängig vom Streitthema und dem Streitwert müssen die Parteien fachkundige und vertretungsbefugte Vertreter für die Besprechungen zur Verfügung stellen.

Auf der zweiten Ebene sind Konflikte zu lösen, deren Klärung auf der operativen Ebene des Baustellenpersonals gescheitert ist. Dabei kann die Einrichtung eines Vertragsmanagements für die Projektabwicklung hilfreich sein. Der Begriff der Mediation ist weit auszulegen. Die beiden Komponenten Mediation und Vertragsmanagement sind so zu verstehen, dass neutrale Personen zur Streitbeilegung hinzugezogen werden. Diese neutralen Personen können ebenso von den Parteien gestellt werden, solange sie nicht zuvor operativ in die Projektabwicklung involviert waren. Beide Parteien könnten, in Anlehnung an die Idee der FIDIC-Vertragsbedingungen, einen Vertragsmanager stellen. Dieser übernimmt ähnliche Tätigkeiten wie der FIDIC-„Engineer", arbeitet also an der Schnittstelle zwischen Technik, Recht und Baubetriebswirtschaft. Da er nicht in das operative Tagesgeschäft verwickelt ist, kann er Sachverhalte distanzierter und neutraler betrachten als die Beteiligten vor Ort. So ist es denkbar, dass nicht zwingend ein externer Dritter angerufen werden muss, um konsensuale Verfahren durchzuführen. Auch die Vertragsmanager beider Parteien können strukturierte Verhandlungsgespräche führen, um Verständnis für die Interessen und Ansichten der jeweiligen Gegenpartei zu schaffen und eine einvernehmliche Lösung herbeizuführen. Dazu können diese Gespräche beispielsweise Elemente des bereits vorgestellten Verfahrens „early-neutral-evaluation"[300] enthalten. Wenn die Vertragsmanager beider Parteien die Forderungen und Ansprüche ihrer Partei realistisch darstellen, wird sich häufig ergeben, dass die Abweichungen nicht groß sind. Ein Auseinanderentwickeln bezüglich der Forderungen ergibt sich nämlich meist dadurch, dass (vermeintliche vertragliche) Nachteile durch eine ausgleichende Regelung während der Ausführung ausgewogen werden

300 Das Verfahren wird in Kapitel B.IV.5 vorgestellt.

sollen. Dies gilt selbst dann, wenn die vertraglich empfundenen Nachteile inhaltlich keine Berührungspunkte mit dem jeweiligen Konfliktthema haben. Dies erübrigt sich zum einen durch eine präventive Vertragsgestaltung. Zum anderen dürfen solche Streitigkeiten, selbst wenn sie existieren, nicht versteckt hinter anderen Motiven und Positionen ausgetragen werden. Erforderliche Vertragsanpassungen sind offen anzusprechen. Auch diesbezüglich können die Parteien nur durch einen fairen und konstruktiven Umgang miteinander eine nachhaltige Lösung herbeiführen.

Dazu gehört es auch, den Fokus der Konfliktbewältigung auf die mündliche Kommunikation zu legen. Natürlich können die Parteien nicht vollständig auf die Erstellung von Schriftverkehr verzichten. Jede Partei sollte ihre Ansprüche schriftlich, detailliert vortragen. Wenn dies erfolgt ist, ist eine weitere schriftliche Auseinandersetzung jedoch häufig nicht zielführend. Die Meinungen und Positionen sind ausgetauscht. Der Kommunikationsstil ist im schriftlichen Gebrauch häufig weniger konstruktiv und partnerschaftlich. Vorwürfe und Drohungen lassen sich leicht zu Papier bringen. In einem persönlichen Gespräch werden die Parteien eher Hemmungen haben, aggressiv und uneinsichtig aufzutreten. Dieser Umstand allein kann bereits bewirken, dass eine Eskalation des Streits deutlich verringert wird. Durch den Austausch von umfangreichem Schriftverkehr steigern sich die Parteien jedoch immer weiter in unsachliche Forderungen und versteifen sich auf ihre Position. Es erscheint, als würde eine Parallelwelt zu dem tatsächlichen Geschehen auf der Baustelle geschaffen. Die Bau- und Projektleitung beider Parteien ist nicht mehr, oder nur noch teilweise, involviert und durch den Austausch des Schriftverkehrs bei der Durchführung der Leistungen verunsichert. Ein formalisiertes Gespräch vor Ort, auf der Baustelle, wird regelmäßig hilfreicher sein, um einen Streit beizulegen. Nur wenn auch diese Ansätze zur Konfliktlösung nicht zielführend sind, sollte ein externer Dritter für die Durchführung einer Mediation hinzugezogen werden.

Die folgende (dritte) Instanz ist die Durchführung einer Adjudikation mit vorgeschalteter Streitanzeige. Diese Maßnahmen wurden bereits erläutert.[301] Aus Abbildung 8 wird ersichtlich, dass sich die Adjudikation für eine Vielzahl von Streitigkeiten in den verschiedenen Eskalationsstufen eignet. Dazu halten die Parteien zunächst eine Verhandlung über den angezeigten Streitgegenstand ab. Nach einer bestimmten Frist für die Gegenpartei, zur Erfüllung der Forderung oder Einreichung einer Stellungnahme, darf die antragstellende Partei den

---

301 Vgl. Kapitel F.II.5 zur Vereinbarung einer Streitanzeige in Anlehnung an die AO-Bau.

Adjudikator anrufen und ein Verfahren einleiten. Die Verfahrensordnung ist, einschließlich der individuellen Anpassungen, vertraglich vereinbart worden.

Auf den drei bisher vorgestellten Ebenen des Eskalationssystems ist bei jeder Maßnahme und bei jedem Gespräch, einschließlich der Durchführung der Mediation und Adjudikation, die Anwendung der Kommunikationsregeln für sachbezogenes Verhandeln nach dem Harvard-Konzept hilfreich. Die vier Schritte dieses Prinzips wurden in Kapitel B[302] erläutert und sind wie folgt anzuwenden:

1. Punkt: Trennung von Mensch und Problem
   Der Konflikt muss, bestenfalls von beiden Parteien gemeinsam, analysiert werden. Es ist zu erarbeiten, um welchen Sachverhalt es geht und ob dieser gegebenenfalls unterschiedlich beurteilt wird. Auf der ersten Ebene des Eskalationssystems kann bereits dadurch ein Konflikt gelöst werden. Dazu ist es notwendig, dass die Parteien von unsachlichen und überhöhten Forderungen Abstand nehmen. Die Vertragsmanager beider Seiten können dabei unterstützend tätig werden, weil sie naturgemäß eine distanziertere Sicht der Dinge haben als die Beteiligten vor Ort.

2. Punkt: Auf Interessen konzentrieren
   Im zweiten Schritt ist zu ermitteln, wer am Konflikt mit welchen Interessen beteiligt ist. Nur so kann festgestellt werden, ob der Auftragnehmer beispielsweise einen technischen Sachverhalt klären möchte, um anschließend bestimmte Vergütungsansprüche auszulösen, oder der Auftraggeber eine rechtliche Würdigung eines bestimmten Sachverhalts beabsichtigt. Abhängig von den Interessen der Parteien kann ermittelt werden, welches Streitbeilegungsverfahren aus terminlichen und finanziellen Aspekten das Beste ist. Letztlich geht es darum, die Grundbedürfnisse der Parteien zu befriedigen. Die Parteien wollen selbstbestimmt handeln, anerkannt werden und für ein wirtschaftliches Auskommen sorgen. Sie benötigen die Sicherheit über den Verlauf des Projekts und die Einschätzung ihrer Forderungen während der Ausführung. Diese Bedürfnisse werden in jedem Fall durch ASB-Verfahren wesentlich besser erfüllt als vor einem staatlichen Gericht. Bei der Durchführung einer Mediation oder Adjudikation bekommen die Parteien schneller die Sicherheit, welche Forderungen ihnen zugesprochen werden und wie sie das Projekt voraussichtlich in wirtschaftlicher Hinsicht werden beenden können. Dabei haben die Parteien umfangreichen Einfluss auf die Wahl und

302 Die Grundelemente des Harvard-Konzepts werden in Kapitel B.IV.6 erläutert.

die Durchführung des Verfahrens. Durch diese Selbstbestimmung wird das Ergebnis eher akzeptiert, als wenn es fremdbestimmt ermittelt wird.

3. Punkt: Lösungsoptionen entwickeln
Auf der ersten Ebene des Eskalationssystems können in diesem Schritt mögliche Maßnahmen zur Konfliktlösung diskutiert werden. Die Parteien sollen erörtern, welche Vorteile und Folgen bestimmte Verfahren mit sich bringen. Innerhalb der Verfahren geht es darum, die zunächst scheinbar gegenteiligen Lösungsmöglichkeiten der Parteien zu erweitern. Zumeist werden vorschnell Vermutungen über bestimmte Ursachen angestellt, die sich im Nachhinein als falsch herausstellen. Deshalb dürfen mögliche Lösungen nur auf Grundlage des zwischen den Parteien unstreitigen Sachverhalts entwickelt werden. Bereits die Tatsache, dass die Parteien eine unterschiedliche Wahrnehmung des Sachverhalts haben, schränkt die Lösungssuche ein. Wenn der Auftraggeber beispielsweise davon ausgeht, dass der Auftragnehmer vollkommen selbstverschuldet eine mangelhafte Leistung erbracht hat, ohne zu erkennen, dass die von ihm erstellte Planung fehlerhaft war, wird es für ihn nie eine Lösungsmöglichkeit geben, die vorsieht, dass er sich anteilig an der Mangelbeseitigung beteiligen muss.
Zusätzlich ist es wichtig, die Sicht der Gegenpartei nachvollziehen zu können. Bei allen außergerichtlichen Streitbeilegungsverfahren wird es nur dann eine einvernehmliche und nachhaltige Lösung geben, wenn beide Parteien diese zumindest nachvollziehen können. Deshalb sollten die Lösungsoptionen immer die Interessen beider Parteien berücksichtigen.

4. Punkt: Neutrale Beurteilungskriterien
Die Parteien können und sollten die Möglichkeit nutzen, die Beurteilungskriterien, auf deren Grundlage der Streit entschieden werden soll, selbst festzulegen. Bei einem Schiedsgutachten wird der Ingenieur beispielsweise immer nach technischer Sachkunde entscheiden. Der Jurist in einem staatlichen Gerichtsverfahren („ohne" technische Kenntnisse) entscheidet nach Verfahrensordnungen, Beweislastregeln und gesetzlichen Vorgaben. Bei ASB-Verfahren können die Parteien selbst entscheiden, welcher Beurteilungsmaßstab angewendet werden soll.
Besonders für die Durchführung einer Adjudikation ist dies von Bedeutung. Der Adjudikator sollte immer auf vertraglicher Grundlage entscheiden. Zum einen auf Grundlage des Hauptvertrags zwischen den Parteien als Bewertungsmaßstab und zum anderen auf Grundlage der vertraglichen Vereinbarung der Parteien mit dem Adjudikator, die gegebenenfalls weitere Regelungen dazu enthält. Damit kann gleichzeitig die Diskussion über die

rechtliche Einordnung der Adjudikation beendet werden. Die Frage nach der Anwendung des § 315 BGB und der Beurteilung nach freiem oder billigen Ermessen wird durch die vertragliche Festlegung der Parteien beantwortet. Nur die vertraglichen Regelungen sind in einem späteren Verfahren maßgeblich.

5. Punkt: Alternativen zum Verhandlungsergebnis entwickeln
   Der letzte Schritt wird auch mit „BATNA" (best alternative to negotiated agreement) bezeichnet. Es ist wichtig, alle weiteren Lösungsoptionen, die im Zuge der Konfliktbewältigung entwickelt wurden, gedanklich durchzuspielen. Nur wenn Klarheit darüber besteht, welche weiteren Möglichkeiten die Parteien haben, können sie das erreichte Ziel oder eine vorläufig getroffene Entscheidung einordnen und endgültig akzeptieren.
   Für Bauunterbrechungen kann dies beispielsweise bedeuten, dass ein summarisches Verfahren einen großen Vorteil bringt, weil die vorläufig bindende Entscheidung dazu führt, dass die Bautätigkeiten wieder aufgenommen werden. Selbst wenn einem Auftraggeber in einem Adjudikationsverfahren auferlegt wurde, bestimmte Beschleunigungsverfahren zu vergüten, obwohl er sich dazu nicht verpflichtet sieht, kann die Einhaltung der Entscheidung für ihn vorteilhaft sein. Widerspricht er dem Ergebnis der Adjudikation, verzögert sich eine Klärung des Streits weiter. Der Ausgang vor einem staatlichen Gericht wird erst Jahre später bekannt sein und ist ungewiss. Bis dahin könnte der Auftragnehmer seine Leistung weiterhin verweigern, sodass das Projekt des Auftraggebers mit einer großen Verzögerung fertiggestellt würde. Durch die fehlenden Mieteinnahmen, Produktionsausfall oder weitere Schäden durch die Nichtnutzung entsteht dem Auftraggeber ein großer wirtschaftlicher Schaden. Es ist offensichtlich, dass diese Möglichkeit nicht die bessere sein kann.
   Eine Adjudikationsentscheidung dagegen, kann den Auftragnehmer zur Fortführung der Arbeiten zwingen. Falls die Entscheidung des Adjudikators später (schieds-) gerichtlich korrigiert wird, muss der Auftragnehmer die zu Unrecht erhaltene Vergütung zurückerstatten.

Mit der Anwendung des Harvard-Konzepts wird das Eskalationssystem somit vervollständigt. Die Einhaltung dieses Systems ist vertraglich zu vereinbaren. Bezüglich der ersten beiden Ebenen ist eine offene Vereinbarung zu wählen. Das heißt, dass sich die Parteien verpflichten, im Streitfall strukturierte Gespräche zu führen, diese konstruktiv zu fördern und das notwendige Personal zur Verfügung zu stellen. Für die mögliche Durchführung einer Mediation wird entweder bereits vertraglich ein Mediator bestimmt oder zumindest ein neutraler Dritter, der im Streitfall einen Mediator benennen kann. Der Streitlöser sollte nie, schon gar nicht im Streitfall, von einer Partei alleine bestimmt werden. Die verpflichtende Vereinbarung einer Mediation wird nicht empfohlen. Dies steht der Natur des Verfahrens entgegen. Nur wenn die Parteien während der Ausführung zur Durchführung eines konsensorientierten Verfahrens bereit sind, wird die Mediation erfolgreich sein.

Durch die Entwicklung und Vereinbarung eines Eskalationssystems, beschäftigen sich die Parteien zwangsläufig mit möglichen Verfahren zur Streitbeilegung. Dadurch kann es ihnen leichter fallen, die Existenz von Streitigkeiten zu akzeptieren. Streitigkeiten sind kein Tabuthema und müssen nicht zu einer Verschlechterung der Beziehung zwischen den Parteien oder zu einem schlechteren Projektabschluss führen. Das Bewusstsein der Parteien, dass Lösungsmöglichkeiten vorhanden sind, hilft im Streitfall, eine konstruktive Lösung durch die „bloße" Anwendung dieser Verfahren herbeizuführen.

Bezüglich der Vereinbarung des Eskalationssystems gilt das Gleiche wie für die Wahl und Anpassung der Adjudikationsverfahrensordnung: Beide Parteien müssen von dem Inhalt und Anwendungsbereich überzeugt sein. Die einseitige Durchsetzung wird nicht zum Erfolg führen. Im Zuge der Vertragsverhandlungen sollte jede Partei daher die Verfahren mitsamt ihrer Vorteile vorstellen und sich für deren Anwendung einsetzen. Vertraglich vereinbart werden sollten allerdings nur die Inhalte, von denen beide Parteien überzeugt sind. Kleinere Anpassungen, Ergänzungen oder Konkretisierungen des Auftraggebers, die keine Partei benachteiligen, sollten immer aufgenommen werden. Wenn die Parteien schließlich ein Konfliktlösungssystem gemeinsam und selbstbestimmt erarbeitet haben, werden sie sich in der Ausführung auch daran halten.

Bezüglich der vertraglichen Vereinbarung des Adjudikationsverfahrens wird auf die Ausführungen in Kapitel F.II verwiesen. Die Verfahrensordnung mit Ergänzungen und Wahl des Adjudikators sind in den Hauptvertrag der Parteien zu integrieren.

3. Anrufung eines ordentlichen Gerichts

Die Erläuterungen in Kapitel B haben gezeigt, dass erhebliche Defizite bei der Durchführung von Bauprozessen vor den staatlichen Gerichten bestehen. Sowohl die Verfahrensdauern, als auch die Qualität der Entscheidungen, werden bemängelt. Auch werden viele Vorteile von ASB-Verfahren durch ordentliche Gerichtsverfahren nicht erfasst. Die Aspekte des erfolgreichen Harvard-Konzepts für sachbezogenes Verhandeln bleiben nahezu vollständig unberücksichtigt. Es stehen weder die Interessen der Parteien im Mittelpunkt des Verfahrens, noch kann der Richter aufgrund von neutralen Bewertungskriterien entscheiden. Sofern das

Verfahren mit einem Urteil beendet wird, konnten dazu vorher keine Lösungsoptionen aufgezeigt werden, die für alle Beteiligten zufriedenstellend wären. Vielmehr gibt es nur ein Gewinnen oder Unterliegen.

Die Schlussfolgerung daraus ist jedoch nicht, dass staatliche Gerichte per se ungeeignet wären Baustreitigkeiten zu lösen. Zwar mögen derartige Verfahren oft statisch wirken und den Anschein erwecken, den verstrickten Kausalitäten zwischen verschiedenen Beteiligten nicht gerecht zu werden. Für die reine Prüfung, ob bestimmte Tatbestandmerkmale erfüllt sind oder nicht, die keinen Ermessensspielraum zulässt, ist das staatliche Gerichtsverfahren jedoch das richtige. Auch alle Fragen, bei denen ausschließlich rechtliche Maßstäbe relevant sind, eignen sich für die Lösung durch ein ordentliches Gericht.

Jedoch ist zu bedenken, dass auch in einer frühen Phase des Projekts die Anrufung eines staatlichen Gerichts den kompletten Bauablauf belasten kann. Das gilt, selbst wenn das Streitthema an sich für ein ordentliches Gericht geeignet ist, wie zum Beispiel die Gestellung von Sicherheiten. Deshalb ist stets zu prüfen, ob ein ordentliches Gerichtsverfahren vermieden werden kann. Für den Fall, dass alle anderen Maßnahmen und Streitbeilegungsverfahren nicht zielführend sind, sollen die Parteien die Anrufung eines ordentlichen Gerichts vereinbaren. Wirtschaftlicher und effizienter ist meist an den Vereinbarungswillen der Parteien zu appellieren.

Im Ergebnis ist das jeweils passende Verfahren je nach Streitgegenstand und Eskalationsstufe zu wählen. Die staatlichen Gerichte sollen von den ASB-Verfahren nicht ersetzt, sondern durch diese entlastet werden.

Diesbezüglich ist der Ansatz von Oelsner und Peine interessant, wonach Gerichtsverfahren mit ASB-Verfahren kombiniert werden. Dazu haben Oelsner und Peine auf dem 2. Kongress der DGA-Bau verschiedene Möglichkeiten präsentiert. Das Ergebnis der Untersuchung ist, dass verschiedene Kombinationen denkbar und erfolgversprechend sind. Die Voraussetzungen dazu sind in jedem Fall erfüllt. Jederzeit, auch nach dem Verfahrensbeginn vor einem ordentlichen Gericht, kann ein ASB-Verfahren angewendet werden. Sowohl das BGB als auch die ZPO lassen dies uneingeschränkt zu.[303]

---

303 Vgl. *Deutsche Gesellschaft für Außergerichtliche Streitbeilegung im Bauwesen e.V.* (Hrsg.), Schriftenreihe der DGA-Bau Nr. 2, Beitrag Oelsner/ Peine: Synergien zwischen staatlicher Gerichtsbarkeit und Außergerichtlicher Streitbeilegung.

II. Präventive Vertragsgestaltung

„Ein guter Vertrag ist ein Vermögen wert, er schont Nerven und bereitet die Grundlage für ein erfreuliches Projekt.“[304] Zur Konfliktvermeidung wird besonders auf eine präventive Regelung bezüglich der drei Hauptursachen für Konflikte geachtet. Zusätzlich sollen Konfliktlösungsklauseln in den Vertrag einbezogen werden, um eine vernünftige Auswahl und Durchführung des jeweils passenden Streitbeilegungsverfahrens zu ermöglichen. Auf dieser Grundlage ist eine kooperative Projektabwicklung zwischen dem Auftraggeber und Auftragnehmer möglich.

Ein unklarer Vertrag verursacht während der Bauausführung regelmäßig Streitigkeiten. In der Projektabwicklung soll sich dann aus Sicht einer jeden Partei eine Fairness einstellen, um diese Benachteiligungen wieder auszugleichen. Dafür sind gesetzliche Verfahren nicht geeignet, weil aufgrund von festgeschriebenen Rechtsnormen entschieden wird und nicht nach dem Willen und den Bedürfnissen der Parteien. Deshalb eignen sich ASB-Verfahren sehr gut, um Vertragsstreitigkeiten zu lösen, denn es stehen die Interessen der Parteien im Vordergrund.

Doch auch bei der Vereinbarung und Anwendung von ASB-Verfahren beginnt die Projektabwicklung mit der Vertragsgestaltung. Die Bauverträge sollen projektbezogen ausgehandelt werden. Standardverträge eignen sich für die Individualität der Bauvorhaben nicht. Damit soll nicht gemeint sein, dass sich Streitigkeiten durch einen theoretisch allumfassenden Vertrag vermeiden lassen. Streitigkeiten sind mit Verträgen nicht zu lösen. Dennoch ist es wichtig, Verträge so abzuschließen, dass sie zum jeweiligen Projekt passen, um allen Beteiligten eine praxisnahe Grundlage für die Ausführung zu schaffen. Es soll dabei nicht der Versuch unternommen werden, vermeintlich alles in einem Vertrag zu regeln. Vielmehr sind Vertragsbedingungen notwendig, die bestimmen, wie die Parteien mit Änderungen, Störungen oder sonstigen unvorhergesehenen Ereignissen umgehen wollen. Dies spiegelt die Erkenntnis der Parteien wider, dass ein störungsfreier Bauablauf als unwahrscheinlich angesehen wird, die Parteien aber angemessen darauf reagieren wollen.

Ein guter Bauvertrag enthält deshalb zum einen Regelungen, die den drei Hauptursachen von Streitigkeiten ausreichend Beachtung schenken, um das Eintreten von Konflikten zu reduzieren. Zum anderen werden Verfahren und

---

304 Deutsche Übersetzung von *Grutters*, Dispute avoidance using FIDIC contracts, online webinar.

Maßnahmen festgelegt, die, wenn es zu einem Streitfall kommt, angewendet werden sollen.

1. Klare Leistungsbeschreibung

Bereits in einer sehr frühen Phase des Projekts wird durch eine unklare Leistungsbeschreibung ein möglicher Grundstein für Streitigkeiten angelegt. Deshalb muss die Streitvermeidung dort ansetzen.

Eine lückenhafte oder widersprüchliche Leistungsbeschreibung kann auf eine nicht abgeschlossene Planung zurückzuführen sein. Verträge werden dann trotz Unvollständigkeit aus (vermeintlicher) Zeitnot unterschrieben. Dabei wird übersehen, dass die Bauzeit in den allermeisten Fällen besser einzuhalten wäre, wenn vor Ausführungsbeginn zunächst die Ausführungsplanung fertiggestellt würde. Selbst wenn dies zu einem verzögerten Ausführungsbeginn führt, kann eine derartige Verzögerung noch durch einen geregelten Bauablauf kompensiert werden. Meist könnte die Planung innerhalb weniger Wochen oder Monate fertiggestellt werden. Diese Dauer bis zur Fertigstellung der Planung nicht abzuwarten, bedeutet nur einen vermeintlichen zeitlichen Vorsprung. Ein wegen mangelnder Planung gestörter Bauablauf braucht diese Zeit schnell wieder auf und führt meist zusätzlich zu umfangreichen Verzögerungen.

Doch selbst wenn eine nahezu abgeschlossene Ausführungsplanung und eine Baubeschreibung vorliegen, garantiert dies noch keinen vollständigen und eindeutigen Vertrag. Häufig führen die Parteien verschiedene Verhandlungsrunden durch, diskutieren Sondervorschläge und nehmen Optimierungen vor. Diese Verhandlungen und Vereinbarungen werden dann jedoch nicht in den Vertrag übernommen, sei es aus Zeitgründen oder der Annahme, dass dies nicht erforderlich sei, weil „man sich doch geeinigt habe". GRUTTERS nennt dieses Phänomen *„selektive Vertragsamnesie"*.[305]

Um eine unklare Leistungsbeschreibung und die damit verbundenen negativen Rechtsfolgen, die meist zu Lasten des Auftragnehmers gehen, zu vermeiden, sind deshalb einige Regelungen in den Vertrag aufzunehmen:

Sämtliche Unterlagen, die das Bausoll beschreiben, sind eingehend zu prüfen. Wenn das Leistungsverzeichnis, die Baubeschreibung oder die Pläne unvollständig oder fehlerhaft sind, muss eindeutig geregelt werden, dass der Auftragnehmer Anspruch auf Bauzeitverlängerung und Vergütung hat, wenn durch die lückenhafte Beschreibung in der Ausführung ein Mehraufwand entsteht.

305 Deutsche Übersetzung von *Grutters,* Dispute avoidance using FIDIC contracts, online webinar.

Dies ist vor Vertragsunterschrift offen zwischen dem Auftraggeber und dem Auftragnehmer zu kommunizieren. Die pauschale Ablehnung dieser Forderungen durch den Auftraggeber, unter Verweis auf die Prüf- und Hinweispflichten des Auftragnehmers, ist nicht akzeptabel. Wenn ein Bauvertrag trotz unklar definiertem Bausoll geschlossen wird, stellt dies für den Auftragnehmer bereits einen enormen Mehraufwand für seine Arbeitsvorbereitung, Planung und Ausführung dar. Es ist nicht angemessen, dem Auftragnehmer zusätzlich die Verantwortung für die Planungsleistungen des Auftraggebers zu übertragen. Jede Partei hat die Verantwortung für die durch sie erstellten Unterlagen zu übernehmen und für deren Richtigkeit und Vollständigkeit zu haften. Soll es zu dem Leistungsumfang des Auftragnehmers gehören, Planungsunterlagen des Auftraggebers zu prüfen oder fertigzustellen, ist dies unter Beachtung von zusätzlicher Bauzeit und Vergütung explizit vertraglich zu vereinbaren.

Die Auftragnehmer müssen einen ausdrücklichen Vorbehalt anmelden, wenn Unterlagen unvollständig sind oder fehlen. Oft wird vertraglich vereinbart, dass die geprüfte Statik, die notwendige Baugenehmigung oder andere wesentliche Unterlagen rechtzeitig nachgereicht werden. Wenn es dadurch dann zu Verzögerungen in der Ausführung kommt, wird von den Auftraggebern vorgebracht, der Auftragnehmer habe von den Umständen gewusst und hätte deshalb keinen Anspruch auf Bauzeitverlängerung und/oder zusätzliche Vergütung. Dieses Vorgehen ist unangemessen und muss zwingend vermieden werden. Ein Auftraggeber, der ein derartiges Vorgehen bereits in der Angebotsphase wählt, wird sich in der Ausführung nicht kooperativ verhalten. Diese Defizite sollten direkt angesprochen werden. Wenn der Auftraggeber nicht zu einer sachgerechten Lösung bereit ist, muss eine Zusammenarbeit ernsthaft und kritisch hinterfragt werden. Wie bereits erläutert, werden schriftliche Stellungnahmen und Ausarbeitungen häufig aggressiver und radikaler formuliert. In einem lösungsorientierten Gespräch sind meist vernünftigere Vereinbarungen zu erzielen.

2. Behinderungen und Ablaufstörungen

Auch bezüglich Störungen des Bauablaufs ist es wesentlich, das mögliche Eintreten derartiger Behinderungen zu akzeptieren und Regelungen für einen vernünftigen Umgang damit zu finden. Dazu sind vor allem die Vertragspflichten und erforderlichen Mitwirkungen des Auftraggebers in den Vertrag aufzunehmen, einschließlich terminlicher Bestimmungen, wann der Auftraggeber welche Leistung zu erfüllen hat.

Das Umsetzen dieser Maßnahme ist besonders für den Projektbeginn wichtig. Eine verzögerte Übergabe des baufreien Grundstücks oder der Baugrube, eine verspätet übermittelte Ausführungsplanung oder unterlassene Vorarbeiten vom Auftraggeber beauftragter Dritter, führen bereits zu Beginn der Ausführung zu Verzögerungen. Im Schuldverhältnis zwischen dem Auftraggeber und dem Auftragnehmer sind die vom Auftraggeber beauftragten Dritten grundsätzlich keine Erfüllungsgehilfen des Auftraggebers gegenüber dem Auftragnehmer. Deshalb sind insbesondere derartige Vorleistungen anderer Unternehmer als Vertragspflicht des Auftraggebers in den Vertrag aufzunehmen.

Auch für Planfreigaben sollten die Parteien zwingend Fristen und Rechtsfolgen bei Nichtbeachtung in den Vertrag aufnehmen. Wenn der Auftraggeber einem Plan oder einer sonstigen vom Auftragnehmer erstellten Unterlage, beispielsweise nicht binnen einer vereinbarten Anzahl an Arbeitstagen widerspricht, gilt der Plan oder die sonstige Unterlage als freigegeben.

Eine weitere Aufgabe, die zu den originären Verpflichtungen des Auftraggebers gehört, ist die Gewährleistung der Baustellenkoordination. Immer häufiger wird diese Verpflichtung jedoch vertraglich vollumfänglich auf den Auftragnehmer übertragen. Der Auftraggeber agiert dann nur noch wie der „Employer" in den FIDIC-Verträgen: Seine einzige Verpflichtung ist die Zahlung der Vergütung, alle anderen Vertragspflichten übernimmt der „Engineer" für den „Employer". Dies ist nach einem deutschen (VOB/B-) Bauvertrag jedoch undenkbar, weil die wesentliche Rolle des „Engineers" nicht besetzt ist. Für eine konstruktive Projektabwicklung muss der Auftraggeber dem Auftragnehmer als Ansprechpartner (auf der Baustelle) zur Verfügung stehen. Der Auftragnehmer kann diese Verpflichtung, vom Auftraggeber beauftragte Dritte zu koordinieren, nicht übernehmen.

Um das Eintreten und den Umgang mit Bauablaufstörungen vernünftig zu regeln, müssen sachgerechte Anzeigepflichten des Auftragnehmers in den Vertrag aufgenommen werden. Die Anmeldung von Behinderungen und deren Auswirkung auf den Bauablauf ist von den Auftragnehmern gewissenhaft vorzunehmen. Allerdings sollte diese Warn- und Hinweispflicht genau als solche verstanden werden. Überzogene Anforderungen zur Anmeldung von Ansprüchen, wonach die Anmeldung beispielsweise ausschließlich schriftlich innerhalb einer bestimmten Frist zu erfolgen hat, sind nicht angemessen. Der Zweck der Behinderungsanzeige ist es, den Auftraggeber in die Lage zu versetzen, bezüglich der hindernden Umstände Abhilfe zu schaffen. Sind dem Auftraggeber die Störung und deren Auswirkung auf den Bauablauf jedoch offenkundig, darf nicht aus rein formellen Gründen auf das Einhalten der Anzeigeverpflichtung bestanden werden.

Für einen kooperativen Umgang mit Bauablaufstörungen sind diese offen zu kommunizieren und nicht (aus formalen Gründen) auf eine Vertragspartei abzuwälzen.[306] Dieses Vorgehen steht einem sachgerechten Umgang mit Störungen und Risiken entgegen.

3. Leistungsänderungen

Leistungsänderungen können aus verschiedenen Gründen auftreten. Entweder ergeben sich reine Mengenmehrungen oder -minderungen, es werden zusätzliche Leistungen für die Erreichung des Werkerfolgs erforderlich oder der Auftraggeber wünscht eine Änderung des Bausolls. Auch Unvorhergesehenes, wie außerordentliche Witterungsereignisse, Baugrundrisiken, Änderung von Normen oder gesetzlichen Bestimmungen oder Lieferengpässe für bestimmte Materialien können Leistungsänderungen erforderlich machen.

Leistungsänderungen während der Ausführung bedeuten für den Auftragnehmer stets einen Mehraufwand, der mit Umplanungen des Bausolls und zusätzlicher Arbeitsvorbereitung verbunden ist. Deshalb ist es für den Auftragnehmer besonders wichtig, stets Klarheit über den gewünschten Werkerfolg des Auftraggebers zu haben. Anderenfalls läge eine unklare Leistungsbeschreibung vor, die bereits unter dem ersten Punkt als Hauptursache für Streitigkeiten genannt wurde.

Den Parteien wird deshalb empfohlen, ein Änderungsmanagementsystem mit klaren Vollmachten zu vereinbaren. Für den Auftragnehmer muss unzweifelhaft erkennbar sein, welche Planänderungen, Wünsche oder schriftliche Äußerungen des Auftraggebers eine Anordnung nach §§ 2 Abs. 5 oder 6 VOB/B darstellen und wer solche im Namen des Auftraggebers abgeben darf. Allein die konsequente Befolgung dieser Regelung hilft eine Vielzahl von Streitigkeiten während der Ausführung zu reduzieren.

Für die Anmeldung der Vergütungsansprüche gilt das Gleiche wie für die Anmeldung der Bauzeit. Diese soll interessenbezogen eine Warnfunktion für den Auftraggeber sein. Eine Anmeldung ist daher zwingend notwendig, jedoch sind keine überhöhten Anforderungen daran zu stellen.

III. Baukooperation und Risikoverteilung

Zu einem erfolgreichen Konfliktmanagementsystem gehört, neben einer präventiven Vertragsgestaltung und der richtigen Auswahl des Verfahrens, die Streitbeilegung durch eine partnerschaftliche Projektabwicklung.

306 Vgl. Kapitel G.III.2 zum sachgerechten Umgang mit Störungen und einer angemessenen Verteilung der Risiken.

Die Parteien sind gemäß der bereits genannten BGH-Rechtsprechung verpflichtet, zu einem kooperativen Bauablauf beizutragen. Da durch einen Vertrag nicht alle Eventualitäten und unvorhergesehenen Ereignisse während eines Bauablaufs erfasst und geregelt werden können, ist es ratsam, eine erweiterte Kooperationsverpflichtung als Vertragspflicht explizit in dem Schuldverhältnis zwischen den Parteien zu vereinbaren. Die Parteien verpflichten sich damit, bei Streitigkeiten über Änderungen, Realisierung von Risiken oder Störungen im Bauablauf, kooperativ eine sachgerechte Lösung herbeizuführen.

Da die Wahl und Vereinbarung der Adjudikation bereits im Hauptvertrag erfolgen sollte, kann die vertragliche Kooperationsverpflichtung durch einen Hinweis auf das gewählte Streitbeilegungsverfahren ergänzt werden. Alle Streitigkeiten sind zeitnah nach deren Entstehen in ein Verfahren einzubringen. Damit wird vermieden, dass die Streitthemen weiter eskalieren und sich mit anderen Störungen zu multikausalen Problemen vermengen. Dadurch würde der Vorteil der ASB-Verfahren, nämlich eine schnelle, zeitnahe Lösung zu erreichen, verringert werden. Außerdem wird durch die zeitnahe Einleitung eines Verfahrens sichergestellt, dass die Beziehung der Parteien unter einer Streitigkeit nur minimal strapaziert wird und sie sich nach der Streitbeilegung wieder zusammen auf das gemeinsame Projektziel konzentrieren können.

Für eine kooperative Zusammenarbeit reicht es jedoch nicht, bestimmte Regelungen in den Vertrag zwischen den Parteien aufzunehmen. Es ist vielmehr erforderlich, dass sich die Parteien in partnerschaftlichen Methoden schulen und einen partnerschaftlichen Umgang leben. Diesbezüglich ist ein Umdenken erforderlich. Beide Parteien sollten erkennen, dass sie selbst aktiv an einer Konfliktlösung mitarbeiten müssen, um zusammen mit der Gegenpartei zu einer einvernehmlichen und für beide Parteien wirtschaftlichen Lösung zu gelangen.

1. Partnerschaftliche Vertragsmodelle

Wegen der unzufriedenen Situation in der Bauabwicklung und insbesondere des Umgangs mit den Streitigkeiten, sind zunehmend partnerschaftliche und kooperative Baumodelle entwickelt worden. „*Die Verfechter dieser Modelle bezweifeln, dass die traditionellen Organisationsformen, Bauverträge und Vergabeverfahren den Veränderungen auf dem Baumarkt ausreichend Rechnung tragen.*“[307] Im Folgenden sollen zwei dieser Modelle vorgestellt werden, die als besonders geeignet angesehen werden.

307 Vgl. *Wirth* (Hrsg.), Alliancing Contracts im deutschen Rechtssystem, A.I.

Zuerst wird das Modell der partnerschaftlichen Zusammenarbeit, auch *Partnering* genannt, dargestellt werden. *Partnering* ist kein feststehender Begriff und kann deshalb auch unterschiedlich definiert werden. In der Folge geht es um ein beispielhaftes Skizzieren eines denkbaren Lösungsansatzes. HAMMACHER beschreibt die Grundzüge des Partnerings wie folgt:[308]

Die partnerschaftliche Zusammenarbeit erfordert eine Zweiteilung des Projekts in die Planungs- und Optimierungsphase und die Ausführungsphase. In der ersten Phase koordiniert der Auftragnehmer die vom Auftraggeber erstellte Planung mit allen Fachbeteiligten, auch mit denen des Auftraggebers. Dadurch soll die Kostentransparenz erhöht werden. Der Auftraggeber ist zu keiner Zeit verpflichtet die Ausführung des Projekts mit dem Auftragnehmer aus der ersten Phase durchzuführen. Jedoch ist es ein großer Vorteil, dass beide Parteien zusammen die Planung optimieren können. Der Auftragnehmer erstellt Kalkulationen für verschiedene Ausführungsvarianten, wodurch der Auftraggeber eine übersichtliche Darstellung der Kosten erhält. Der fachlich bereits eingearbeitete Auftragnehmer wird in vielen Fällen zu niedrigeren Kosten anbieten können und deshalb bei der Wahl eines Unternehmers für die Ausführung häufig bevorzugt werden.

In der zweiten Phase der Ausführung steht stets das Ziel im Mittelpunkt, das Projekt gemeinsam erfolgreich abzuschließen. Mögliche Risiken und Ursachen für Störungen des Bauablaufs haben die Parteien in der ersten Phase identifiziert. Zusammen arbeiten die Parteien daran, dass sich diese Risiken und Störungen nicht realisieren.

Das Partnering-Modell mag zunächst als teuer betrachtet werden, weil der Auftragnehmer sehr früh in das Projekt mit einbezogen wird. Dadurch bekommt der Auftraggeber jedoch auch rechtzeitig ein Gefühl dafür, in welcher Qualität die Planung seiner Fachingenieure und Architekten geliefert wird und kann gewisse Entwürfe kritisch hinterfragen. Dem Auftraggeber wird ermöglicht, Hinweise des Auftragnehmers noch in der Planungsphase umzusetzen, wenn die Beeinflussbarkeit der Kosten am höchsten ist. Eine Änderung der Planung während der Ausführung erzielt regelmäßig nicht die gleichen wirtschaftlichen Erfolge und führt zu Streitigkeiten über Bauzeit und Vergütung zwischen den Parteien. Durch eine bessere und transparentere Zusammenarbeit wird durch das Partnering ebenso eine schnellere Konfliktlösung erreicht.

---

308 Vgl. *Hammacher, Peter/ Erzigkeit, Ilse/ Sage, Sebastian* (Hrsg.), So funktioniert Mediation im Planen + Bauen, 183 f.

Ein weiteres alternatives Baumodell ist der Allianzvertrag, auch *Alliancing* genannt. Dieser verknüpft einzelne Elemente des Partnering und anderer partnerschaftlicher Konzepte und fügt es in einem Vertrag zusammen.[309]

Beim Alliancing wird von allen Beteiligten eine Projektgesellschaft gegründet, die die Kooperation zwischen den Parteien vertieft und verrechtlicht. Alle Chancen und Risiken werden gemeinsam getragen und alle Entscheidungen im Einstimmigkeitsprinzip getroffen. Dies erfordert ein großes Vertrauen zwischen den Parteien, bietet dadurch aber die Chance, ein Projekt konflikt- und nachtragsfrei zu realisieren. Der Kostendruck der Auftragnehmer wird dadurch eliminiert, dass der Auftraggeber die tatsächlich entstandenen Kosten zahlt, die von einem unabhängigen Dritten geprüft und freigegeben werden. Dadurch entfallen sämtliche Streitigkeiten über Nachtragsforderungen. Wenn der Auftragnehmer bestimmte vertraglich zugesicherte Ziele übererfüllt, erlangt er einen Anspruch auf Bonuszahlungen. Um eine partnerschaftliche und sachbezogene Streitbeilegung zu gewährleisten, sieht Alliancing unter dem Stichwort „no claim-no dispute" einen Rechtsmittelverzicht während der Ausführung vor.[310]

Diese Streitkultur stellt ein sehr innovatives Konfliktmanagement dar, das Konflikte nicht nur effizient lösen soll, sondern bereits deren Entstehung vorbeugt. Doch der Allianzvertrag lässt sich nicht auf die Summe seiner Klauseln oder ein besonderes Vergütungssystem reduzieren. Ziel ist es zu einem partnerschaftlichen Umgang mit erkannten oder aufkommenden Risiken zu gelangen und diese nicht, wie bisher üblich, auf die Parteien zu verteilen. *„Denn es ist mittlerweile weitestgehend anerkannt, dass sich auf Kosten der anderen Parteien kein Gewinn erwirtschaften lässt. Vielmehr führen solche Versuche zu extrem langwierigen und teuren Streitigkeiten, die am Ende niemandem helfen."*[311]

Für alle partnerschaftlichen Modelle, die in verschiedenen Ausprägungen vorliegen, gilt jedoch, dass deren bloße vertragliche Vereinbarung nicht zum Erfolg führen wird. Vielmehr müssen alle Beteiligten erkennen, *„dass die Zukunft der Bauwirtschaft nicht in einer Verlagerung der Risiken und einer Ausuferung der Nachträge liegt, sondern im kooperativen und partnerschaftlichen Zusammenwirken."*[312]

Um einen partnerschaftlichen und kooperativen Umgang während der gesamten Projektdauer zu erreichen, ist der Einsatz zusätzlicher Kommunikationstechniken hilfreich, die so oft wie möglich Anwendung finden sollten.

309 Vgl. *Wirth* (Hrsg.), Alliancing Contracts im deutschen Rechtssystem, A.I.

310 Vgl. *Hammacher, Peter/ Erzigkeit, Ilse/ Sage, Sebastian* (Hrsg.), So funktioniert Mediation im Planen – Bauen, 185 f.

311 Vgl. *Wirth* (Hrsg.), Alliancing Contracts im deutschen Rechtssystem, A.I.

312 Vgl. *Wirth* (Hrsg.), Alliancing Contracts im deutschen Rechtssystem, A.I.

Für eine einvernehmliche Streitbeilegung wurde bereits die Anwendung des Harvard-Konzepts empfohlen. Als sehr gut geeignet wird darüber hinaus die wertschätzende Kommunikation nach ROSENBERG angesehen. Die Parteien sollen demnach ehrlich und klar kommunizieren, empathisch zuhören und auf die Bedürfnisse aller Beteiligten achten. Dadurch kann eine wertschätzende und kooperative Beziehung aufgebaut werden.[313] Es finden sich einige Gemeinsamkeiten zu dem Konzept des sachbezogenen Verhandelns nach Harvard. Zunächst sollen Beobachtungen der Situation angestellt werden, ohne zu bewerten oder zu interpretieren. Die Parteien sollen anschließend offen und klar ihre Wahrnehmungen und Bedürfnisse kommunizieren.[314] Dies entspricht der Trennung von „Mensch und Problem" und der „Fokussierung auf die Interessen" nach dem Harvard-Konzept. Abschließend sollen, nach der Theorie von ROSENBERG, Bitten in Form von Lösungsvorschlägen an die Gegenpartei übermittelt werden. Diese dürfen jedoch nicht als Forderungen gestellt werden, sondern sollten den Parteien eine Möglichkeit aufzeigen, die Streitigkeiten in beiderseitigem Einvernehmen beizulegen.[315] Durch die Konzentration auf Wahrnehmungen und Bedürfnisse werden vorschnelle Urteile, Kritik und Beleidigungen aus der Kommunikation verbannt. *„Wenn wir andere Personen von der Verantwortung für unseren Ärger trennen, wird uns bewusst, dass das, was andere tun, niemals die Ursache für das ist, was wir fühlen. Auch wenn sich unser Gegenüber ‚schlecht' oder ‚falsch' verhält, weil es nicht unseren Wertevorstellungen entspricht und wir uns darüber ärgern, drückt dies lediglich aus, dass unsere eigenen Bedürfnisse nicht erfüllt sind."*[316]

Diese Art der Kommunikation erfordert, dass alle Gesprächspartner aufrichtig und wertschätzend miteinander umgehen. Durch Schulung unserer Aufmerksamkeit kann eine wertschätzende Kommunikation in unsere Alltagssprache integriert werden. Deshalb ist es empfehlenswert, die eigenen Mitarbeiter in wertschätzender Kommunikation und Mediationstechniken zu schulen. Dabei kann es schon ausreichend sein, wenn nur eine Partei diese Methoden anwendet. Die Beteiligten sollten sich von einem sachbezogenen und kooperativen Umgang also nicht abhalten lassen, weil „die anderen" ohnehin nicht verhandlungsbereit oder an einer einvernehmlichen Lösung interessiert sind. Die Anwendung solcher Kommunikationstechniken wird sich immer lohnen, weil damit verhärtete Positionen aufgeweicht werden können. Neben der Vereinbarung von

313 Vgl. *Rosenberg,* Gewaltfreie Kommunikation, 22 f.
314 Vgl. *Rosenberg,* Gewaltfreie Kommunikation, 51, 61 f. und 81.
315 Vgl. *Rosenberg,* Gewaltfreie Kommunikation, S. 105.
316 Vgl. *Rosenberg,* Gewaltfreie Kommunikation, 36, 121 und 164.

vertraglichen Verpflichtungen zu einer partnerschaftlichen Projektabwicklung, stellen die wertschätzende Kommunikation nach ROSENBERG und die Umsetzung des Harvard-Konzepts deshalb eine sehr gute Unterstützung auf dem Weg zu einer kooperativen Konfliktlösung dar. Vielmehr brauchen die partnerschaftlichen Vertragsmodelle diese Art des Umgangs der Parteien, um gelebt zu werden und letztlich zum Erfolg zu führen.

2. Chancen- und Risikomanagement

Der Umgang mit Risiken in einem Projekt entscheidet maßgeblich über die Anzahl an Streitigkeiten zwischen den Parteien. Bei einem herkömmlichen VOB/B-Werkvertrag ist der Auftraggeber meist von Beginn an misstrauisch bezüglich der Höhe der angebotenen Preise, verbunden mit der Sorge, zu viel zu bezahlen. Der Auftraggeber versucht einen „Knebelvertrag" zu schreiben, um Ansprüche des Auftragnehmers auf Vergütung und Bauzeit zu unterbinden. Der Auftragnehmer muss sich in Vorleistung begeben und erhält anschließend nicht die Vergütung, die er braucht, um kostendeckend arbeiten zu können. Schon aus dieser Situation kann ein gegenseitiges Misstrauen entstehen, welches Baustreitigkeiten erzeugt.

Durch das Thema der Risikoübernahme wird dieser Zustand noch verschärft. Wegen der Komplexität und der Vielzahl an Gründen für Streitigkeiten, versuchen beide Parteien sich gegen alle Risiken abzusichern. Anstatt einen gemeinsamen Umgang mit den Risiken anzustreben, versuchen viele Auftraggeber, diese an die Auftragnehmer zu verschieben. Diese übernehmen die Risiken entweder leichtsinnig, weil unbemerkt, durch vorgegebene Verträge ihrer Auftraggeber oder werden sich wegen unklarer oder unvollständiger Verträge erst nach Vertragsabschluss der Risikoübernahme bewusst. Doch selbst wenn die Auftragnehmer ein zusätzliches Budget in ihre Angebote aufnehmen müssten, weil sie die Risiken bzw. deren mögliche Realisierung erkannt haben, verzichten sie darauf, um nicht „zu teuer" anzubieten. Die Auftraggeber wollen die Risiken selbst nicht übernehmen, die daraus oder aus sonstigen unvorhersehbaren Umständen resultierenden Kostensteigerungen, jedoch ebenso wenig vergüten.

Schon diese kurze Darstellung zeigt, dass dieser Zustand nicht zu einem konstruktiven Umgang mit Risiken führen kann.

Eine Lösung ist, die Idee des Alliancing aufzugreifen. Alle potentiellen Risiken werden von den Parteien gemeinsam frühzeitig erkannt und bewertet. Auf Grundlage dieser Erkenntnisse wird ein gemeinsames Chancen- und Risikomanagement aufgebaut, welches das Streitpotential während der Ausführung vermindert. Das heißt, es werden zu Projektbeginn alle Risiken gemeinsam identifiziert, um anschließend zu bestimmen, wie die Parteien damit umgehen wollen. Somit wird dem Auftragnehmer ermöglicht, eine auskömmliche Preiskalkulation zu erstellen und zusätzliche Maßnahmen zur Vermeidung oder Verminderung von Risiken einzupreisen. Eine transparente Kommunikation und Offenlegung der Preisermittlung geben dem Auftraggeber die Sicherheit, dass alles Notwendige berücksichtigt wurde, er aber auch nicht zu viel vergüten muss. Eine gute Möglichkeit ist die Einplanung von Risikopuffern, die von den Parteien gemeinsam bestimmt werden. Haben sich einige Risiken nicht oder nur teilweise realisiert, ist der Auftragnehmer verpflichtet, den verbleibenden Rest (anteilig) an den Auftraggeber zurückzuzahlen.

Damit ist der Umgang mit Risiken deutlich konstruktiver, als die bloße Verantwortung für ein jeweiliges Risiko einer Partei zuzuschieben. Zu einem Chancen- und Risikomanagement gehört darüber hinaus auch der zweite Teil, nämlich das Ergreifen von Chancen. Oft konzentrieren sich die Parteien auf Maßnahmen zur Abwehr von Risiken und drohenden Gefahren. Dabei wird übersehen, dass die Ressourcen viel wirtschaftlicher für die Suche nach und das Ergreifen von Chancen eingesetzt werden könnten.

Ein Bauverzug durch Behinderungen wegen fehlender oder mangelhafter Planung des Auftraggebers könnte durch eine frühzeitige Überprüfung eines externen Dritten oder des Auftragnehmers vermieden werden. Durch Optimierung der Planung kann die Herstellung des Werks wirtschaftlicher werden. Gemeinsam entwickelte Verfahren zur Ausführung der Leistungen oder eine Umstellung des Bauablaufs können die geplante Ausführungsdauer verkürzen. Dazu ist es erforderlich, dass die Parteien alle verfügbaren Mittel und Ressourcen beider Parteien vollständig verwenden. So kann notwendiges Fachwissen gebündelt werden und Synergien können sinnvoll genutzt werden.

In einem vertraglich vereinbarten Chancen- und Risikoregister können die Parteien gemeinsam alle Maßnahmen zur Vermeidung oder Verringerung von Risiken und Nutzung von Chancen aufnehmen. Zusammen mit der monetären Bewertung dieser Chancen und Risiken erhalten die Parteien, bei zum Beispiel monatlicher Fortschreibung, einen guten Überblick über die sich realisierten Chancen und Risiken im Projekt und die zugehörigen monetären Auswirkungen. Die tatsächlichen Kosten, die sich aus den Maßnahmen zur Vermeidung von Risiken oder zur Beseitigung der Folgen sich realisierter Risiken ergeben, können geteilt oder nach einem vertraglich vereinbarten Schlüssel umgelegt werden.

Auch können Bonusregelungen aufgenommen werden, wenn der Auftragnehmer bestimmte Risiken beherrschen kann oder definierte Anforderungen übererfüllt. Die Auftragnehmer werden durch solche Bonusregelungen motiviert, alle Ressourcen für eine pünktliche und qualitativ hochwertige Leistungserfüllung einzusetzen. Für den Auftraggeber wird es in den allermeisten Fällen günstiger sein, einen Bonus zu zahlen, als Bauverzüge hinzunehmen oder in langjährige Streitigkeiten involviert zu sein.

Durch den individuellen Charakter der Bauvorhaben wird es bei jedem Projekt Risiken geben, die vermieden oder beherrscht werden müssen. Durch eine einseitige Verlagerung dieser Risiken auf nur eine Partei und das Ignorieren dieser Risiken durch die andere Partei, wird kein wirtschaftlicher Umgang damit erzielt. Es ist eine offene und transparente Kommunikation erforderlich, die durch einen partnerschaftlichen Umgang weiter gefördert wird. Dem Erkennen und Nutzen von Chancen sollte zudem ein höherer Stellenwert eingeräumt werden als der Diskussion über das bloße Risikomanagement.

H. Checklisten zur Anwendung der Handlungsempfehlungen

In dem folgenden Abschnitt werden die bereits erläuterten Handlungsempfehlungen in Form von Checklisten zusammengefasst. Diese dienen als Übersicht bei der Durchführung der einzelnen Maßnahmen. Für eine ordnungsgemäße Umsetzung aller Empfehlungen sind die folgenden Kurzfassungen jeweils im Zusammenhang mit den zugehörigen Kapiteln E, F und G zu lesen. Die Checklisten alleine können naturgemäß nicht den Anspruch erfüllen, alle Regelungen detailliert zu erläutern.

I. Eignung der Adjudikation für Baustreitigkeiten

Die Abwägung der Vor- und Nachteile einer Adjudikation hat ergeben, dass ein **Adjudikationsverfahren für Bausachen geeignet** ist und effizient zu einer außergerichtlichen Streitbeilegung beitragen kann. Die Mehrheit der aufgezeigten Nachteile lässt sich durch das Ergreifen geeigneter Maßnahmen und individualvertraglicher Ergänzungen minimieren oder vollständig eliminieren. Dies lässt sich aus der nachstehenden Tabelle 1 entnehmen, die die Handlungsempfehlungen aus **Kapitel E** zusammenfasst.

Tab. 1: Maßnahmen zur Verringerung oder Vermeidung möglicher Nachteile einer Adjudikation

Maßnahmen zur Verringerung oder Vermeidung möglicher Nachteile	
nur vorläufige Bindungswirkung	• vertragliche Vereinbarung der Adjudikationsentscheidung als endgültig • Abschluss eines Anwaltsvergleichs nach § 796 a-c ZPO • Vereinbarung von Rechtsfolgen der vorläufigen Bindungswirkung • vertragliche Regelungen für den Fall der Nichtbeachtung einer Entscheidung (Strafzahlungen, Leistungsverweigerungs-/Kündigungsrecht) • Akzeptanz der Entscheidung durch Wahl des „richtigen" Adjudikators • individuelle Vereinbarung zu Sicherheitsleistungen

Maßnahmen zur Verringerung oder Vermeidung möglicher Nachteile	
Mehrparteienvereinbarung	• Verfahrensregeln gemäß § 8 DIS-AVO, Art. 15.4 ICC DB oder § 16 AO-Bau-E aufnehmen • Alternativen in Form von separaten/parallelen Verfahren prüfen • Aufnahme von Streitverkündungsklauseln in die jeweiligen Hauptverträge
Qualität der summarischen Entscheidung	• Auswahl der „richtigen" Verfahrensordnung gewährt rechtliches Gehör • Auswahl eines interdisziplinär ausgebildeten Adjudikators
Vertraulichkeit erzeugt Paralleljustiz	• Veröffentlichung anonymisierter Entscheidungen
ungeeignet für komplexe Themen	• zeitnahe Verfahrenseinleitung für in sich abgeschlossene Fragestellungen • Störungen, die sich gemeinsam ausgewirkt haben, zusammenfassen • bei mehreren Störungen nicht auf Differenzierung der Anspruchsgrundlagen bestehen

II. Entwicklung einer bedarfsoptimierten Adjudikationsordnung

Gegenüber den in Tabelle 1 aufgezeigten möglichen Nachteilen, überwiegen die Vorteile einer Adjudikation deutlich. Jedoch liegen die Vorteile nicht unbedingt im finanziellen Bereich, wie vielfach angenommen wird. Eine projektbegleitende Adjudikation wird sich beispielsweise meist finanziell nicht lohnen. Als **Verfahrensordnung** wird deshalb die **SL Bau** als ad-hoc Verfahren **mit individuellen Anpassungen** empfohlen. Diese lassen sich dem **Kapitel F** entnehmen und sind in Tabelle 2 zusammengefasst dargestellt.

Tab. 2: Individualvertragliche Anpassungen in Ergänzung zu der gewählten Verfahrensordnung

Individualvertragliche Anpassungen in Ergänzung zu der gewählten Verfahrensordnung	
Auswahl des Adjudikators	• sorgfältige Auswahl eines sachkundigen Einzeladjudikators (oder ausnahmsweise eines Gremiums) • einvernehmliche Auswahl des Adjudikators durch die Parteien oder auf Grundlage von definierten Anforderungen durch eine Institution • Adjudikator muss umfangreiches und fachübergreifendes Wissen besitzen • Ablehnung des Adjudikators wegen Befangenheit muss möglich sein • Vereinbarung des Adjudikators möglichst zum Zeitpunkt des Vertragsschlusses
Rechte und Pflichten des Adjudikators	• umfangreiche Freiheiten zur Sachverhaltsermittlung • Entscheidungen auf Grundlage des Hauptvertrags der Parteien • Verkündung von feststellenden und anordnenden Entscheidungen • Adjudikator haftet bei Vorsatz und grober Fahrlässigkeit • Einschränkung der Sicherheitsleistungen für Zuspruch von Bauzeit und Abschlagszahlungen
Wirksamkeit und Verbindlichkeit der Entscheidung	• Entscheidung des Adjudikators wird in allen Fällen verbindlich, wenn keine Partei Widerspruch einreicht • Tatbestände, die zu einer Unwirksamkeit der Entscheidung von Beginn an führen, auf solche gemäß § 1059 Abs. 2 Nr. 2 ZPO begrenzen • in allen anderen Fällen ist die Entscheidung vorläufig bindend, jedoch vollumfänglich überprüfbar • Tatsachenfeststellung des Adjudikators kann durch Parteienvereinbarung (schieds-) gerichtlich verbindlich werden

Individualvertragliche Anpassungen in Ergänzung zu der gewählten Verfahrensordnung	
Prüfungskriterien und Nachweisführung	• Anforderungen an einen „konkret bauablaufbezogenen" Nachweis vereinbaren • Nachweistiefe für die Darstellung von Störungen im Ablaufplan regeln • vereinbaren, dass die gemeinsame Dokumentation im Streitfall von beiden Parteien als Tatsachenfeststellung akzeptiert wird
Dauer und Fristen	• im Streitfall unverzügliche Einleitung eines Verfahrens • Einleitung der Adjudikation nach Streitanzeige und Verhandlung vor dem eigentlichen Verfahrensbeginn • Rücknahme eines Antrags auf Verfahrenseinleitung nur mit Zustimmung der Gegenpartei möglich • Vereinbarung einer Regeldauer von 60 Tagen • einvernehmliche Fristverlängerung durch die Parteien jederzeit möglich
Einbeziehung Dritter	• für Mehrparteienverfahren ist die Adjudikationsordnung zu ergänzen • Streitverkündungsklausel für ein Mehrparteienverfahren vorsorglich aufnehmen • Hinzuziehung eines Sachverständigen eines fremden Fachgebiets ohne Zustimmung der Parteien möglich • weitere Zeugen oder Sachverständige nur mit Zustimmung beider Parteien
Kommunikationsregeln	• die Parteien sollten persönlich teilnehmen und Berater und/ oder Anwälte nur zusätzlich • Versand sämtlicher Unterlagen in digitaler Form, einheitlich an alle Beteiligten • eine mündliche Verhandlung ist durchzuführen • die mündliche Kommunikation ist der Erstellung von schriftlichen Stellungnahmen vorzuziehen

III. Aufbau eines Konfliktmanagementsystems

1. Entwicklung eines Streitlösungsmodells

Der Aufbau und die Umsetzung des Konfliktmanagementsystems erfordern die Auswahl des jeweils passenden Verfahrens zur Streitbeilegung. Dazu wurde ein **Eskalationssystem mit vier Ebenen** entwickelt und vorgestellt. Zunächst finden mit oder ohne die Hilfe Dritter formalisierte Gespräche statt. Die Funktion des Vertragsmanagers spielt dabei eine wesentliche Rolle. Können die Parteien sich nicht einvernehmlich einigen, besteht die Möglichkeit, eine Mediation durchzuführen. Sind diese Maßnahmen nicht erfolgreich, wird empfohlen, eine Adjudikation mit vorgeschalteter Streitanzeige und Verhandlung einzuleiten. Die letzte Instanz des Eskalationssystems sind die ordentlichen Gerichte. Diese sollen (und können) durch die Anwendung von ASB-Verfahren nicht ersetzt werden. Jedoch lassen sich viele Verfahren vor den staatlichen Gerichten vermeiden. Die folgende Tabelle 3 zeigt diese unter **Kapitel G.I** beschriebenen Maßnahmen auf, die es den Parteien ermöglichen ein geeignetes Streitlösungsmodell zu entwickeln.

Tab. 3: Entwicklung eines Streitlösungsmodells

Entwicklung eines Streitlösungsmodells	
Verfahrensauswahl	• Wahl des Verfahrens in Abhängigkeit von Eskalationsstufe und Konfliktthema • Berücksichtigung der Bindungswirkung der verschiedenen Verfahren • Kombination aus Mediation und Adjudikation eignet sich für nahezu alle Eskalationsstufen und Konfliktthemen • Anwendung der Mediation eher im Planungsbereich und/oder der Auslegung von Willenserklärungen • Wahl der Adjudikation für faktisch geprägte Konflikte während der Ausführung, die eine konkrete Handlungsanweisung erfordern

Entwicklung eines Streitlösungsmodells	
Eskalationssystem zur Streitbeilegung	• Streitbeilegung durch verhandeln, vermitteln und schlichten soll mit oder ohne Hilfe eines neutralen Dritten die Vorstufe zu einer Adjudikation sein • Ebene 1: Formalisierte Gespräche durch bevollmächtigte Vertreter beider Parteien • Ebene 2: Weitere strukturierte Verhandlungen und „early-neutral-evaluation" durch Vertragsmanager oder Mediation • Ebene 3: Adjudikation mit vorheriger Streitanzeige und Verhandlung • Anwendung des Harvard-Konzepts für sachbezogenes Verhandeln in den Ebenen 1–3 • Ebene 4: (Schieds-) Gericht, ggf. zur Überprüfung einer Adjudikationsentscheidung nach vereinbartem Fristablauf, Abnahme oder Beendigung des Schuldverhältnisses
Anrufung eines ordentlichen Gerichts	• in höchster Eskalationsstufe, wenn alle anderen Maßnahmen und Streitbeilegungsverfahren nicht zielführend sind • juristische Fragen nach ausschließlich rechtlichen Maßstäben und reine Prüfung von Tatbestandsmerkmalen

2. Präventive Vertragsgestaltung

Die Adjudikation kann jedoch nicht als „Allheilmittel" angesehen werden, um alle vorstellbaren Streitigkeiten beizulegen. Deshalb ist es ratsam, ein **Konfliktmanagementsystem** mit weiteren Methoden und Maßnahmen aufzubauen. Dazu gehört eine **präventive Vertragsgestaltung** mit Regelungen zur Vermeidung der drei Hauptursachen für Streitigkeiten: Unklare Leistungsbeschreibungen, Behinderungen und Ablaufstörungen sowie Leistungsänderungen. Die empfohlenen Maßnahmen zur präventiven Vertragsgestaltung werden in **Kapitel G.II** beschrieben und in der folgenden Tabelle 4 zusammengefasst.

Tab. 4: Präventive Vertragsgestaltung zur Reduzierung der Hauptursachen von Streitigkeiten

Präventive Vertragsgestaltung zur Reduzierung der Hauptursachen von Streitigkeiten	
klare Leistungsbeschreibung	• keine lückenhafte oder widersprüchliche Leistungsbeschreibung wegen nicht fertiggestellter Planung akzeptieren • Ergebnisse und vereinbarte Optimierungen aus Verhandlungsrunden müssen in den Vertrag aufgenommen werden • dem Auftragnehmer muss bei Störungen, die aus einem unklarem Bausoll resultieren, Anspruch auf Bauzeit und Vergütung entstehen • jede Partei verantwortet und haftet für die Richtigkeit und Vollständigkeit der von ihr erstellten Unterlagen • zusätzliche Prüf- und Hinweispflichten des Auftragnehmers (bezüglich der Planung des Auftraggebers) sind explizit vertraglich zu vereinbaren • ein Vorbehalt wegen fehlender Unterlagen des Auftraggebers ist in den Vertrag aufzunehmen und nicht nur mündlich vorzutragen
Behinderungen und Ablaufstörungen	• Vertragspflichten und Mitwirkungen des Auftraggebers sind einschließlich zugehöriger Fristen in den Vertrag aufzunehmen • zu den Mitwirkungen des Auftraggebers zählen auch die Vorleistungen von ihm beauftragter Dritter • Fristen zur Planfreigabe durch den Auftraggeber sind zu vereinbaren, einschließlich Rechtsfolgen bei Nichtbeachtung • originäre Koordinationsverpflichtung des Auftraggebers sollte nur ausnahmsweise an den Auftragnehmer übertragen werden • überzogene, rein formelle Anforderungen an eine Behinderungsanzeige sind inakzeptabel

Präventive Vertragsgestaltung zur Reduzierung der Hauptursachen von Streitigkeiten	
Leistungsänderungen	• vom Auftraggeber erteilte Vollmachten müssen dem Auftragnehmer klar kommuniziert werden • Vereinbarung eines Vorgehens, wie der Auftraggeber Leistungen gemäß §§ 2 Abs. 5 und 6 VOB/B anordnen darf • überzogene, rein formelle Anforderungen an eine Mehrkostenanmeldung sind inakzeptabel

3. Baukooperation und Risikoverteilung

Die letzte Komponente des Konfliktmanagementsystems ist die Vereinbarung und Anwendung von **partnerschaftlichen Baumodellen mit einem gemeinsamen Chancen- und Risikomanagement**. Dazu ist eine offene und konstruktive Grundhaltung beider Parteien erforderlich. Das sachbezogene Verhandeln nach dem Harvard-Konzept und die wertschätzende Kommunikation nach ROSENBERG sind zwei wirkungsvolle Methoden, die einen partnerschaftlichen Umgang fördern. Diese in Tabelle 5 aufgezeigten Maßnahmen werden ausführlich in **Kapitel G.III** beschrieben.

Tab. 5: Baukooperation und Risikoverteilung

Baukooperation und Risikoverteilung	
Partnerschaftliche Vertragsmodelle	• Vereinbarung und Anwendung von partnerschaftlichen Vertragsmodellen, z.B. Partnering oder Alliancing • gemeinsame Planung und Optimierung von Bauvorhaben • „alternative" Vergütungsmodelle (abweichend von der VOB/B), z.B. nach den tatsächlichen Ist-Kosten • Verpflichtung, eine Streitigkeit zeitnah in ein ASB-Verfahren zu geben • Rechtsmittelverzicht während der Ausführung (in Anlehnung an die SL Bau, wonach Adjudikationsentscheidungen erst nach Projektende (schieds-) gerichtlich überprüft werden) • wertschätzende Kommunikation für einen partnerschaftlichen und kooperativen Umgang
Chancen- und Risikomanagement	• gemeinsame Identifizierung, Bewertung und Verteilung der Risiken durch die Parteien • sachgerechte Vergütung erforderlicher Zusatzmaßnahmen des Auftragnehmers • proaktives Erkennen und Nutzen von Chancen durch beide Parteien gemeinsam

Die in diesem Abschnitt vorgestellten Checklisten fassen alle Handlungsempfehlungen, die für die Implementierung eines umfangreichenden Konfliktmanagementsystems erforderlich sind, zusammen. Damit wird die entscheidende Frage beantwortet, wie die am Bau Beteiligten mit Streitigkeiten umgehen sollten. Ausdrücklich werden auch die öffentlichen Auftraggeber angeregt, außergerichtliche

Streitbeilegungsverfahren zu nutzen. Die Anwendung der VOB/B steht diesen Verfahren nicht entgegen.[317]

Auftragnehmer sollen ermutigt werden, ihre passive Rolle als vermeintlich schwächere Vertragspartner abzulegen. Die Sichtweise, dass ohnehin ausschließlich der Auftraggeber über den Vertrag und die Streitlösungsverfahren entscheidet, steht einem selbstbestimmten und konstruktiven Umgang mit Streitigkeiten entgegen. So häufig wie möglich müssen die Auftragnehmer die Gelegenheit nutzen, den Vertrag mitzugestalten und Einfluss auf mögliche Streitbeilegungsverfahren zu nehmen. Die Auftragnehmer sollen bereits in der Angebotsphase diese Möglichkeit der Mitwirkung aktiv einfordern und dem Auftraggeber Vorschläge entsprechend der hier aufgezeigten Handlungsempfehlungen unterbreiten.

Die Umsetzung eines Konfliktmanagementsystems mit einer Adjudikation als zentralem Streitbeilegungsverfahren, ist für die Lösung von Baustreitigkeiten bestens geeignet und hilft den Auftragnehmern, ihre Position während der Ausführung zu stärken und ihre Vergütungsansprüche zeitnah durchzusetzen.

---

317 Vgl. Kapitel C.III.2 zur Streitbeilegung gemäß § 18 VOB/B.

I. Zusammenfassung und Ausblick

I. Ergebnisse der Untersuchung

Die Durchführung von Bauprojekten ist streitanfällig. Ein Bauvorhaben umfasst interdisziplinäre Themen, enthält multikausale Störungen und erfordert eine langjährige Zusammenarbeit des Auftraggebers und Auftragnehmers. Unklare Leistungsbeschreibungen, Behinderungen während der Bauausführung und nachträgliche Leistungsänderungen führen zu Streitigkeiten über Bauzeit, Vergütung und geschuldete Qualitäten. Die Lösung dieser Konflikte vor den ordentlichen Gerichten weist Defizite im Hinblick auf die Geschwindigkeit und Qualität der Verfahren auf. Der Rechtsschutz wird von staatlichen Gerichten häufig nicht effektiv gewährt. Eine fachkundige und schnelle Streitbeilegung versprechen verschiedene außergerichtliche Verfahren, wie beispielsweise Schiedsgutachten, Schlichtung und Mediation. Die Adjudikation nimmt mit der Besonderheit einer vorläufig bindenden Entscheidung eine Sonderstellung innerhalb dieser Verfahren ein. Es wird ein großes Potential für diese alternative Methoden gesehen.

Die positive und erfolgreiche Anwendung von außergerichtlichen Streitbeilegungsverfahren und insbesondere der Adjudikation in den Vereinigten Staaten von Amerika und dem Vereinigten Königreich (Großbritannien und Nordirland) und Wales, führt zu einer Diskussion über ASB-Verfahren auf europäischer Ebene und in Deutschland. Änderungen machen sich langsam, aber stetig, bemerkbar. Bisher hat der deutsche Baumarkt wenig Unterstützung durch die gesetzgebende Seite erfahren. Viele Institutionen und Vereine betonen jedoch die Bedeutung von ASB-Verfahren für die Zukunft. Die immer anspruchsvolleren und komplexeren Bauprojekte erfordern eine zeitnahe Tatsachenfeststellung direkt am Objekt durch ausgebildete Spezialisten. Der deutsche Baumarkt kann dabei von internationalen Adjudikationsverfahren lernen.

Um eine Adjudikation zu vereinbaren und durchzuführen, sollten sich die Parteien auf eine bestimmte Verfahrensordnung einigen. Die deutschen Regelungen der AO-Bau, SL Bau, DIS-AVO und DIS-SchGO werden neben den Bestimmungen der ICC DB vorgestellt. Die allgemeinen Grundsätze der Verordnungen, die Auswahl und Tätigkeiten der Adjudikatoren und die Einleitung, Durchführung und Beendigung der Verfahren werden miteinander verglichen. Die Besonderheiten jeder Ordnung werden zusammenfassend dargestellt. Die größten Unterschiede zeigen sich bezüglich des Ermessensspielraums der Adjudikatoren, der Wirksamkeit von Entscheidungen, dem Rechtsmittelverzicht während der Ausführung, den Rechtsfolgen bei Nichtbeachtung einer Adjudikationsentscheidung und den Verfahrensdauern.

Die Adjudikation lässt sich nicht eindeutig in das deutsche Rechtssystem einordnen. Deshalb ist es erforderlich, einige Unklarheiten durch individualvertragliche Regelungen auszugleichen.

Unter Abwägung der Vor- und Nachteile einer Adjudikation, wird die grundsätzliche Eignung des Verfahrens bestätigt. Aus dem Vergleich der existierenden Verfahrensordnungen lässt sich ableiten, dass die SL Bau als Adjudikationsordnung empfohlen wird, um ad-hoc Verfahren zu vereinbaren und durchzuführen. Durch individualvertragliche Anpassungen werden derzeit noch vorhandene Regelungslücken oder Unsicherheiten bezüglich der folgenden Punkte geschlossen bzw. überwunden: Auswahl, Rechte und Pflichten des Adjudikators, Wirksamkeit und Verbindlichkeit der Entscheidung, Prüfungskriterien und Nachweisführung, Dauer und Fristen, Einbeziehung Dritter und Kommunikationsregeln.

Um auf jedwede Streitigkeit in einem Projekt mit dem jeweils passenden Streitbeilegungsverfahren zu reagieren, empfiehlt es sich, die Adjudikation in ein ganzheitliches Konfliktmanagementsystem zu integrieren. Eine präventive Vertragsgestaltung reduziert die Streitursachen während der Ausführung. Formalisierte Gespräche, gegebenenfalls auch in Form einer Mediation, können Streitigkeiten bereits frühzeitig beilegen oder diese auf fachliche Fragestellungen reduzieren. Der Einsatz von interdisziplinär ausgebildeten Vertragsmanagern (in Anlehnung an den FIDIC-„Engineer“) unterstützt diese, der Adjudikation vorgeschalteten Verfahren.

Die Adjudikation, in Kombination mit den genannten weiteren ASB-Verfahren, kann und soll die staatlichen Gerichte nicht ersetzen. Jedoch wird sich die Anzahl der staatlichen Gerichtsverfahren durch den Einsatz von alternativen Methoden reduzieren. Dies funktioniert, wenn die Parteien die ASB-Verfahren akzeptieren. Deshalb ist eine einseitige Vorgabe von Verfahren nicht sinnvoll. Die Vereinbarung und Durchführung hat stets im Einvernehmen beider Parteien zu erfolgen.

Für die multikausalen Baustreitigkeiten gibt es nicht „das eine“ Verfahren, weder gerichtlich noch außergerichtlich, welches für alle Konflikte geeignet ist. Die Adjudikation lässt eine sachbezogene Verhandlung im Sinne des Harvard-Konzepts zu. Damit entfernen sich die Parteien zumindest von der nicht zielführenden „Alles-oder-Nichts-Lösung“ der staatlichen Gerichte. Die Adjudikation erlaubt eine Verteilung der Ansprüche und Forderungen, die den multikausalen Zusammenhängen am Bau eher gerecht wird. Zudem können die Parteien das

Verfahren selbstbestimmt mitgestalten. Durch die Integration in ein Konfliktmanagementsystem wird den Parteien eine intelligente Gesamtlösung geboten.

Insgesamt wird die Adjudikation als Streitbeilegungsverfahren somit als sehr gut geeignet angesehen, wenn die folgenden Punkte beachtet werden, die über die Anwendung des Streitlösungsmodells zu einem umfassenden Konfliktmanagementsystem führen:

- **Auswahl einer bedarfsoptimierten Verfahrensordnung**
- **mit individualvertraglichen Anpassungen und Ergänzungen,**
- **als Bestandteil eines Streitlösungsmodells**
- **einschließlich der Anwendung weiterer ASB-Verfahren,**
- **sorgfältiger Vertragsgestaltung und**
- **der Vereinbarung kooperativer Vertragsmodelle,**
- **die ein gemeinsames Chancen- und Risikomanagement beinhalten und**
- **somit ein umfassendes Konfliktmanagementsystem ergeben.**

II. Aussichten für Adjudikation in Deutschland

Seit Beginn der Diskussion um die (gesetzlich zwingende) Einführung und Anwendung von Adjudikationsverfahren im Jahre 2007, gibt es immer mehr Befürwortung für die Adjudikation als ASB-Verfahren. Das Potential für die Anwendung von Adjudikationsverfahren ist auf dem deutschen Baumarkt gegeben. Dennoch reagieren viele Auftraggeber und Auftragnehmer mit Zurückhaltung auf dieses Verfahren. Es existiert bereits eine Vielzahl an Untersuchungen, die sich mit der Frage beschäftigen, warum *„die Vorzüge von ADR gegenüber Gerichtsverfahren zwar von vielen Akteuren anerkannt werden, eine Nutzung von ADR-Instrumenten aber faktisch kaum stattfindet.“*[318]

Möglicherweise ist dieser Umstand darauf zurückzuführen, dass die Parteien nicht ausreichend informiert und verunsichert sind. Es sind zu viele Institutionen, Verfahrensordnungen und Anbieter auf dem Markt. Das führt zu Unsicherheit und zeigt keine klare Alternative zu den staatlichen Gerichten auf. Insofern sind die Bestrebungen der DGA-Bau begrüßenswert: Die Verbände und Institutionen müssen sich geschlossen auf eine Ordnung einigen und gemeinsam für mehr ASB-Verfahren plädieren. Umso mehr Parteien positive Erfahrungen

318 Vgl. *Teubner Oberheim,* Endbericht des Projekts „Construction Adjudication in England – ein Vorbild für die baurechtliche Konfliktlösung in Deutschland?“, http://ibr.rewi.hu-berlin.de/downloads/121112-Endbericht.pdf (zuletzt besucht am 28.06.2017), S. 31.

mit den außergerichtlichen Verfahren machen, desto mehr werden sich diese Verfahren durchsetzen.

Die anfängliche Zurückhaltung von Architekten und Ingenieuren bezüglich der Anwendung von ASB-Verfahren aus versicherungsrechtlichen Gründen, hat auf diesem Fachgebiet weitreichende Diskussionen ausgelöst. Bisherige Berufshaftpflichtversicherungen der Architekten und Ingenieure decken beispielsweise Schadenersatzansprüche wegen einer grob fahrlässigen Entscheidung oder aus vorläufig bindenden und später gerichtlich revidierten Entscheidungen in einem außergerichtlichen Streitbeilegungsverfahren grundsätzlich nicht ab. Jedoch wurde von Bock-Wehr bereits vorgetragen, dass Versicherer regelmäßig Teil von Konflikten sind und diese deshalb auch zu außergerichtlichen Streitbeilegungen beitragen können und müssen.[319] Auf dem 4. DBGT wurde über eine verpflichtende Bauversicherung diskutiert, die das Risiko von Schäden durch die Vollstreckung unrichtiger Schnellentscheidungen abdeckt. Eine weitere Möglichkeit ist die Übertragung der CAR-/EAR-Versicherungen (Construction-/Erection All Risk) aus den internationalen Projekten. Diesbezüglich wurde ebenfalls auf dem 4. DBGT empfohlen, über die Anwendung von sogenannten Multi-Risk-Versicherung nachzudenken. „*Wenn man für sämtliche Risiken eines Bauvorhabens nämlich einen einheitlichen Versicherungsschutz anböte und der Versicherer zudem auf Regress gegenüber den für den Schadenfall Verantwortlichen verzichtete, könnten Gerichtsverfahren zur Klärung der Schadenursache entbehrlich sein, da der Versicherer den Schaden unabhängig von der Frage der Verantwortlichkeit regulieren müsste.*“[320]

Selbst wenn es noch keine flächendeckende Lösung aus versicherungsrechtlicher Sicht gibt, ist erkennbar, dass sich die Versicherer mit den neuen Herausforderungen, die außergerichtliche Streitbeilegungsverfahren mit sich bringen, in Zukunft beschäftigen (müssen).

Zudem bleibt die Entwicklung des neuen Bauvertragsrechts ab dem Jahre 2018 abzuwarten. Zunächst wurde mit dem Gesetz zur Reform des Bauvertragsrechts[321] keine zwingende Adjudikation eingeführt. Es kann die Meinung vertreten werden, dass nur diese gesetzlich zwingende Einführung einen Wandel

---

319 Vgl. *Deutsche Gesellschaft für Außergerichtliche Streitbeilegung im Bauwesen e.V.* (Hrsg.), Schriftenreihe der DGA-Bau Nr. 2, Beitrag Bock-Wehr.

320 *Krause-Allenstein,* Arbeitskreis IX – Bauversicherungsrecht Einführung und Thesen, verfügbar auf www.baugerichtstag.de (zuletzt besucht am 28.06.2017).

321 Gesetz zur Reform des Bauvertragsrechts, zur Änderung der kaufrechtlichen Mängelhaftung, zur Stärkung des zivilprozessualen Rechtsschutzes und zum maschinellen Siegel im Grundbuch- und Schiffsregisterverfahren vom 28.04.2017.

in der Baubranche, hin zu einer stärkeren Nutzung dieses Verfahrens, bewirkt. In diesem Fall der gesetzlich vorgeschriebenen Adjudikation müsste jedoch gleichzeitig ein summarisches Verfahren in die ZPO aufgenommen werden, um die Vollstreckbarkeit von Adjudikationsentscheidungen zu ermöglichen. In einem derartigen Verfahren würde überprüft werden, ob wesentliche Verfahrensfehler, beispielsweise gemäß § 1059 Abs. 2 ZPO, vorliegen.

Durch eine gesetzliche Vorgabe würde sich die Anwendung der Adjudikation in jedem Fall schneller verbreiten. Die große Gefahr ist jedoch, dass die Adjudikation dadurch zu stark formalisiert wird.

Andere Entwicklungen im Zusammenhang mit der Einführung einer Bauverfügung werden deshalb kritisch gesehen. Voit schlägt beispielsweise vor, die gesetzliche Einführung der Adjudikation mit der einer Bauverfügung zu koppeln.[322] Wie bei einem Schiedsgericht könnten die Parteien das staatliche Gericht ausschließen. Wenn sich die Bauverfügung als undurchführbar erweist, entfällt die Sperrwirkung bezüglich der staatlichen Gerichte. Die gesetzliche Regelung der Bauverfügung würde unter Beachtung des Parteienwillens der Adjudikation den Vorrang geben.

Gesetzliche Vorschriften werden eher kritisch gesehen, weil ASB-Verfahren naturgemäß von der Freiwilligkeit ihrer Durchführung leben. Die Parteien müssen von der Sinnhaftigkeit der Adjudikation überzeugt sein und die Vorteile eines schnellen, summarischen Verfahrens schätzen. Diejenigen Parteien, die eine Adjudikation zur Streitbeilegung nutzen, sehen die Vorteile des Verfahrens gerade in der autonomen und selbstständigen Streitlösung und wünschen nicht vom Gesetzgeber abhängig zu sein. Dazu müssen die Entscheidungen nicht vollständig juristisch belastbar sein. Wichtig ist die Akzeptanz und Zufriedenheit der Parteien mit den Verfahren und den erzielten Ergebnissen.

III. Persönliche Stellungnahme

Im Vergleich zu einem ordentlichen Gerichtsverfahren ist der Bezugspunkt der Adjudikation nicht das Gesetz, sondern die Interessen der Parteien. Alleine deshalb wird die Adjudikation als sehr geeignet angesehen, um Streitigkeiten zwischen den Baubeteiligten zu lösen.

Die Diskussion über (vermeintlich) mangelnde Qualität summarischer Verfahren sollte nicht zu weit geführt werden. Qualität heißt nicht zwingend juristische Qualität, sondern auch die Schnelligkeit einer Entscheidung.

---

322 Vgl. *Jansen, Günther/ Schulze-Hagen, Alfons (Arbeitskreisleiter)/ Voit, Wolfgang/ Keders, Johannes,* BauR 2014, 1585, (1600).

Die Adjudikation wird von einem fachkundigen Dritten durchgeführt, der zeitnah vor Ort agiert und eine Entscheidung trifft. Diese erfolgt zwar „nur“ aufgrund von summarisch festgestellten Tatsachen, jedoch mit einem sehr guten Zugang zu sämtlichen Beweismitteln. Es ist nicht nachvollziehbar, warum diese Entscheidung qualitativ schlechter sein soll, als eine Entscheidung, die Jahre später von einem staatlichen Gericht getroffen wird. Dort streiten sich lange nach der Bauausführung Vertreter der Parteien, die das Projekt nicht kennen und auf eine (unvollständige) Aktenlage zurückgreifen müssen. Diese Entscheidung hat wenig mit den tatsächlichen Gegebenheiten des Projekts zu tun.

Für die an einem Bauvorhaben Beteiligten wird sich die Frage nach der Entscheidung zwischen einem schnellen summarischen oder späten und juristisch belastbarerem Ergebnis nicht stellen. Die Parteien vor Ort benötigen eine zeitnahe Entscheidung.

Dabei ist es vollkommen ausreichend, wenn der Adjudikator nach vier Wochen eine Entscheidung verkündet, die zum Beispiel nur zu 80 % „richtig“ ist und später (schieds-) gerichtlich überprüft werden kann. Einen frühen Vergütungszuspruch in einer bestimmten Höhe, der zeitnah erfolgt, wird der Auftragnehmer als qualitativ besser beurteilen, als einen Zuspruch nach mehreren Jahren, selbst wenn dieser um einige Prozente höher ausfallen sollte. Den Parteien ist nicht geholfen, wenn der Adjudikator weitere drei Monate prüft, um seine Entscheidung prozentual zu verbessern. Auch die Auftraggeber profitieren von kürzeren Verfahrensdauern, da ihre Ressourcen nicht so lange gebunden sind und die Geschäftsbeziehungen weniger belastet werden.

Die Diskussion über die vermeintlich schlechtere Qualität von Adjudikationsverfahren sollte sich nicht darin verlieren, zu detailliert über Anspruchsgrundlagen nachzudenken. Auch soll kein bestimmtes Verfahren unter bestimmten Bedingungen „mit Gewalt“ einseitig durchgesetzt werden. Die zentrale Frage ist, wie alle am Bau Beteiligten in Zukunft zusammenarbeiten wollen.

Oft geht es bei Baustreitigkeiten um Rechtzuspruch, Macht, Positionierung oder Gewinnmaximierung, aber nicht darum, nachhaltig zusammenzuarbeiten. Es wird versucht auf Kosten anderer Gewinn zu erzielen. Diese Haltung ist langfristig gesehen nicht zielführend. Um die Streitkultur zu ändern, müsste bereits die Ausbildung im Bauwesen auf einen partnerschaftlichen Umgang ausgerichtet werden. Seminare für Mediation, wertschätzende Kommunikation und Verhandlungs- und Konfliktmanagement müssten in die Ingenieursstudiengänge integriert werden. Eine interdisziplinäre Ausbildung, um eine Berufsgruppe in Anlehnung an den „Engineer“ zu etablieren, würde die Streitparteien mit den geeigneten personellen Ressourcen ausstatten.

Auch die Anwendung von Mediationsverfahren kann ein Umdenken in den Köpfen der Streitparteien bewirken. Zwar wird die Mediation alleine nicht als hilfreiches Streitbeilegungsverfahren angesehen. Die Mediation kann jedoch dazu beitragen, dass Streitigkeiten weniger stark eskalieren und die Parteien sachgerecht über die Meinungsverschiedenheiten verhandeln können. Somit können Methoden der Mediation auch in anderen Verfahren, zum Beispiel auch in einer Adjudikation, angewendet werden. Das typische Vorgehen am Bau, wonach beide Parteien viel zu hohe Forderungen stellen, um dann die Hälfte davon zu erhalten, zerstört die Beziehung der Parteien. Viel kooperativer und auch wirtschaftlich erfolgreicher, wäre eine offene und transparente Vorgehensweise. Diese kann durch die Anwendung partnerschaftlicher Baumodelle und alternativer Methoden wie der „early-neutral-evaluation" gefördert werden. Die eigene Erfahrung im Vertragsmanagement verschiedener Bauunternehmen zeigt, dass die Gegenpartei meist mit Verständnis und Einsicht reagiert, wenn Ansprüche realistisch und transparent aufbereitet werden.

Schließlich sollte jeder am Bau Beteiligte für sich den Anspruch haben, ein Bauvorhaben im Sinne des Projekts abzuwickeln und keinen Streit eskalieren zu lassen. Außergerichtliche Streitbeilegungsverfahren erfordern immer eine unvoreingenommene, offene und vertrauliche Grundhaltung beider Parteien. Die Beteiligten bilden ein Team, um das Projekt auszuführen. Es soll eine störungsfreie Umsetzung erreicht werden. Streit darf nicht nur als negativ angesehen werden. Wenn die Parteien konstruktiv mit Streitigkeiten umgehen, kann das Projekt von den Ergebnissen profitieren.

Literaturverzeichnis

Adjudication Society/ Chartered Institute of Arbitrators, Guidance Note: The Scheme for Construction Contracts, Aldwych/ London 2013.

Arbeitsgemeinschaft für Bau und Immobilienrecht im Deutschen Anwaltverein (DAV) e.V., Schlichtungs- und Schiedsgerichtsvereinbarung, http://arge-baurecht.com/fileadmin/user_upload/inhaltsseiten/service-fuer-mandanten/schlichterordnung/Schlichtungs-und-Schiedsgerichtsvereinbarung.pdf (zuletzt besucht am 28.06.2017).

Arbeitsgemeinschaft für Bau- und Immobilienrecht im DeutschenAnwaltVerein – ARGE Baurecht, Schlichtungs- und Schiedsordnung für Baustreitigkeiten (SOBau) der Arbeitsgemeinschaft für Bau- und Immobilienrecht im DeutschenAnwaltVerein – ARGE Baurecht, SOBau.

ARGE Baurecht, Homepage der Arbeitsgemeinschaft für Bau- und Immobilienrecht, http://arge-baurecht.com/startseite/ (zuletzt besucht am 28.06.2017).

Bundesministerium der Justiz, Abschlussbericht der Arbeitsgruppe Bauvertragsrecht 18.06.2013.

Bundesministerium der Justiz und für Verbraucherschutz, Entwurf eines Gesetzes zur Reform des Bauvertragsrechts und zur Änderung der kaufrechtlichen Mängelhaftung, Referentenentwurf 2015.

Bundesministerium für Verkehr und digitale Infrastruktur (Hrsg.), Reformkommission Bau von Großprojekten, Komplexität beherrschen – kostengerecht, termintreu und effizient, Endbericht, Berlin Juni 2015.

Bundesrat, Entwurf eines Gesetzes zur Reform des Bauvertragsrechts und zur Änderung der kaufrechtlichen Mängelhaftung, Gesetzesentwurf der Bundesregierung, Drucksache 123/16 2016.

Bundesregierung, Beschlussempfehlung und Bericht des Ausschusses für Recht und Verbraucherschutz (6. Ausschuss) zu dem Gesetzentwurf der Bundesregierung, Entwurf eines Gesetzes zur Reform des Bauvertragsrechts und zur Änderung der kaufrechtlichen Mängelhaftung 08.03.2017.

Der Bundesgerichtshof, Übersicht über den Geschäftsgang bei den Zivilsenaten des BGH im Jahre 2015, Jahresstatistik, http://www.bundesgerichtshof.de/SharedDocs/Downloads/DE/Service/StatistikZivil/jahresstatistikZivilsenate2015.pdf?__blob=publicationFile (zuletzt besucht am 28.06.2017).

Deutsche Gesellschaft für Außergerichtliche Streitbeilegung im Bauwesen e.V. (DGA-Bau) (Hrsg.), Schriftenreihe der DGA-Bau Nr. 1, 1. Kongress der DGA-Bau am 24.04.2015: Initiativen zur Außergerichtlichen Streitbeilegung im Bauwesen bündeln – Gemeinsam mehr erreichen, 1. Auflage, Berlin 2015.

Deutsche Gesellschaft für Außergerichtliche Streitbeilegung im Bauwesen e.V. (DGA-Bau), Homepage der DGA-Bau, http://www.dga-bau.de/verein/ (zuletzt besucht am 28.06.2017).

Deutsche Gesellschaft für Außergerichtliche Streitbeilegung im Bauwesen e.V. (DGA-Bau) (Hrsg.), Schriftenreihe der DGA-Bau Nr. 2, 2. Kongress der DGA-Bau am 22.04.2016: Förderung der Außergerichtlichen Streitbeilegung im Bauwesen, 1. Auflage, Berlin 2016.

Deutsche Gesellschaft für Baurecht e.V., Deutscher Beton- und Bautechnik-Verein E.V., Streitlösungsordnung für das Bauwesen (SL Bau), Fassung 1. Juli 2016.

Deutsche Institution für Schiedsgerichtsbarkeit e.V. (DIS), DIS- Schlichtungsordnung 02.

Deutsche Institution für Schiedsgerichtsbarkeit e.V. (DIS), DIS-Konfliktmanagementordnung 10, KMO.

Deutscher Baugerichtstag e.V., Empfehlungen des Arbeitskreis VII – Außergerichtliche Streitbeilegung, Arbeitskreisleiter: Dr. Alfons Schulze-Hagen, Stand: 2008, verfügbar auf www.baugerichtstag.de (zuletzt besucht am 28.06.2017).

Deutscher Baugerichtstag e.V., Empfehlungen des 3. Deutschen Baugerichtstages an den Gesetzgeber, Arbeitskreis VII – Außergerichtliche Streitbeilegung, Arbeitskreisleiter: Dr. Alfons Schulze-Hagen, Stand: 2010, verfügbar auf www.baugerichtstag.de (zuletzt besucht am 28.06.2017).

Deutscher Baugerichtstag e.V., Empfehlungen des Arbeitskreises III – Bauprozessrecht und VII – Außergerichtliche Streitbeilegung, Arbeitskreisleiter: Günther Jansen/ Dr. Alfons Schulze-Hagen, verfügbar auf www.baugerichtstag.de (zuletzt besucht am 28.06.2017).

Deutscher Baugerichtstag e.V., 6. Deutscher Baugerichtstag, Gesamtempfehlungen, Arbeitskreis III Bauprozessrecht, Arbeitskreisleiter: Günther Jansen, Wolfgang Voit 2016.

Deutscher Baugerichtstag e.V., 6. Deutscher Baugerichtstag, Thesen der Arbeitskreise I bis X 2016.

Deutscher Baugerichtstag e.V., Ziele der Organisation, Homepage des DBGT, verfügbar auf www.baugerichtstag.de (zuletzt besucht am 28.06.2017).

Deutscher Bundestag, Gesetz zur Reform des Bauvertragsrechts, zur Änderung der kaufrechtlichen Mängelhaftung, zur Stärkung des zivilprozessualen Rechtsschutzes und zum maschinellen Siegel im Grundbuch- und Schiffsregisterverfahren, vom 28. April 2017.

Die Bundesregierung, Rechtspolitik Schlichten statt richten, Streit beilegen Besser schlichten als richten, https://www.bundesregierung.de/ContentArchiv/DE/

Archiv17/Artikel/2011/01/2011-01-12-mediationsgesetz-ir.html und https://www.bundesregierung.de/Content/DE/Artikel/2015/05/2015-05-27-streitschlichtung.html (zuletzt besucht am 28.06.2017).

Drewsen, Georg-Friedger, Einführungsvortrag zur Streitvermeidung und Streitbeilegung, Universität Lüneburg, Professional School, Hamburg 10.-11.07.2015.

Drewsen, G.-F./ Quensell, Wolf, Einführungsvortrag zur Streitvermeidung und Streitbeilegung, Alternative Streitbeilegung Mediation Universität Lüneburg, Professional School, Lüneburg 10.-11.07.2015.

Eschenbruch, Klaus, Thesenpapier der 1. Wissenschaftlichen Vereinigung Projektmanagement (1. WVPM) zum Endbericht der Reformkommission Bau von Großprojekten des Bundesministeriums für Verkehr und digitale Infrastruktur, BauR (2016), 591–594.

Europäische Kommission, Bericht der Kommission an das Europäische Parlament, den Rat und den Europäischen Wirtschafts- und Sozialausschuss, über die Anwendung der Richtlinie 2008/52/EG des Europäischen Parlaments und des Rates über bestimmte Aspekte der Mediation in Zivil- und Handelssachen, Brüssel 26.08.2016.

Europäische Kommission/ Europäisches Justizielles Netz für Zivil- und Handelssachen (Hrsg.), Alternative Verfahren zur Streitbeilegung – Gemeinschaftsrecht 2007 (zitiert: Europäische Kommission/ Europäisches Justizielles Netz für Zivil- und Handelssachen, in: *http://ec.europa.eu/civiljustice/adr/adr_ec_de.htm*).

Fisher, Roger/ Ury, William/ Patton, Bruce/ Raith, Werner (Hrsg.), Das Harvard-Konzept, Der Klassiker der Verhandlungstechnik, 24., überarb. und aktualisierte Neuausgabe, Frankfurt am Main 2013.

Franke, Horst (Hrsg.), Kommentar zur Streitlösungsordnung für das Bauwesen, SL-Bau, Mediation, Schlichtung, Adjudikation, Schiedsgericht, Köln 2011.

Gralla, Mike/Sundermeier, Matthias, Bedarf außergerichtlicher Streitlösungsverfahren für den deutschen Baumarkt, – Ergebnisse der Umfrage des Deutschen Baugerichtstags e. V. –, BauR (2007), 1961–1974.

Gralla, Mike/ Sundermeier, Matthias, Adjudikation – außergerichtliches Streitlösungsverfahren für Baukonflikte auf gesetzlicher Basis? – Eine empirisch-baubetriebliche Betrachtung, Bauingenieur (2008), 238–247.

Grutters, Leo, Dispute avoidance using FIDIC contracts, online webinar, online 12.01.2016.

Hammacher, Peter/ Erzigkeit, Ilse/ Sage, Sebastian (Hrsg.), So funktioniert Mediation im Planen + Bauen, Mit Fallbeispielen und Checklisten, 3., überarb. u. erg. Aufl., Wiesbaden 2014.

Harbst, Ragnar, Adjudication – „Rough Justice" in 28 Tagen?, SchiedsVZ (2003), 68–72.

Harbst, Ragnar/ Mahnken, Volker, Adjudication und Dispute Review Boards nach den neuen ICC Regeln, SchiedsVZ (2005), 34.

Harbst, Ragnar/ Winter, Jeremy, Adjudication in England – Das erste Jahrzehnt, BauR (2007), 1974–1983.

Hauptverband der Deutschen Bauindustrie/Zentraler Immobilien Ausschuss, „Fair Business": Partnerschaftliche Zusammenarbeit in der Bau- und Immobilienwirtschaft, Berlin 2015.

Hök, Götz-Sebastian, Dispute-Adjudication in Deutschland, https://www.dr-hoek.de/beitrag.asp?t=Dispute-Adjudication-in-Deutschland (zuletzt besucht am 28.06.2017).

Hök, Götz-Sebastian, Internationales Baurecht, Vortrag an der Universität Lüneburg, Professional School, Lüneburg 05.-06.02.2016a.

Hök, Götz-Sebastian (Eurojuris), Internationales Baurecht, Manuskript zur Vorlesung Internationales Baurecht an der Leuphana Universität Lüneburg 2016b.

ICC International Centre for ADR, Dispute Board Rules 2015.

Jansen, Günther/ Schulze-Hagen, Alfons (Arbeitskreisleiter)/ Voit, Wolfgang/ Keders, Johannes, Arbeitskreis III/VII – Bauprozessrecht – außergerichtliche Streitbeilegung, BauR (2014), 1585–1605.

Joussen, Edgar, Schiedsgutachtenvereinbarung zu Nachträgen – eine kostengünstige Lösung von Streitfällen, BauR (2010), 518–530.

Kapellmann, Klaus D./ Vygen, Klaus (Hrsg.), Jahrbuch Baurecht 2009, Aktuelles – Grundsätzliches – Zukünftiges, Laienbeteiligung im Bauprozess 2009.

Kapellmann, Klaus D./ Vygen, Klaus (Hrsg.), Jahrbuch Baurecht 2012, Aktuelles, Grundsätzliches, Zukünftiges, 1., Aufl., Köln 2011.

Kniffka, Rolf, Außergerichtliche Streitbeilegung: Ein Thema auf dem 2. Deutschen Baugerichtstag, BauR (2007), 1949.

Kniffka, Rolf, Schiedsgericht und Schiedsgutachten – Eignungsmerkmale, Vortrag auf dem 1. Kongress der DGA-Bau zusammen mit dem Institut für Deutsches und Internationales Baurecht der Juristischen Fakultät, DGA-Bau, Humboldt-Universität zu Berlin 24.05.2015.

Kniffka, Rolf, Gesetzesinitiative Bauvertragsrecht, BauR (2016), 1533–1537.

Köntges, Helmut/ Mahnken, Volker, Die neue DIS-Verfahrensordnung für Adjudikation (DIS-AVO), SchiedsVZ (2010), 310–317.

Krause-Allenstein, Florian, Arbeitskreis IX – Bauversicherungsrecht Einführung und Thesen, 4. Deutscher Baugerichtstag, verfügbar auf www.baugerichtstag.de (zuletzt besucht am 28.06.2017).

Kuffer, Johann/ Wirth, Axel (Hrsg.), Bau- und Architektenrecht, Handbuch des Fachanwalts, Bd.; B.2013Bd., 4. Aufl., Köln 2013.

Latham, Michael, Constructing the team, Joint review of procurement and contractual arragements in the United Kingdom construction industry; final report, (Latham Report), 4th impr, London 1998.

Lembcke, Moritz, Urkundenprozess in Bausachen, BauR (2009), 19–28.

Lembcke, Moritz, Adjudikation verfassungswidrig?, BauR (2010), 1122–1128.

Lembcke, Moritz, Kommentierung der Streitlösungsordnung für das Bauwesen (SL-Bau) der Deutschen Gesellschaft für Baurecht e.V. (DGfB) und des Deutschen Beton und Bautechnik-Vereins e.V. (DBV), Forum Baukonfliktmanagement in Werner Baurecht Online 2010.

Lembcke, Moritz, Kommentierung zum Diskussionsvorschlag einer Adjudikations-Ordnung für Baustreitigkeiten des Deutschen Baugerichtstags e.V. (AO-Bau / DBGT), Forum Baukonfliktmanagement in werner-baurecht.de 2010.

Lembcke, Moritz, Aktuelle Entwicklungen bei der Alternativen Streitbeilegung im Baurecht, NJW (2013), 1704–1708.

Lembcke, Moritz/ Sundermeier, Matthias, Die „Bauverfügung": Effizienter als Mediation und Adjudikation?, IBR (nur online) (2011), 1281 (zuletzt besucht am 11.11.2016)

Mahnken, Volker, Adjudication, Dispute Boards und die Rolle des Gesetzgebers – aus der Sicht eines Anlagenbauers, BauR (2007), 1994–2001.

Messerschmidt, Burkhard/ Voit, Wolfgang (Hrsg.), Privates Baurecht, Kommentar zu §§ 631 ff. BGB; Kurzkommentierung zur VOB/B, zur HOAI und zum Bauforderungssicherungsgesetz; mit systematischen Darstellungen zu HOAI, Vergaberecht, Bauträgervertrag, Sicherung der Ansprüche aus dem Werkvertrag, internationalen Bau- und Planerverträgen, Insolvenz bei Bau- und Planerverträgen, außergerichtlicher und gerichtlicher Rechtsdurchsetzung, Bd. 60, 2. Aufl., München 2012.

Palandt, Otto (Hrsg.), Bürgerliches Gesetzbuch, Bd. 7, 71., neubearb. Aufl., München 2012.

Papier, Hans-Jürgen, Rechtsgutachten zur verfassungsrechtlichen Zulässigkeit der Adjudikation in Bausachen, erstellt für die Fördergemeinschaft Adjudikationsgutachten 2013.

Prütting, Hanns/ Krafka, Alexander (Hrsg.), Außergerichtliche Streitschlichtung, Handbuch für die Praxis, München 2003.

Roquette, Andreas J., Mut zum Umdenken!, Baugerichtstag beschließt Einführung der Adjudication, BauR (2008), 1779.

Roquette, Andreas J./ Otto, Andreas (Hrsg.), Vertragsbuch privates Baurecht, Kommentierte Vertragsmuster, 2., vollst. überarb. Aufl., München 2011.

Rosenberg, Marshall B., Gewaltfreie Kommunikation, Eine Sprache des Lebens, 12., überarbeitete und erweiterte Auflage, Paderborn 2016.

Schmidt, Burkhard, Partnering in der Bau- und Immobilienwirtschaft, Vortrag auf dem 3. Kongress Konfliktmanagement in der Bau- und Immobilienwirtschaft: Prävention und Methodenvielfalt, Verband der Bau- und Immobilienmediatoren, Frankfurt am Main 26.02.2016.

Schramke, Hein-Jürgen, Gesetzliche Regelungen für eine „Adjudikation" in Bausachen?, Tätigkeit und vorläufige Ergebnisse des Arbeitskeises VII des Deutschen Baugerichtstags, BauR (2007), 1983–1994.

Schulze-Hagen, Alfons (Arbeitskreisleiter), Thesenpapiere der Referenten des Arbeitskreises VII – Außergerichtliche Streitbeilegung, Stand: 2008, verfügbar auf www.baugerichtstag.de (zuletzt besucht am 28.06.2017).

Spang, Konrad/ Riemann, Stefan, Abschlussbericht zum Forschungsbericht Partnerschaftliche Projektabwicklung bei Infrastrukturprojekten zwischen Auftraggeber und Auftragnehmer, Kassel 2012.

Statistisches Bundesamt (Destatis), Rechtspflege Zivilgerichte Fachserie 10 Reihe 2.1 – 2015, Wiesbaden 2015.

Stubbe, Christian, Arbeitskreis VII – Außergerichtliche Streitbeilegung, Thesenpapier RA Christian Stubbe, Stand: 2010, verfügbar auf www.baugerichtstag.de (zuletzt besucht am 28.06.2017).

Stubbe, Christian, DIS-Schiedsgutachtensordnung (DIS-SchGO) und DIS-Gutachtensordnung (DIS-GO), SchiedsVZ (2010), 130–137.

Stubbe, Christian/ Schramke, Hein-Jürgen, Adjudikation – Wesen und Reichweite der vorläufigen Bindungswirkung, BauR (2011), 1715–1725.

Teubner Oberheim, Nicola, Endbericht des Projekts „Construction Adjudication in England – ein Vorbild für die baurechtliche Konfliktlösung in Deutschland?", http://ibr.rewi.hu-berlin.de/downloads/121112-Endbericht.pdf (zuletzt besucht am 28.06.2017).

Trushell, Ian McE./ Milligan, J. L./ Cattanach, L., Research analysis of the progress of adjudication based on returned questionnaires from adjudicator nominating bodies (ANBs) and from a sample of adjudicators, AdjRC-Adjudication Report 12 – October, Bd. no. 12Bd., Glasgow 2012.

Verband der Bau- und Immobilienmediatoren e.V. (Hrsg.), Bauzeitstreit in der Mediation, Tagung zum Thema Prävention und Methodenvielfalt in Frankfurt am Main, Februar 2016.

Verband der Bau- und Immobilienmediatoren e.V., Unser Leitbild, Wofür steht der Verband der Bau- und Immobilienmediatoren?, http://www.baukonflikt management.de/ (zuletzt besucht am 28.06.2017).

Voit, Wolfgang, Bauzeitstreit in Rechtsprechung und Adjudikation, Vortrag auf dem 3. Kongress Konfliktmanagement in der Bau- und Immobilienwirtschaft: Prävention und Methodenvielfalt, Verband der Bau- und Immobilienmediatoren, Frankfurt am Main 26.02.2016.

Vorwerk, Volkert, Arbeitskreis VII – Außergerichtliche Streitbeilegung, Thesenpapier RA Volkert Vorwerk, Stand: 2010, verfügbar auf www.baugerichtstag.de (zuletzt besucht am 28.06.2017).

Wagner, Christof, Mediation und Adjudikation – Zwei mögliche Wege aus dem Dilemma des Bauprozesses, BauR (2009), 1491.

Weihe, Jochen, Verhandlungsführung und Konfliktmanagement, Manuskript zur Vorlesung an der Universität Lüneburg, Professional School, Lüneburg 2014.

Wirth, Axel (Hrsg.), Alliancing Contracts im deutschen Rechtssystem, Schriften zum deutschen und internationalen Baurecht 10.

Zerhusen, Jörg, Alternative Streitbeilegung im Bauwesen, Streitvermeidung, Schlichtung, Mediation, Schiedsverfahren, Köln 2005.

Zimmermann, Josef/ Hamann, Mathias, Vergleich bauvertraglicher Regelungsmechanismen im Hinblick auf eine optimierte Abwicklung und zur Senkung von Konfliktpotential am Beispiel von VOB, NEC und FIDIC 2008.

Zitierte Urteile

BGH, Urteil v. 28.10.1999, Az. VII ZR 393/98
VOB/B, Verpflichtung zur Kooperation, Kooperation, Vertragsänderung, Verhandlung

BGH, Urteil v. 21.03.2002, Az. VII ZR 224/00
Bauablaufbezogene Darstellung, Schadenersatz, Ausführungsplan, Bauablaufstörung, Produktivitätsverlust

EuGH, Urteil v. 1803.2010, Az. Rs. C-317/08, Rs. C-318/08, Rs. C-319/08, Rs. C-320/08
Grundsatz des fairen Verfahrens, Grundsatz des effektiven gerichtlichen Rechtsschutzes, Gemeinschaftsrechtliche Unbedenklichkeit einer innerstaatlichen in Streitfällen [...] eine außergerichtliche Streitbeilegung vorschreibenden Regelung

Schriften zum Deutschen und Internationalen Bau-, Umwelt- und Energierecht

Herausgegeben von Axel Wirth

Band 1 Sebastian Ulbrich: Leistungsbestimmungsrechte in einem künftigen deutschen Bauvertragsrecht vor dem Hintergrund, der Funktion und der Grenzen von §§ 1 Nr. 3 und Nr. 4 VOB/B. 2007.

Band 2 Alice Müller: Nachhaltigkeit im öffentlichen Baurecht unter besonderer Berücksichtigung energieeffizienten Bauens und des Einsatzes erneuerbarer Energien. 2008.

Band 3 Petra Christiansen-Geiss: Voraussetzungen und Folgen des Koppelungsverbotes Art. 10 § 3 MRVG. 2009.

Band 4 Johannes Kuffer: Heilung unwirksamer Bauvertragsklauseln. 2009.

Band 5 Stefan Schifferdecker: Bindungswirkung städtebaulicher Wettbewerbe. Rechtliche und soziale Bindungen im Abwägungsprozess. 2009.

Band 6 Christian Felix Fischer: Die zweifelhafte Abnahmefiktion des § 640 Abs. 1 S. 3 BGB. Eine Untersuchung der Voraussetzungen und Rechtsfolgen, ihres Sinn und Zwecks sowie der Folgen für die Praxis. 2010.

Band 7 Jan-Bertram A. Hillig: Die Mängelhaftung des Bauunternehmers im deutschen und englischen Recht. 2010.

Band 8 Hajo Willner: Zahlungsansprüche von Bauunternehmern bei Störungen des Bauablaufs. Eine Untersuchung in Bezug auf VOB/B-Verträge. 2010.

Band 9 Kathrin Susanne Jansen: Die Mangelrechte des Bestellers im BGB-Werkvertrag vor Abnahme. 2010.

Band 10 Franz Weinberger: *Alliancing Contracts* im deutschen Rechtssystem. 2010.

Band 11 Mathias Schäfer: Leistungspakete im Eigenheimbau. Ein Rechtsvergleich USA – Deutschland. 2011.

Band 12 Andreas Schmidt: Abschlagszahlungen nach gesetzlichem Werkvertragsrecht. Analyse und Reformvorschlag unter besonderer Berücksichtigung des Bauvertrags. 2011.

Band 13 Robert Bach: Die Abwägung gemäß § 1 Abs. 7 BauGB nach Erlass des EAG Bau. 2012.

Band 14 Axel Wirth (Hrsg.): Fragen zum Öffentlichen und Privaten Baurecht im Internationalen Ländervergleich. Seminar zum Internationalen Baurecht. 2013.

Band 15 Stephanie Englert-Dougherty: Baulärm und Sozialadäquanz. 2016.

Band 16 Julian Linz: Die Haftung des Bausachverständigen – Tätigkeitsfeld und Haftungsausschluss. 2017.

Band 17 Jan D. Sommer: Die Duldung rechtswidriger Zustände im öffentlichen Baurecht. 2017.

Band 18 Gerrit Krupp: Rechtsnatur und Rechtswirkungen des Flächennutzungsplans. 2017.

Band 19 Marthe-Louise Fehse: Die Auswirkungen der EU-Bauproduktenverordnung auf das nationale Recht. Regelungsdefizite und Haftungsrisiken für Wirtschaftsakteure und Verwender von Bauprodukten. 2017.

Band 20 Jenny Patzig: Streitlösungsmodell für die Bauprojektabwicklung. Konfliktmanagement mithilfe bedarfsoptimierter Adjudikation. 2017.

www.peterlang.de

www.ingramcontent.com/pod-product-compliance
Ingram Content Group UK Ltd.
Pitfield, Milton Keynes, MK11 3LW, UK
UKHW022100051026
15623UKWH00003B/598

9 783631 733608